オーストラリア先住民族の主体形成と大学開放

―――― 前田耕司

明石書店

目　次

序 ………………………………………………………………………………… 7
　(1) 本研究の目的および背景・枠組み　………………………………… 7
　(2) 各章の視点と構成 …………………………………………………… 12
　(3) 先行研究の検討 ……………………………………………………… 19
　(4) 本研究の方法論的枠組みとナラティブ・アプローチ …………… 24

第1部　先住民族の主体形成と先住民族の権利宣言

第1章　国際的なコンテクストと日本の政策動向

第1節　グローバル・スタンダードとしての先住民族の権利宣言 ……… 32
第2節　日本のアイヌ民族政策をめぐる教育的課題 …………………… 36
　第1項　「先住民族の権利宣言」以降の日本の対応 …………………… 36
　第2項　日本政府の認識とアイヌ民族共同体の視点 ………………… 39

第2章　ウレㇱパ・プロジェクトとアイヌ民族の主体形成

第1節　アイヌ民族の大学進学状況と先住民族枠の設置 ……………… 45
第2節　ウレㇱパ・プロジェクトとアイヌ文化の担い手養成 ………… 50
　第1項　ウレㇱパ・プロジェクトとアイヌ民族のエンパワーメント ……… 50
　第2項　「先住民族の権利宣言」における連携・協力の関係づくりと
　　　　　札幌大学のウレㇱパ・プロジェクト ……………………… 53
　第3項　アイヌ民族と和人をつなぐ「学び合い」の相互学習の構築 ……… 56

第2部　ユニバーサル段階の大学開放と先住民族支援

第3章　ユニバーサル型の高等教育と大学開放の方向性

第1節　日本の大学改革と大学開放の方向性……………………………66
　第1項　大学審議会答申と大学開放の方向性………………………66
　第2項　日本における大学開放の課題………………………………71
　第3項　ユニバーサル・アクセスとアファーマティブ・アクション………74
第2節　オーストラリアにおける大学改革と大学開放の方向性
　　　──公平・公正の視点から……………………………………77
　第1項　オーストラリアにおける大学開放の方向性………………77
　第2項　オーストラリアの大学におけるアファーマティブ・アクションの枠組み…84

第4章　アボリジニの高等教育参加と支援システムの展開

第1節　大学における先住民族支援の枠組み……………………………90
第2節　支援上の課題………………………………………………………100

第5章　クイーンズランド工科大学におけるアボリジニ学生高等教育支援の展開と課題

第1節　クイーンズランド工科大学におけるアボリジニ学生の就学状況　112
第2節　クイーンズランド工科大学における先住民族支援のメカニズムと支援室の機能……………………………………………………117
第3節　クイーンズランド工科大学における訪問観察調査から見えてきた課題
　　　──アボリジニの社会移動とアイデンティティー・クライシス………122

第3部　アボリジニの自己決定と大学開放

第6章　アボリジニのコミュニティの問題状況をめぐる論点

第1節　マッコノキーの「貧困の循環」説 …………………………………… *134*
　第1項　マッコノキーの「貧困の循環」説と健康・教育問題 …………… *134*
　第2項　マッコノキーの「貧困の循環」説とアボリジニの教育的達成状況 ……… *136*
第2節　アボリジニ・コミュニティの社会経済的地位の向上と雇用・教育
　　　　………………………………………………………………………… *139*

第7章　アボリジニのコミュニティをめぐる諸課題と自己決定

第1節　先住民族コミュニティの自己決定を規定する法的枠組み ……… *152*
　第1項　先住民族における自己決定 ……………………………………… *152*
第2節　アボリジニの人権をめぐる問題と同化政策としての親子強制隔離
　　　　――アボリジニのライフ・ヒストリーから ……………………… *155*
　第1項　「盗まれた世代」の問題 ………………………………………… *155*
　第2項　アボリジニの拘留死 ……………………………………………… *158*
　第3項　親子強制隔離政策の実態とライフ・ヒストリー ……………… *160*
　第4項　同化政策とアイデンティティー・クライシス ………………… *164*
第3節　アボリジニの自己決定と意思決定過程への参加・参画 ………… *167*
　第1項　法的マイノリティとしてのアボリジニ ………………………… *169*
　第2項　法の執行過程におけるアボリジニの自己決定 ………………… *172*
第4節　アボリジニの自己決定と法曹養成 ………………………………… *175*
　第1項　機会の平等化に向けた取り組み ………………………………… *175*
　第2項　結果の平等化に向けた取り組み ………………………………… *178*
　第3項　アボリジニの法曹養成の課題 …………………………………… *181*

第4部　先住民族の主体形成と高等教育の再構築

第8章　オーストラリア先住民族の主体形成と脱植民地化の高等教育体系の構築

第1節　先住民族コミュニティの担い手養成と先住民族の法曹養成システムの陥穽……………………………………………………………… *190*
第2節　アボリジニ主体の専門職養成としての教員養成……………… *194*
第3節　モナシュ大学教育学部の授業におけるアボリジニ主体の教授および研究の組織化…………………………………………………… *199*

結………………………………………………………………………… *213*

あとがき………………………………………………………………… *226*
索　引…………………………………………………………………… *229*

序

(1) 本研究の目的および背景・枠組み

　本研究の目的は、オーストラリアの大学における先住民族アボリジニ[1]の主体形成を意図した能力開発・専門職養成の高等教育システム構築の方法と課題について日本との比較の観点から明らかにすることである。その際、比較分析の指標として先住民族の「教育権」を国際的に認めた「先住民族の権利に関する国際連合宣言」（United Nations Declaration on the Right of Indigenous Peoples．以下「先住民族の権利宣言」と略記）を規範的枠組みにしてその企図をふまえ、以下の3つの視点から実証的な解明を行い、先住民族への大学開放の意義と組織化のメカニズムの原則を明らかにしたい。そして本考察から得た知見に基づきアイヌ民族支援の高等教育の仕組みの構築に向けて新たな視座を提供したい。

　なお、本書の執筆にあたっては以下のような枠組みを設定した。まず、本書でこの問題を取り上げた理由について明らかにする必要があろう。その際、大学開放を軸として日本における先住民族教育がオーストラリアの先住民族教育とどうつながってくるのか、またその問題に対して国際社会はどのような規範的な枠組みを設定することで対応しようとしているのか等々をふまえて考察することとする。

　最初に、本書では、先住民族問題を論じるにあたって日本と文脈的に通底する問題を抱えるオーストラリアを本研究の対象にする必然性があった理由について述べたい。それというのも、オーストラリアは急激な多文化多民族化が進んだ地域であり、民族の多様性や文化の多様性に幾分、程度差はあるものの、多民族混住の多文化多民族社会を形成している点では変わらない。とくにオーストラリアは多文化主義に基づく政策をいち早く採用し、多文化社会に対応する教育を前面に押し出している国として知られているが、旧宗主国英国の伝統的な教育システムの影響を最も強く受けながらも、英国系の労働者階級を中心とする移住者によって形成されてきた平等意識の強いメイトシップ（mateship）といった理念やコンセンサスに

支えられて発展してきた国である。また、連邦国家の成立よりも組合の方が歴史が長い[2]ことからうかがえるように、オーストラリアは英国の階級社会の否定のうえに独自の多文化多民族社会を開花させてきたのである。

　日本では元首相による単一民族国家発言以降、1997年の「アイヌ文化の振興並びにアイヌの伝統等に関する知識の普及及び啓発に関する法律」の施行後の今日まで、一部の国会議員による、「（日本は）一国家、一言語、一民族」[3]という言説を主張する発言が見られ、物議を醸した。日本では今なお、「民族・国籍・言語・身体的特徴が重なりあう」[4]という言説がまかり通っており、文化一元論を自明視する傾向が依然として強いのである。

　しかしながら、日本国内には、ヤマト民族（和人）以外にもアイヌ民族および沖縄・琉球民族[5]、韓国・朝鮮人永住者や中国人永住者などオールドカマーとしての旧植民地出身者とその子孫、出稼ぎ労働者としてのニューカマーなどさまざまな民族が居住し、コミュニケーションの手段として日本語（各地方の方言を含む）、日本手話、シムコム（日本語対応手話）、ハングル（朝鮮語、韓国語）、中国語（北京語、広東語）、スペイン語、消滅の恐れのあるアイヌ語、八丈語を加えた琉球諸語（奄美語・国頭語・沖縄語・宮古語・八重山語・与那国語）など、多様な言語が使用されている。ましてや、近年の多文化主義の範疇に、労働者階級、女性、性的少数者（LGBTIQ）、高齢者、障がい者など社会の周縁に位置する人びとの文化が含まれることを前提に考えれば、より一層、異なる文化的背景をもつ多種多様なマイノリティ集団からなる多文化多民族社会の日本の実態が浮き彫りになろう。また、このことは見方を変えれば日本社会にさまざまな差別や不平等が起こり得るということを示しており、不平等な階層の再生産が行われている可能性を示唆している。事実、そうした差別や不平等の構造は、被差別部落出身者やアイヌ民族、沖縄・琉球民族、在日の韓国・朝鮮人および中国人、そして1980年代のアメリカの貿易赤字対策として行われたドル安円高誘導を引き金に急増したニューカマーと呼ばれる外国人労働者に対する教育や雇用の機会における不平等といった現象に表れている。その一例をあげると、アイヌ民族の大学への進学状況において、アイヌ民族とその他の道民との間に大きな不均衡があることが『平成5年　北海道ウタリ生活実態調査報告書』からうかがえる。そこには、道内75市町村における7328世

帯2万3830人を対象に行った調査において、大学（短大を含む）進学率がウタリ地区（アイヌ民族の集住地）においては11.8％となっているのに対し、ウタリ地区を含んだ市町村全体の進学率は27.5％と大きな格差が存在するのである。さらに１年間の所得について見ると、350万円未満が62.6％と過半数にも及んでいるのである。現在の生活についての意識でも33.0％が「とても苦しい」と答えており、『平成４年　道民生活基礎調査』の同質問項目における同様の回答が9.7％[6]であったのに比べると、ウタリ地区住民の困窮した生活の様子がうかがえよう。ここで注目すべきは、民族による相違が学歴階層や所得階層といった階層差に転化するということであり、やがてはそれがその子どもたちへと継承され、エスニシティに基づく階層構造の世代的再生産が行われるのではないか、ということなのである。

　そうした文脈をふまえて、学校・家庭・社会などによる社会化を通じて形成される社会的地位達成や教育的達成等における差異や、支配・非支配および差別・被差別といったマジョリティとマイノリティの不平等な社会的ヒエラルキーが再生産される過程に、人種・民族的要因や社会階級など、さまざまな次元の文化的な属性要因がどのように関わっているのか要因分析することは肝要である。とりわけ、後述するようにすべての人が人種・民族・文化・宗教・言語・性別・出生地などによる差別を被ることなく公平に処遇され、その上で社会的地位の向上が図れるような「公正な多文化主義」(equitable multiculturalism)の観点から、このような民族的および文化的マイノリティが抱える差別の再生産の問題を解消するための教育システムを公教育制度、とくに大学開放の枠組みの中でどのように再構築していくか、再生産問題解決の方法およびその可能性についてグローバルスタンダードとしての国際的な規範を下敷きにして模索・検討することは意義があろう。

　なかでもオーストラリアの試みは、加速度的に多文化・多民族化が進行する日本社会が抱える民族的および文化的マイノリティにおける不平等な再生産の問題の解決に向けた大学開放のモデルを提示する好例として貴重な示唆が得られよう。

　とくに、これまで毎年ほぼ10万人規模で移民を受け入れてきたオーストラリアでは、お互いの異なりを尊重しながら、民族的、文化的に多様な

移民やその他のマイノリティを社会発展のための貴重な人的資源として再評価しようという考え方が見てとれる。こうした考え方はオーストラリアの多文化主義に基づくもので、その背景には1990年代のオーストラリアの多文化主義政策の方向を示したとされる1989年発行の政策文書「多文化オーストラリアの国家的協議事項」(National Agenda for a Multicultural Australia)で提示された文化的アイデンティティー・社会的公正・経済の効率の3つの基本原理がその基盤としてあるとされる。このなかでは、人種・民族・文化・宗教・言語・性別・出生地による差別を被ることなく等しく公平に処遇され（社会的公正）、そしてその背景に関わりなく、すべての人の技能や能力を維持・開発し、効果的に活用していく（経済の効率）[7]という考えが示されており、社会的公正と経済の効率重視の姿勢がうかがえる。ややもすると、この2つの理念は一見相反するように見られるが、社会の発展に結びつくことを前提に公正な社会の実現をめざしたものであり、両者は近年のオーストラリアの多文化主義政策の根幹を形成するものとして重要な意味をもつと考えられる。

　実際問題としては、そうした多様化が内包する問題に対応する形で対策や政策を具体的に実施し、人権保障への取り組みも見られる社会を捉えて多文化社会と規定するわけであるが、単に多様な言語や文化が存在することで多文化社会と見ている場合があり、その言葉に対する認識は一定せず、幾分不明瞭なところがある。しかしながら、オーストラリアでいう多文化社会は前者を想定した意味で使われていると考えられ、それは、さまざまな問題を含みつつも先住民族などのマイノリティに対する大学開放や、また初等教育段階から実施され、英語もそれ以外の言語も同じコミュニティで生活する人びとの言語として位置づけられる「英語以外の言語」(Languages Other Than English) 教育など、多文化教育の組織化を通して積極的にその課題を克服していこうとするこの国の諸政策など、その取り組みにおいてうかがえる。

　たとえば、1987年の「多文化教育に関する国家諮問・調整委員会」(National Advisory and Co-ordinating Committee on Multicultural Education) による報告書「多文化社会における、多文化社会のための教育―政策決定に向けた課題と戦略」(Education in and for a Multicultural Society: Issues and Strategies for

Policy Making)は、移民政策や多文化教育の諸政策およびその理論的根拠を検討したものとして注目されるが、その報告の一節で初めて使用された「公正な多文化主義」という言葉の意味の中でそうした政策姿勢が明確に表れているのである。つまり、ここでいう「公正な多文化主義」とは、これまでの文化的多元主義の概念を捉え直し、エスニック・マイノリティの諸要求への対応をより鮮明に示した概念であり、そこには、すべてのオーストラリア人が平等と公正を享受し、社会的向上が図れるようにするという意味が含まれているのである。そして、報告書は、この「公正な多文化主義」を理論的根拠として、民族的少数者に対する機会と参加の平等・異文化間の相互理解・文化的および民族的アイデンティティーの発展の3つの側面を多文化教育の不可欠な要素として提示しているのである[8]。

このように、積極的にマイノリティ集団に対応しようという試みにおいて、多文化教育の目的は明らかに変容してきており、平等主義を伝統的な政策理念とする労働党政権と前保守連合政権との多文化政策の理念における基本的な違いが多文化教育政策に色濃く映し出されてきているという見方もできよう。既出の政府発行の政策文書「多文化オーストラリアの国家的協議事項」では、そうした労働党政府の政策理念の一端をうかがい知ることができる。文書では、多文化政策の基本原理を文化的アイデンティティー・社会的公正・経済の効率という3つの側面から明確に規定しているのである。すなわち、

①すべてのオーストラリア人は、慎重かつ限定された範囲内において、言語や宗教を含めてそれぞれ個人の文化的遺産を表明し、共有する権利を有する。

②すべてのオーストラリア人は、人種・民族・文化・宗教・言語・性もしくは出生地による差別を被ることなく等しく取り扱われ、平等な機会を享受する権利を有する。

③その背景に関わりなく、すべてのオーストラリア人の技能や能力を維持・開発し、効果的に活用していく必要がある[9]。

こうした3つの理念に基づいて、各種のプログラムが強化ないし設置されることになるが、このうちとくに本書の課題と通底すると思われる項目のうち②③の基本原理を枠組みにして、具体的な施策のあり方を探ってみ

ることにする。

　いずれにしても、マイノリティを多文化労働力の1つとして貴重な人的資源の開発や能力開発という発想にたって高等教育を中心とする公教育システムの改革を推し進めてきたオーストラリアの試みは、マイノリティ、とりわけ先住民族に対してゼロトレランスを是とする日本社会には見られない取り組みとして注目に値しよう。本書の大半は、このようなオーストラリアにおける階層構造の再生産と再生産問題の解決を図るためのマイノリティ教育、とりわけ先住民族への高等教育支援策の策定および実施に焦点を当てて考察しているのである。

　ところで、多文化多民族社会においてはマイノリティの概念自体が非常に包括的であるため、一般的に一様な定義は考えにくいとされている。したがって、本書で意図するマイノリティとは数の問題よりも民族的・文化的特性等の理由により社会的に差別され、政策決定の場に参加・参画することから排除されている人びとの集団のことを指していう。そして上記の定義を前提として、本書ではとくに先住民族という社会の周縁にいて教育を受けるうえできわめて不利な立場にある集団の事例を考察の対象にしている。

(2) 各章の視点と構成

　本書の考察においてオーストラリア先住民族のための高等教育支援制度を扱った理由は、以下のとおりである。これについては、各章における考察の視点および研究の方向性も交えながら論じよう。本書は、多民族国家オーストラリアにおいて人種的に最も不利益を被っていると判断されるオーストラリアの先住民族アボリジニに焦点を合わせて、多文化多民族社会における差別の再生産の実態とそうした再生産問題を解決する「自己決定」の主体者としてアボリジニの主体形成を大学開放の視点から考察することと関わっている。先述したように、オーストラリアは日本と同じく多文化多民族社会でありながら、差別の克服の仕組みの構築に向けての取り組みにおいて日本と異なり、目を見張るものがある。オーストラリアは、当初から英国を中心とするヨーロッパ、アジア・アラブなどの出身者からなる移民と先住民族によって形成された多文化多民族社会ではあるが、英国系を頂点とし、先住民族を最下層とする階層構造をつくりだしてき

た。また、教育がその維持・再生産の機能を果たしてきたことも事実である。しかしながら近年では、そうした民族構成の維持・再生産の機能を克服する先導的な試みを行ってきた。なかでも後述する先住民族アボリジニの自己決定のための教育としての大学開放による取り組みは特筆に値しよう。本書では、一貫してそうした先住民族の大学開放の取り組みについて考察しており、それがなぜ、先住民族の主体形成と関わって大学開放の視点から論じる必要があるのかについて、主として第1章と第2章、第6章で論じている。

　他方で、日本の大学改革の方向は、大学審議会の1991年2月8日答申「大学教育の改善について」の提言に見られるような大学の正規課程への社会人等の受け入れ促進や職業人等の再教育を志向するものであり、そこには人種・民族から見たエスニック・マイノリティや女性、障がい者、低所得階層などの文化的背景をもち、周辺文化を形成してきた人びとに大学教育の可能性を広げていくといった視点を見いだすことはできない。朝倉は大学の正規の教育システムを平等・公正との関係からマイノリティに開放する視点の重要性について指摘している[10]。

　この点において、オーストラリアの取り組みは、マイノリティの視点から高等教育を再構成することが改革の柱となっており注目される。こうしたマイノリティの視点から先住民族アボリジニへの大学開放の取り組みについての検証を試みたのが第4章および第5章の各論考である。人種・民族という文化的属性による高等教育における不均衡をどう是正していくか、あるいは、そのための支援策をどう制度化していくかは重要な課題である。このことを検討することは、文化的多様性に対応するための高等教育の体系を考えるうえで重要な視座となってくるといえよう。

　そこで、本書では次のような課題を設定し、それらに基づいて考察を進めたいと思う。まず、第1章と第2章において日本の大学における先住民族学生の受け入れの実態を把握し、大学側の対応状況と問題点を検証する。次いで第3章においてオーストラリアとの比較の視点から、オーストラリアでは先住民族学生の受け入れの問題に対応してどのような高等教育改革を実施、あるいは検討しているのかを考察する。そして最後にまとめとして、オーストラリアの先進的経験をふまえて総括し、この問題に関する若

序

干の提言と課題を提起し、日本の大学改革の方向性を展望することとしたい。具体的には、第3章でどうして先住民族の主体形成を図るために能力開発・専門職養成のプログラムが必要なのか、主として先住民族が抱える問題の背景についてトロウ（Trow, T.）の高等教育のユニバーサル化という文脈を視野に入れて考究する。

「アイヌ政策推進会議」（座長：内閣官房長官）の作業部会が2011年に編集した『「北海道外アイヌの生活実態調査」作業部会報告書』によると、アイヌ民族の北海道内の大学進学率が29歳以下で20.2％、道外の進学率が31.1％である一方で、彼/女らの大学進学に対する希望を尋ねた質問項目では道内で31.7％、道外で42.5％と低くはなかった。進学を断念した理由として経済的要因をあげるアイヌ民族が道内外を通して70％を超え[11]、大学への低進学率に象徴される貧困問題が浮き彫りにされた。アイヌ民族にとって大学進学奨励の充実は焦眉の課題とされてきたのである。一方、文部科学省が発表した2017年度の学校基本調査（速報値）によれば、大学（学部）への進学率（過年度卒を含む）が52.6％に達するという。こうした50％を超える状態は、トロウの説を援用すると[12]、「個人の教育機会の均等化」をめざすとされる「マス型」の段階から普遍的に多様な顧客層の高等教育段階への参加が認められるという「ユニバーサル型」の段階への移行を意味する。「ユニバーサル型」の段階になると、人種・民族・社会階層・性などの属性による進学機会の不均衡が是正され、高等教育へのアクセスにおいて不利益を被っているとされる人など、より多様で異なる属性を持つ集団を受け入れる方向にシフトする。そうした状況では、当然、先住民族の高等教育人口に占める割合も国民全体の構成と等しくなるように積極的な措置、すなわちクオータ制（割り当て）がとられる。いわゆるアファーマティブ・アクション（少数派優遇措置）の適用がそれである。2007年に国連総会で採択された「先住民族の権利宣言」の第14条第2項においても[13]、「先住民族である個々人、とりわけ子どもは、国家による、差別のないあらゆる段階と形態の教育への権利を有する」と定められ、アファーマティブ・アクションを想定した、いわゆる差別撤廃のための特別措置の必要性を示唆している。

アイヌ民族の大学進学状況をふまえると、当然、「先住民族枠」の導入

による優遇措置がなければ、彼/女らに対する大学教育の機会拡大の可能性は見込めないのではないか。アイヌ民族に対する高等教育の機会の拡大が進まないということは、アイヌ民族が政策決定の機会や企業等における意思決定の過程に参画するチャンスが狭められることを意味するのではないか。そうした疑念を裏づける根拠として、前述の「アイヌ政策推進会議」によって示された現在の職業を問う調査の結果で、専門的・技術的職業従事者と管理的職業従事者などの意思決定に関わる職業へのアイヌ民族の参入が、2010年の総務省の「労働力調査」と比較し、低いことが明らかにされた。具体的には、労働力調査による専門的・技術的職業従事者と管理的職業従事者の割合が15.3％と2.6％であるのに対して、北海道外の調査結果は、それぞれ10.2％と0.5％、また北海道内の調査（北海道大学調査）の結果は、それぞれの職業の割合が5.5％と1.1％とそれよりさらに低いことがわかったのである[14]。アイヌ民族に大学教育の可能性を広げていくといった視点の構築のためにも、ユニバーサル型の大学教育の本来の意味を問い直す必要性に迫ったのが本書の意図である。これらについては、第3章で考察する。

　3つめの柱は、先住民族のコミュニティの利益に貢献する担い手養成としての専門職養成・教員養成の仕組みの構築について連邦政府主導で進められるオーストラリアの取り組みについて考察する。先住民族のコミュニティの発展に資する教育や伝統文化などの担い手養成は、オーストラリアの場合、1980年代後半から始まる高等教育改革とともに各大学のオートノミーを尊重しながら進められてきた。その内実は、先住権の表現形態としてその重要性が認識されている「自己決定」の理念に基づき先住民族に出自を持つ初等・中等学校教員の養成から開始され、今日では、法律・医療や調査研究などの担い手養成も含めて質量ともにその規模を拡大してきている。国際労働機関（ILO）勧告（第104号）も「関係住民の間で働く教員は、その仕事を同住民の文化的特性に適応させることができるよう、人類学的及び心理学的方法について訓練を受けるべきである。これらの教員は、できる限り、この住民の中から募集すべきである」（Ⅷ教育29）[15]として、先住民族のコミュニティの利益に貢献する担い手養成としての専門職養成の必要性を早くから指摘していた。

先住民族のコミュニティの利益に貢献する担い手養成は、アボリジニの児童・生徒の教育に関わるアボリジニの教員養成を出発点とするといっても過言ではないであろう。第5章では、設置当初からアボリジニの教員養成に積極的に取り組むクイーンズランド工科大学（Queensland University of Technology, 以下QUTと略記）を取り上げ、その歴史的展開過程を通して、アボリジニに対する高等教育の方法と課題について考察する。具体的には、大学においてアボリジニ支援がどのような形で行われてきたかをオーストラリアで最も多くのアボリジニ学生を擁する大学の1つであるQUTにおけるアボリジニ高等教育支援の展開過程を通して検討を試みることとしたい。連邦政府による高等教育政策が示される前年の1987年には、すでに全豪でほぼ2000人のアボリジニ学生のうち、半数までもがQUTの教員養成のプログラムに参加していた[16]。このようにアボリジニ学生の割合が教育学のコースで突出している背景には、いくつかの理由が考えられよう。まず、連邦レベルで見ると、1980年代初めの連邦政府の政策意図が、アボリジニの有資格教員の増加[17]にあったことがあげられよう。また、それ以前の1976年に、すでにクイーンズランド州では、高等教育カレッジと州の教育庁が連携してアボリジニの教員資格（Diploma of Teaching）を取得する機会を拡大する計画に着手していた[18]のである。70年代後半から80年代にかけてのこうした国・州・学校における働きかけが、今日、アボリジニ学生の教育学コースへの際立った参入率となって表れているといっても過言ではないだろう。そして、この中で何よりもこうした働きかけを促進したものは、1970年代初めの連邦政府の同化政策からの政策転換による影響が多大であったと考えられるのである。すなわち、新たに導入されたアボリジニに対する自己決定（self-determination）や自己管理（self-management）の政策によって、アボリジニ文化の正統性やアボリジニ自身による管理や責任の重要性が認識されるようになったのである。そして初等・中等学校においてアボリジニ教員によるバイリンガル教育の必要性が叫ばれるようになり、その結果として、地域のアボリジニをAEW（Aboriginal Education Worker）やAIEO（Aboriginal and Torres Strait Islander Education Officer）などの教員補助などとして雇用する必要が求められてきたのである。

その他のアボリジニの専門職養成の展開については、2010年から2016年にかけて実施したフィールドワークで入手した資料および先住民族支援室（Aboriginal Suport Unit）におけるスタッフへのヒヤリングを通して個々の大学における先住民族高等教育支援のメカニズムの解明にあたり、各大学の取り組みの特徴を浮き彫りにしたい。

　調査対象の大学は、先住民族の受け入れを積極的に進め、彼/女らの支援の拡充に努めてきたビクトリア州（以下VIC州と略記）のモナシュ大学（Monash University）、同じくラ・トローブ大学（La Trobe Unversity）、そしてニューサウスウェールズ州（以下NSW州と略記）のニューサウスウェールズ大学（University of New South Wales、以下NSW大学と略記）およびニューカッスル大学（University of Newcastle）の3校である。このうち、モナシュ大学は、先住民族支援室を設置し、支援の規模が大きく早くから積極的な支援策を講じていることでも有名である。NSW大学およびニューカッスル大学の各大学は、ともに専門職養成に力を注ぐとともに多様な支援を行っている点で特徴的であり、NSW大学は先住民族の法曹養成で、ニューカッスル大学は先住民族の医師養成で先進的なプログラムを提供していることで周知されている。

　第7章では、アボリジニの職業開発・専門職養成において特徴的かつ先進的なプログラムを提供しているNSW州の大学に着目し、入学時の優遇措置から在学中の学習支援、卒業後の先住民族指定職（優先雇用枠）に就くまでの支援にいたるまで、アボリジニの「自己決定」を促進し、エンパワーメントを促す制度的な仕組みの方法と特質を検討する。

　日本の先住民族問題に引きつけて考えれば、アイヌ文化活動アドバイザー、苫小牧駒沢大学に代表されるアイヌ民族の学芸員などのアイヌの伝統文化の維持・継承に関わる地域づくりの担い手の養成、アイヌ民族にルーツをもつ教員の養成・研修、アイヌ民族に出自をもつ法律・医療の従事者や研究者などの専門職養成・能力開発を意図する教育制度・教育機関の設立が必置とされるであろう。2014年の閣議決定を受けて、アイヌ民族の文化等の復興等を図るために、「民族共生の象徴となる空間」（象徴空間）が2020年の一般公開に向けて、北海道白老郡白老町で整備が進められている。象徴空間は、国立アイヌ文化博物館および国立民族共生公園の設置の2つ

が柱だが、こうした状況を勘案しても、自己決定の視点からのアイヌ民族の学芸員の養成は急務といえよう。

　注目できるのは、先住民族のエンパワーメントを涵養するための先住民族主体の制度的な仕組みを構築することが喫緊の課題であるとする言説であり、野元はそれがアイヌ民族の教育要求であると述べる[19]。また、野元と清水はアイヌ新法にもみられるように、先住民族を研究主体として位置づけることの必要性を説き、相変わらず和人の研究者が多いという課題は残るものの、日本社会教育学会年報第58集『アイヌ民族・先住民族教育の現在』の編集委員に１名、執筆者に２名のアイヌ民族[20]が参加したことはアイヌ民族教育研究において先駆的な取り組み事例といえよう。

　たとえば、第８章のモナシュ大学の取り組みは、そうした視点を分析軸にして考察した論稿であり、先住民族を研究対象と見なしてきた過去の先住民族教育研究の反省をふまえて、先住民族主体の教育制度はいかにして構築されるべきかを問うた点に論点が収斂化している。

　第１章の考察を受けて、第２章では、学習者の主体形成と学習者相互の関係性の構築が不可分の関係にあるのではないかいう近年の言説をふまえて、具体的に先住民族と非先住民族の民族間の連携・協働が学習者の主体形成を促し、学力の向上にも資するという仮説について検証する。日本においては、先住民族を自立した主体として位置づけ、先住民族と非先住民族との対等な関係性の構築をめざす札幌大学のウレシパ (urespa)（アイヌ語で「育て合い」の意味）プロジェクトの取り組みが参考になるのかもしれない。ウレシパは、アイヌ民族主体の学習活動への支援の仕組みをつくりだそうという発想から提起されている。札幌大学のウレシパに参加したアイヌ民族が和人とつながり（あるいは和人がアイヌ民族とつながり）、アイヌ民族固有の言語・文化・歴史等の学習を通して、アイヌ民族が先住民族としての自己意識を覚醒し、かつ確立するとともに、先住民族の優れた精神文化の学びを通して自己肯定感を促進し、エンパワーメントの可能性を広げるといったアイヌ民族支援の大学教育の仕組みづくりに関わる検討である。その点において第８章のモナシュ大学の取り組みも共通するモデルとして同様に画期的であり、アボリジニ主体の学習活動への支援の仕組みをつくりだそうという発想からの提起として本考察を位置づける。

中野は、国際労働機関（ILO）第169号条約をふまえて、「先住民族の先住民に対する教育は先住民種族出身の教員の養成、採用、配置がその出発点になる。そのためには先住民の児童が中等教育さらに高等教育へと進学できる機会を作りだすことが前提となる」[21]（原文ママ）と指摘し、自らの専門である国際人権法の観点から、先住民族主体の教員養成の重要性を説いている。その根拠として、「関係住民の間で働く教員は、その仕事を同住民の文化的特性に適応させることができるよう、人類学的及び心理学的方法について訓練を受けるべきである」[22]として、これらの教員は、可能な限り先住民族に募集を促す必要があることを示唆している。その点では、後述するモナシュ大学の教員養成システムに見られるような「アボリジニ観を組み入れた教授・学習授業」（Indigenous perspectives on teaching and learning）および遠隔地のアボリジニの集住地アーネムランド（Arnhem Land）における教育実習のプログラムや先住民族に対して大学進学を促す奨学金を始めとした支援施策を必置とする方策は日本への導入の検討の余地があろう。

　先住民族のコミュニティの利益に貢献する担い手養成としてのアボリジニの教員養成の仕組みの構築に取り組む大学として、オーストラリアで最大規模を誇り、世界大学ランキング第14位（2018年現在）の教育学部[23]と、先住民族支援室（Yulendj Indigenous Engagement Unit）を擁するモナシュ大学は、先住民族主体の教育・研究の先駆的モデルとなろう。第8章では、教員養成における先住民族が主体となる教授・学習の組織化と教授・学習プログラムについて参与観察とインタビュー調査による定性分析の手法を用いて検討する。本書では、このように先住民族主体の教員養成・能力開発システムの構築をめざすモナシュ大学の教員養成における双方向性のアプローチの検証を通して、日本における先住民族アイヌ主体の教育支援のプログラム構築の可能性と課題について質的研究の方法を交えながら模索・検討する。これまでの先行研究との異なりが顕著な点はここに見られる。

(3) 先行研究の検討

　ここでは本研究における新規性および考察の視点を中心に論じるが、先行研究との相違点をも合わせて示しておこう。

先住民族問題に関する研究は国内に数多く存在するが、きちんとした定義がなされないまま、「先住民」という言葉があいまいのまま使用されているケースが顕著である。本書では、「先住民族」と定義することの有意性について以下の点から説明する。第一に、アイヌ民族2名が編集委員やプロジェクト世話人として参画し、2014年に刊行した日本社会教育学会年報の表題（『アイヌ民族・先住民族教育の現在』）と枠組みを決めた際の議論をふまえて「先住民族」とする合意にいたった点を指摘しておきたい。合意にいたった背景の1つには、社団法人北海道ウタリ協会（現北海道アイヌ協会）によって1984年に採択された「アイヌ民族に関する法律」（非国家法）でも示されているように、アイヌの人びととの間でも「民族」という概念が意識的に使われてきていることにも起因する。第二に、国連の「先住民族の権利宣言」をはじめ、オーストラリア政府や先住民族団体の報告書等がIndigenous Peoplesという表現を使用しており、「先住性」を意味する言葉としてのIndegenousのほか、Populationではなく「民族」を意識したPeoplesという言葉が使われている。「先住性」と「民族性」の2つの要素を尊重した概念である。第三に、オグブ（Ogbu, J. U.）の説を援用すれば、「自由な意思や合意なしに国家体系に不本意に編入されている状況にある人びとであり」[24]、民族自決権が留保されているという説からもわかるように、「先住民族」という概念の使用が最も妥当で適切な表現であろう。

　また、先住民族という概念の使用は、「二風谷ダム建設差し止め訴訟」をめぐる判決で国の機関としての司法（札幌地裁）が「アイヌ民族は、我が国の統治が及ぶ前から主として北海道に居住し、独自の文化を形成しており、これが我が国の統治に取り込まれた後もその多数構成員の採った政策等により、経済的、社会的に大きな打撃を受けつつも、なお民族としての独自性を保っているということができるから、先住民族に該当するというべきである」[25]（1997年）と認定した意義も大きいが、政府の認識も「アイヌの人びとを日本列島北部周辺、とりわけ北海道に先住し、独自の言語、宗教や文化の独自性を有する先住民族として認める」という2008年の国会決議による政府認識からもうかがえる。そのことも「先住民族」という概念の一般化を後押ししているといえなくもないであろう。しかしながら

一方で、法的なエビデンスを有するものではないことは次の法律が示している。すなわち、「北海道旧土人保護法」(1899年制定)等の廃止にともない制定された「アイヌ文化の振興並びにアイヌの伝統等に関する知識の普及及び啓発に関する法律」(1997年施行)は、アイヌ文化振興・研究推進機構の設置によるアイヌ文化活動アドバイザーの派遣等にも見られるようにアイヌの文化振興にある程度の実効性はあるものの、文字どおりのアイヌ文化振興法であり、その内容も権利に関する規定はなく文化面に限定されているというのが一般的な認識である。その条文に示されているように、「アイヌの人びと」という表記は、先住民族としての位置づけを明確にしたものではない。

　管見の限り、本書のように、先住民族の教育権の保障を高等教育まで広げた研究の視点はこれまで稀有であろう。それゆえ、先住民族主体の高等教育研究の方法論的再検討は喫緊の課題といえよう。

　野元[26]は、「先住民族教育研究の第一歩は、既存の研究の植民地主義的な手法や性格を批判的に分析・検討することから始めなくてはならない」として、スミス(Smith, T. L.)の「脱植民地主義」的な研究方法を援用し、「それを担う先住民族出身の研究者の育成」[27]の必要性を指摘している。従来、先住民族概念はヨーロッパ植民地主義との関連で捉えられてきた。そのため、先住民族教育も欧米中心の世界観に基づく概念枠組みを前提に行われてきた。それについては日本もまた然りである。そうした「脱植民地主義」的な研究方法の必要性は、既述の「アイヌ民族に関する法律」の第3条第5項にも見られる。すなわち、「アイヌ語、アイヌ文化の研究、維持を主目的とする国立研究施設を設置する。これにはアイヌ民族が研究者として主体的に研究に参加する。従来の研究はアイヌ民族の意志が反映されないままに一方的に行われ、アイヌ民族をいわゆる研究対象としているところに基本的過誤があったのであり、こうした研究のあり方は変革されねばならない」[28]として、アイヌ民族を研究の主体に位置づけることの重要性を示唆している。

　野元の主張を裏づける言説として、日本における研究ではアイヌ民族の当事者として自身の経験的認識とこの分野に関する研究の蓄積がある清水裕二の問題提起は看過できないであろう。アイヌ民族の歴史・文化への理

序

解に関しては膨大な先行研究がある中、アイヌの主体性を尊重した大学教育のあり方を追求した先行研究には限りがあるからである。その点において、少数民族懇談会代表でエカシ（古老）の清水[29]は、「アイヌ民族大学の創設を求めて」（日本社会教育学会編『アイヌ民族・先住民族教育の現在』東洋館出版、2014年）の論稿で、アイヌの当事者としての観点から「アイヌ民族の正しい歴史と文化やアイヌ語の復活を希求し徹底的に学び、将来おもに義務教育制の小中学校の教師としての勤務を求める教員養成大学」の設置を切望する。また同書で、島崎直美は、アイヌ女性の視点からアイヌ女性の権利回復や自立のために、アイヌ女性の政治的、公的活動など政策決定への参画促進やアイヌ女性指導者のための育成プログラムの創設[30]が喫緊の課題であるとして、アイヌ女性のエンパワーメントの可能性を広げる施策の必要性を訴える。一方、川村シンリツ・エオリパック・アイヌは、萱野茂二風谷アイヌ資料館館長の萱野史朗によるアイヌ出身の弁護士の必要性を説く言説を援用しながら、人権侵害や地権問題が頻繁に起こるアイヌ民族への人権侵害への対応としてアイヌ出身の法曹養成の緊要性を説く[31]。自民族に関わる法律上の問題は自民族で解決するという自己決定の視点に基づく論理の展開である。清水・島崎・川村・萱野はともにアイヌの当事者としての視点から先住民族主体の専門職養成・担い手養成の必要性を強く希求している点で注目すべきであろう。ところで、清水・島崎・川村・萱野の4名は、野元が先住民族不在の研究がこれまで行われてきた反省をふまえて組織した共同研究プロジェクト（「アイヌ民族教育に関する総合的な研究」研究代表者：野元弘幸、2010～2012年度科学研究費補助金基盤研究B）に研究協力者として参加し、このうち清水と島崎は日本社会教育学会編『アイヌ民族・先住民族教育の現在』（東洋館出版、2014年）に研究の成果を上梓していることを特記しておきたい。

　先住民族を自立した研究主体として位置づけて処遇することはオーストラリアでは、一般的に見られる。オセアニア比較国際教育学会（Oceania Comparative and International Education Society, OCIES）の現共同会長で先住民族教育研究者のモナシュ大学教授のマ・リーア（Ma Rhea, Z.）は、常時、共同研究者のオーストラリア先住民族に出自をもつアボリジニ教師教育学会長のアンダーソン（Anderson, P. 現クイーンズランド工科大学教授）

を研究主体として位置づけ、政治的公平性（Political Correctness）の観点から、ポストコロニアルの比較研究方法（学）のスタンスに立った研究チームを組織する。実際、彼女からの電子メールの署名欄にも「私はこの土地の伝統的な所有者としてクリンの人びと[32]を認め、過去と現在の古老に敬意を払います」（I acknowledge the people of the Kulin Nations as the Traditional Owners of this Land and pay my respects to Elders past and present.）というインフォメーションが記されており、「脱植民地主義」的な研究者としての立ち位置が如実にうかがえる。

本書の中心を形成するプロジェクトにおいても、オーストラリアのような研究組織体制の構築には及ばないものの、日本学術振興会2016～2018年度科学研究費補助金（「豪州の大学における先住民族主体の専門職養成・能力開発システムの構築に関する研究」研究代表者：前田耕司、基盤研究C）の交付を受けて、研究協力者としてのアンダーソンの研究協力や同意を得ながら、オーストラリアの先住民族を研究主体として位置づけ、先住民族の主体性を尊重する研究の遂行をめざしてきた。

他方、日本に目を転じてみると、全会一致で採択された「アイヌ民族を先住民族とすることを求める国会決議」以降の政府の取り組みにおいては、既述の「アイヌ民族に関する法律」の第4項の「…〈前略〉…アイヌ民族の優れた人材を教授、助教授、講師等に登用し、アイヌ子弟の入学および受講についても特例を設けて…〈後略〉…」[33]という条文が意図するアイヌ民族の「自己決定」を促進する大学教育の機会を保障する視点の欠如が指摘されよう。先住民族が主体となる高等教育の再構成の必要性については、さきに清水が提案した「教員養成大学の設置」を含め、多くのアイヌ民族が切望しているのである。アイヌ民族の主張と政府の提案との認識における乖離は依然として大きいといわねばなるまい。

アファーマティブ・アクションの視点から高等教育の体系を再構築する必要性については、当事者としてのアイヌ民族によって課題として提起されてはいるが、アイヌ民族に対する高等教育支援の具体的な方向性についての研究の蓄積は十分ではなく、先住民族に関する高等教育研究の課題として浮上する。

以上、本項では、先住民族の定義を含めて先行研究の検討を行うと同時

序

に、本研究の新規性および独創性について提示してきたが、端的に言えば、本項は先住民族の主体形成に関わる問題の提起的な論稿にあたる部分といえよう。

(4) 本研究の方法論的枠組みとナラティブ・アプローチ

　本研究方法の特徴は、前述した国連やILOなどの国際機関や国際法の動向分析と関連させつつ、ポストコロニアルの比較研究方法（学）(Postcolonial Comparative Research Methodology) という手法を用いて、本研究を始める動機となった1993年の国連の国際先住民族年から20有余年間にわたり積み上げてきた研究の蓄積を土台にして、文献研究はいうに及ばず、オーストラリアの先駆的実践・研究からの問題の解明を意図している。したがって、本書は、現地の研究者や専門家の協力を得つつ、文献研究を補う必要性から対話的構築主義のアプローチに基づいて、語り手と聞き手の言語的相互行為によって構築される自由な語りを主体とする分析 (Ethnographic Narrative Approach) による実態調査に基づき解明しようとする研究である[34]。具体的には、まず、アボリジニ・コミュニティの利益に貢献するアボリジニの担い手養成の基盤となる社会参画促進策の制度化がアボリジニにとってどのような意味をもち、またどのように語られているのかを質的分析の手法を使用して検証を行っている。また、1980年代後半以降、進められてきたアボリジニ・コミュニティのリーダーとなる担い手の養成に実績を有するNSW州およびVIC州の大学に注目し、これらの大学における先住民族コミュニティの担い手養成の検討を通してその特質と課題を提示する。

　具体的には、2010年から2013年にかけて実施する各大学の先住民族支援室におけるコーディネーター等のアボリジニ・スタッフに対する半構造化インタビュー、およびアファーマティブ・アクションによって昇進した教育学部のアボリジニの教員やアボリジニの大学院生・学生へのライフストーリー・インタビューによるディスコース分析を通じて大学におけるアボリジニ・コミュニティの担い手養成の特質と課題を抽出する[35]。なお、質的分析にあたっては、支援の規模、独自性、地域性などの相違を考慮し、VIC州のモナシュ大学やラ・トローブ大学、NSW州のNSW大学やニュー

カッスル大学（University of Newcastle）などのアボリジニへの支援策において特徴的な取り組みを示す有力大学4校を選定した。さらに、モナシュ大学の学部・大学院の授業への参与観察を通してアボリジニが主体となる教授・学習の組織化およびアボリジニの視点から組織される教授・学習プログラムのあり方を検討する。なお、筆者は、Visiting Scholarとして在豪中の2015年5月から9月までモナシュ大学教育学部1・2学期の授業（EDF2031- Indigenous perspectives on teaching and learning-S1・S2 2015）・同大学院2学期の授業（EDF5657- Indigenous perspectives in professional practices-S2 2015）において参与観察の機会を得た。また、2016年の9月以降、現在までMonash University Affiliateとして関わる中で、モナシュ大学のアカウントを取得し、モナシュ学習システム（Moodle）へのアクセスの機会を得て、非教授スタッフとして継続的に上記の授業へのアプローチを行ってきた。とりわけ、そうした授業における参与観察やモナシュ学習システムへのアクセスを通して入手したデータに基づき得られた知見を数多く提示しているところに本書の特徴があるといってよいであろう。

【文献】
（1） 本書で使用する「アボリジニ」という用語は一般的には「アボリジニおよびトレス海峡系諸島民族」（Aboriginal and Torres Strait Islander Peoples）を包括する概念として認識される。「アボリジニ」という呼称は、初期の英国人入植者によって付けられた蔑称であったために、今日のオーストラリア社会では、オーストラリア先住民族の多様性をふまえて、「先住民族」（Indigenous Peoples）もしくは「ファースト・ネーションズ」（First Nations）という表現が使用されている。また、アボリジナルの人びと（Aboriginal Peoples）が適切であるという考え方も見受けられる。が、本書では、他の先住民族との表記上の混乱を避けるために、必要な場合を除いて、「アボリジニ」という呼称に統一した。なお、本書では、文献・資料や「語り」の中で「先住民族」（Indigenous Peoples）という表現があるものについては、原語に忠実にそのまま使用した。

「アボリジニおよびトレス海峡諸島系民族」は、「アボリジニもしくはトレス海峡諸島系民族の子孫であり、各々の先住民族としてのアイデンティティーを有するとともに、それぞれの先住民族のコミュニティに受け入れられている人びと」である（Price K.（ed.）, *Aboriginal and Torres*

Strait Islander Education: An Introduction for the Teaching Profession, Australia, Cambridge University Press, 2012, Cambridge Books Online, http://dx.doi.org/10.1017/CBO9781139519403.013, p.193.)。

　なお、連邦国家によるアボリジニの定義は、
　①アボリジニもしくはトレス海峡諸島系民族の子孫であること、
　②自らをアボリジニもしくはトレス海峡諸島系民族であると認めている人、
　③居住するコミュニティにおいてアボリジニとして受け入れられている人、となっている（Commonwealth Dept. of Education, Survey on Aboriginal Access to Tertiary Education, 1981, p. ix.)。

　ちなみに豪州北東部に分布するトレス海峡諸島系民族は、「アボリジニとは異なる言語的文化的アイデンティティーを有する」とされる（Pauwels, Anne（1991）, *Non-discriminating Language*, Australian Government Publishing Service（AGPS）, p.26.)。

　また、地域によっては彼/女らの間で次のような言葉が使われる。
　Anangu：オーストラリア中央部
　Koorie：クイーンズランド州南部、ＮＳＷ州、VIC州、タスマニア州
　Murri：クイーンズランド州
　Nyunga：西オーストラリア州
　Yolngu：北部準州

　（Pauwels, A., *Non-Discriminatory language*, Australian Government Publishing Service（AGPS）, 1991, p.26.)

（２）　守永英輔「オーストラリア社会の基盤」『海外事情』第31巻第12号、拓殖大学海外事情研究所、1983年、p.10.

（３）　『朝日新聞』2001年7月3日（朝刊）。

（４）　箕浦康子「多文化教育とアイデンティティ」柴野昌山編『文化伝達の社会学』世界思想社、2001年、p.138.

（５）　国連の人種差別撤廃委員会などは2008年10月以降、日本政府に沖縄の人びとを先住民族と認めるよう、複数回にわたって勧告している。

（６）　北海道生活福祉部『平成5年　北海道ウタリ生活実態調査報告書』1994年、pp.9-23. 本書では、基本的に西暦に統一するが、政府等の刊行物のように、年号が使われている場合はこの限りではない。

　なお、同様の傾向は多少古いが1974年から75年に在京アイヌ（民族）401世帯679人に対して行われた「東京在住ウタリ実態調査」の結果でもうかがえる。当時の東京都の高等学校進学率が96.9%（『公立学校卒業者の卒業後の進路状況調査報告書』1974年版）であるのに対して在京のアイヌ

民族で高等学校以上に進学した者の割合は42.4％にすぎなかったとされる。また、1世帯当たりの平均収入も12万5660円で、同時期の都民勤労者世帯の平均所得約20万9000円（『東京都生計分析調査報告書』1974年）に比べて相当の開きがあることが指摘されている（東京都企画部調整局調査部『東京在京ウタリ実態調査報告書』1975年、pp.2-22.）。

（7） Office of Multicultural Affairs, Dept. of the Prmie Minister and Cabinet, *National Agenda for a Multicultural Australia*, Australian Government Publishing Service（AGPS），1989, p. vii.

（8） National Advisory and Co-ordinating Committee on Multicultural Education, *Education in and for a Multicultural Society: Issues and Strategies for Policy Making*, Drerek Kelly and Sons, 1987, p.24. なお、同報告は国家多文化教育諮問・調整委員会に勧告を求めたものである。

（9） Office of Multicultural Affairs, op. cit., p.Ⅶ.

（10） 朝倉征夫他「大学改革と大学開放――わが国教育改革を中心に」『早稲田教育評論』第7巻第1号、早稲田大学教育総合研究室、1993年、p.3.

（11） アイヌ政策推進会議「北海道外のアイヌの生活実態調査」作業部会編『「北海道外のアイヌの生活実態調査」作業部会報告書』2011年6月、pp.17-21.（http://www.kantei.go.jp/jp/singi/ainusuishin/dai3/siryou3_3.pdf，2017年8月23日閲覧）

（12） マーチン・トロウ『高学歴社会の大学――エリートからマスへ』天野郁夫／喜多村和之共訳、東京大学出版会、1976年、pp.194-195.

（13） United Nations, General Assembly, 61/295, *United Nations Declaration on the Right of Indigenous Peoples*, 2 Oct., 2007, p.5.（http://www.unhcr.org/refworld/docid//471355a82.html，2010年1月12日閲覧）、上村英明『アイヌ民族の視点から見た「先住民族の権利に関する国際連合宣言」の解説と利用法』市民外交センター、2008年、pp.23-42を参考に訳出。

（14） アイヌ政策推進会議「北海道外のアイヌの生活実態調査」作業部会編『「北海道外のアイヌの生活実態調査」作業部会報告書』2011年6月、p.12.（http://www.kantei.go.jp/jp/singi/ainusuishin/dai3/siryou3_3.pdf，2017年8月23日閲覧）

（15） 国際労働機関（ILO勧告）『1957年の土民及び種族民勧告（第104号）』〈原文ママ〉1957年06月26日（https://www.ilo.org/tokyo/standards/list-of-recommendations/recommendations/WCMS_238892/lang--ja/index.htm，2018年12月28日閲覧）

（16） Hughes, P. (ed.), *Report of the Aboriginal Education Policy Task Force*,

(17) Dept. of Employment, Education and Training, Higher Education Series, Aboriginal and Torres Strait Islander Students, Report No.3, Apr., 1990.

(18) House of Representatives Select Committee on Aboriginal Education, *Aboriginal Education*, Australian Government Publishing Service (AGPS), 1985, p.179.

(19) 野元弘幸「アイヌ民族教育研究の課題と方法」『日本社会教育学会第57回研究大会発表要旨集録』、2010年、p.48.

(20) 日本社会教育学会編『アイヌ民族・先住民族教育の現在』東洋館出版、2014年、p.1.

(21) 中野育夫「ILO169号条約――先住民・種族民の権利保護と教育の役割」専修大学学会編『専修商学論集』第99号、2014年7月、p.45.

(22) 国際労働機関（ILO勧告）、前掲。

(23) 「学部別世界ランキングQS版2018」（https://www.topuniversities.com/university-rankings/university-subject-rankings/2018/education-training、2019年4月5日閲覧）

(24) Ogbu, J. U., & Simons, H. D., "Voluntary and Involuntary Minorities: A Cultural –Ecological Theory of School Performance with Some Implications for Education," *Anthropology & Education Quarterly*, 29 (2), American AnthropologicalAssociation, 1998, p.165.

(25) 「二風谷ダム裁判判決文」（http://www.geocities.co.jp/HeartLand-Suzuran/5596/、2018年12月29日閲覧）。

(26) 野元弘幸「序：アイヌ民族・先住民族教育研究の課題と展望」日本社会教育学会編『アイヌ民族・先住民族教育の現在』東洋館出版、2014年、pp.9-10.

(27) 同前、p.19.

(28) 参考資料「アイヌ民族に関する法律（北海道ウタリ協会案）」ウタリ問題懇話会『アイヌ民族に関する新法問題について―資料編―』1993、p.3.

(29) 清水裕二「アイヌ民族大学の創設を求めて」日本社会教育学会編『アイヌ民族・先住民族教育の現在』東洋館出版、2014年、p.34.

(30) 島崎直美「アイヌ民族学びの歴史と課題」日本社会教育学会編『アイヌ民族・先住民族教育の現在』東洋館出版、2014年、pp.74-75.

(31) 「アイヌ民族からの意見・反論・提言①『アイヌ文化の振興並びにアイヌの伝統等に関する知識の普及及び啓発に関する法律』をめぐって」『先

住民族の10年News』第37号、先住民族の10年市民連絡会、1997年9月、p.5.
(32) ビクトリア州中南部の5つのトライブからなる先住民族
(33) 文献（28）前掲、p.3.
(34) 岩崎久美子「ライフヒストリー」立田慶裕編『教育研究ハンドブック』世界思想社、2005年、pp.54-59. および亀美沙子「ライフヒストリーとライフストーリーの相違――桜井厚の議論を手がかりに」『東京家政大学博物館紀要』第15集、pp.18-19.
(35) なお、インタビューにあたってはICレコーダーで録音することと、録音した記録についてはプライバシーに十分に配慮した上で論文執筆に用いる予定があることについて許可を得ているが、なおも匿名性が必要な調査対象者には、本書で使用するインタビュイーの名前はすべて仮名とした。2010年以前の調査についても同方法に準ずる。

第1部
先住民族の主体形成と
先住民族の権利宣言

第1章

国際的なコンテクストと日本の政策動向

第1節　グローバル・スタンダードとしての先住民族の権利宣言

　先住民族政策をめぐる国際的な動向として注視しておきたいことは、2007年9月13日に国連総会本会議・第61会期において「先住民族の権利宣言」が採択されたことであろう。1982年に国連人権小委員会に「先住民族作業部会」が設置され、その草案づくりが進められて以来、25年間もの歳月を要した画期的な出来事であった。とくに、その草案の作成にあたって注目されるのは、その作業部会に各国の先住民族の代表が参加し、先住民族が国境を超えて相互に連帯・協力する関係が構築されたことである。ローカルからグローバルにつながる視点の重要さが確認された意義のある作業部会であったということができよう。

　この「先住民族の権利宣言」は条約と違って法的拘束力はないが、これにより先住民族政策の国際的な規範的枠組みが示されたと見るべきであろう。今後、アイヌ民族や琉球・沖縄民族などの先住民族問題を抱える日本が先住民族関連の国内法の整備に向けてどのように取り組むのかが注目されよう。

　「先住民族の権利宣言」は前文24段落、本文46条から構成され、自己決

定権や土地・資源権、文化権など先住民族に保障されるべき「最低限度の範囲基準をなす」(第43条) 国際的文書である。

本節では、とくにこの46条からなる条文の中から、先住民族に関わる事項に関する「意思決定への参画の権利保障」の第3条および第18条、先住民族の「高等教育に関する権利保障」の規定として想定される関連条項の第14条第2項および第17条第2項、さらに「異文化間の相互理解」を促進するとされる規定を以下に示し[1]、本書に関連する各条項の意味について多文化教育の視点から考察を加えることにする。

第3条
　先住民族は、自己決定の権利を有する。この権利に基づき、先住民族は、自らの政治的地位を自由に決定し、ならびにその経済的、社会的および文化的発展を自由に追求する。

第18条
　先住民族は、自身の手続きに従って自らが選んだ代表を通じて、自らの権利に影響を及ぼし得る事柄に関する意思決定への参加のみならず、先住民族固有の意思決定の仕組みを維持しかつ発展させる権利を有する。

これらの諸規定は、先住民族の自己決定権を志向する国際法的な論拠として特徴づけられるが、なかでも注視される第18条は、司法や行政における意思決定に先住民族の参画を促す必要性を示唆したものと読みとれよう。ただ、こうした先住民族の参画を可能にするための教育のあり方については婉曲的な表現にとどまっており、先住民族のエンパワーメントの可能性を広げるアファーマティブ・アクションの適用にあたっては、下記に示す第14条第2項や第17条第2項も含めて拡大解釈して考える必要性もあろう。

第14条
　2．先住民族としての個々人、とりわけ子どもは、国家による、差別のないあらゆる段階と形態の教育への権利を有する。

第17条
　2．国家は、先住民族の子どもたちを経済的搾取から保護するため、

および危険性があり、もしくは子どもの教育を阻害したり、子どもの健康もしくは肉体的または精神的、宗教的、道徳的もしくは社会的な発達に対して有害であると思われるようないかなる労働にも従事しないよう保護するため、彼/女らがとくに弱い存在であることと、<u>そのエンパワーメントのために教育が重要であることを考慮に入れつつ、先住民族と連携および協力し特別な措置をとる</u>。（下線部は筆者）

第14条第2項の「…〈前略〉…差別のないあらゆる段階と形態の<u>教育への権利を有する</u>」（下線部は筆者）という条文は、「教育を求める主体的・能動的な権利」として解釈され[2]、現在の先住民族の教育の現状を変えるように要求する権利をも含むといえよう。それゆえに本条文は、序でも述べたように経済的な理由等により進学を断念せざるを得ない先住民族の子どもに高等教育機関へのアクセスの機会を保障するアファーマティブ・アクションの可能性を含意する内容の規定といっても過言ではないであろう。

　そしてさらに述べれば、次の第15条の第2項は、前条の第2項とも連動するが、人種・民族的な差別の解消に向けて、先住民族コミュニティと連携・協力しながら、異文化間の相互理解を促進するための条件整備の必要性について規定した条項と考えられよう。本条項が先住民族を主体とする高等教育の体系を構築するにあたって不可欠な枠組みであることは、後述の札幌大学のウレシパ（urespa）プロジェクトの展開過程の中で詳述している。またそれと関連して同条の第1項ではより広く非先住民族の理解を得るための手段・方法のあり方が重要であるとして、先住民族の文化・伝統・歴史等が教科書や公共放送等を通して正確に伝達されることの必要性について示唆的な提案を行っている。

第15条
1．先住民族は、教育および公共情報に適切に反映されるべき自らの文化、伝統、歴史および願望の尊厳ならびに多様性に対する権利を有する。
2．国家は、関係する先住民族と連携および協力して、偏見と闘い、

差別を除去し、先住民族および社会の他のすべての成員において寛容、理解および良好な関係が促進されるよう、効果的な措置をとる。

以上、本課題に関する「先住民族の権利宣言」の各条項について若干の考察を試みた。そこには先住民族（子どもを含む）の自己決定権の保障を始めとして、先住民族と非先住民族の異文化間の相互理解を促進するための学習機会の提供に関する規定など多文化教育の考え方に基づく条項が多く盛り込まれている。しかしながら先住民族の政策決定への参画や彼/女らのエンパワーメントの可能性を広げるアファーマティブ・アクションに関する教育条項の規定がやや間接的な表現にとどまったことついては幾分、ネガティブな印象を拭えない。一方、オーストラリアでは、「アボリジニの人びとの生活や運命に影響を及ぼし得る政府の政策や計画の策定・実施もしくはその変更にあたって、アボリジニ自らの意思による決定を尊重」[3]（アボリジニ拘留死特別調査委員会、1991年）するという既述の「先住民族の権利宣言」に近い政府認識が示され、先住民族アボリジニの自己決定を政策の根幹に据えた運営がなされている。端的にいえば、アボリジニのコミュニティの問題は、アボリジニ自身の手によって解決していくという考え方が尊重され、教育政策の策定においてそうした視点が反映されている。

翻って日本の問題に目を転じれば、日本は「先住民族の権利宣言」の採択にあたって国家からの分離・独立は含意しないとの条件付きで民族自決権を留保してはいるものの賛成票を投じたのである。この行為から鑑みるに日本政府の責務は決して低くはないといえよう。

権利宣言というグローバル・スタンダードに対して日本はナショナルとしてどう取り組むのか。次節では、日本政府のアイヌ民族に対する近年の対応をふまえながら、新たな枠組みの構築に向けてどのような動きが見られるのかについて考察したい。

第2節　日本のアイヌ民族政策をめぐる教育的課題

第1項　「先住民族の権利宣言」以降の日本の対応

　日本政府は、前節で示した国連の「先住民族の権利宣言」を受けて2008年6月6日、第169回国会の衆参両院本会議において「アイヌの人々を日本列島北部周辺、とりわけ北海道に先住し、独自の言語、宗教や文化の独自性を有する先住民族として認める」決議を全会一致で採択した。アイヌ民族が先住民族であることを公式に認めたのである。また、そのほぼ1か月後の7月1日に政府はこの国会決議を受けて内閣官房長官の下に、少数ではあるが、アイヌの人びとも委員として参加した「アイヌ政策のあり方に関する有識者懇談会（以下、懇談会）」を設置し、教育支援を含めた総合的な施策の確立に向けて調査・検討に乗り出した。先住民族の権利宣言の採択が、日本の先住民族問題解決に向けて1つの扉を開く大きな契機となったのである。

　一説には、日本政府がアイヌ民族を初めて先住民族として認めた背景には、当時のG8サミットの北海道・洞爺湖での開催（同7月7～9日）が大きく起因しており、議長国としての日本が先住民族問題の対応の遅れを国際社会から非難されることを危惧しての緊急の決議であったとされる。

　これまでにも、既述の「アイヌ文化の振興並びにアイヌの伝統等に関する知識の普及及び啓発に関する法律」(1997年施行)に基づく施策はあったが、文字どおりのアイヌ文化振興法であり、その内容も権利に関する規定はなく文化面に限定されていた。また、その条文においても「アイヌの人々」と表記され、先住民族としての位置づけは決して明確ではなかった。

　そもそも、先住のマイノリティとは、オグブ（Ogbu, J. U.）らの指摘にもあるように「自由な意思や合意なしに国家体系に不本意に編入されている状況にある人びとであり」[4]、民族自決権が留保されていると考えられる人びとである。むしろ、その意味から推察すると、日本の国家体系に組み込まれる以前から、日本列島北部周辺はアイヌ民族の有主地であり、彼/女らの先住性と民族性の2つの要素を尊重した先住民族独自の法律が

施行されてしかるべきであったと考えられよう。

　アイヌ民族を先住民族と認めた国会決議は、アイヌ民族問題を俎上に載せる糸口になった点で半歩前進したといえなくもない。その上でそれが先住民族との認識に立脚した新たな先住民族法の制定につながれば、今回の日本政府の対応に対するアイヌ民族側の評価もより肯定的になることは明らかである。その点において2009年7月29日に答申された「アイヌ政策のあり方に関する有識者懇談会」の報告書の内容は、アイヌ民族政策の今後の方向性を示す政策提言として大きな意味をもつと考えられよう。

　そこで、42ページからなる本報告書の中で教育支援のあり方に着目し、アイヌ民族の教育課題に対して日本政府がどのような取り組みの必要性を提起しているのかを「先住民族の権利宣言」との対比の視点をも交えながら検討してみると、アイヌ民族に対する高等教育支援として直接、提起された点は以下の項目に関してのみである。すなわち、指導する教員側に十分な知識・理解がないことが多いとされる現職教育、延いては教員養成のあり方に示唆を与える視点である。とりわけ、指導に当たる教員側の理解が十分でないことをふまえて教職員への研修の機会の充実を図ることの必要性について触れられている点は特記すべきであろう。こうした教員養成の問題を除けば、アイヌの歴史や文化等に関して、必ずしも児童・生徒の発達段階に応じた教育体系になっておらず幅広い理解につながりにくいことについても指摘されている。報告書は、こうした課題をふまえて次のような対応策を今後検討する必要があると勧告している。すなわち、アイヌの歴史や文化等に関して適切な理解が図れるような教育内容の充実に向けた学習指導要領の改訂や教科書の充実が必要であり、とりわけ小・中学生向けの副読本の配布数の拡大など副読本の利用活用の充実を図ることが短期的に見て重要であるとしている。こうした提言の背景には、財団法人アイヌ文化振興・研究推進機構発行の副読本『アイヌ民族：歴史と現在──未来を生きるために』の配布の対象が北海道内の小・中学校の児童・生徒に限定され、道外の児童・生徒はその対象外におかれてきたという経緯があるからといえよう[5]。これは、「先住民族の権利宣言」の文脈で考えれば、同宣言の第14条の第1項で示されているように、一説によれば、5千人とも1万人ともいわれる「その共同体の外で居住する」アイヌ民族に対

第1章　国際的なコンテクストと日本の政策動向

して教育情報にアクセスする権利をどのように保障していくかということであり、内容的にはさきに述べた同宣言の第15条の第1項とも通底する重要な部分である。そして、教育現場におけるアイヌ文化等に関する体験学習の機会の提供を促進し、義務教育段階の終了までにアイヌの歴史や文化等に関する基礎的な知識の習得や理解が可能となるような条件整備の必要が喫緊の課題であると結んでいる[6]のである。総じて、高等教育機関への進学以前の教育環境が十分に整備されていないことが指摘できよう。

以上、懇談会の報告書のなかでもとくに高等教育上の課題と今後の取り組みに焦点を当てて考察してきたが、2009年の提言をどのように受けとめるかについては、報告書をめぐるこれまでの議論から推察する限りにおいてアイヌ民族による評価は厳しいといわざるを得ない。とりわけ、本書の検討課題である高等教育問題については、教職員への研修の機会の充実に留めている。評価できる部分とそうではない部分の違いが明確に顕在化しているのである[7]。

また、2009年12月25日には、この懇談会の報告書に基づき、その内容の実現化に向けて「アイヌ政策推進会議」（座長：内閣官房長官）が設置され、そしてそれ以降、アイヌ民族政策を推進するための具体的な検討が進められている。本推進会議では、「民族共生の象徴となる空間」作業部会と「北海道外アイヌの生活実態調査」作業部会という2つの作業部会が設けられ、2011年6月には、両作業部会の報告書が発表された。そしてさらに、8月31日、両作業部会報告書をさらに調査・検討並びにその具体化を進めるための「政策推進作業部会」が設けられ、現在、第2期のアイヌ政策推進会議が始動している。

なかでも、後者の「北海道外アイヌの生活実態調査」作業部会は、次章でも示すように、北海道外に住むアイヌ民族初の生活実態調査の結果について報告し、道内のアイヌも含めて、収入や教育面などで全国平均と比べて大きな格差が存在している実態を明らかにした。しかしながら、こうした懇談会や推進会議の両報告書では、アイヌ民族に対する高等教育支援のあり方について全く触れておらず、未だにアイヌ進学支援にむけての具体的政策立案への道筋は示されていない。

そこで、次項では、1984年にアイヌ民族自身の手により起草され、その

制定を日本政府に強く希求したとされる「アイヌ民族に関する法律」（非国家法）に照らして、アイヌ民族が求める先住民族教育と、今回の政策提言で示された対応策との間にはどのような政策的な乖離が見られるのかを検討してみることにしたい。

第2項　日本政府の認識とアイヌ民族共同体の視点

　日本国民への同化を目的に制定された差別法「北海道旧土人保護法」を廃止し、アイヌ民族が新たに制定を求めていた新法はアイヌ文化振興法ではなく、社団法人北海道ウタリ協会において1984年5月27日に可決された「アイヌ民族に関する法律」（仮称アイヌ新法・非国家法）であったとされる。この「法律」のうち教育・文化について項目化された条文の中から教育関連の施策の一部を抜粋すると、次のような1〜4の諸規定が浮かび上がる[8]。

1．アイヌ子弟の総合的教育対策を計画的に導入する。
2．アイヌ子弟教育にはアイヌ語学習を計画的に導入する。
3．学校教育および社会教育からアイヌ民族にたいする差別を一掃するための対策を実施する。
4．大学教育においてはアイヌ語、アイヌ民族文化、アイヌ史等についての講座を開設する。さらに、講座担当の教員については既存の諸規定にとらわれることなくそれぞれの分野におけるアイヌ民族の優れた人材を教授、助教授、講師等に登用し、アイヌ子弟の入学および受講についても特例を設けてそれぞれの分野に専念し得るようにする。

　上述の「法律」では、アイヌ民族のための諸施策とそれを実施するための基本となる規定が掲げられている。これらの諸規定から柱となる論点を抽出・整理すると、さきに触れた「先住民族の権利宣言」の第14・15条との間にいくつかの共通点が見られることがわかる。しかしその一方で、2009年の懇談会の報告書にはローカルなアイヌ民族の共同体に立脚した視点が十分に反映されていない点も見受けられる。具体的に述べれば、「アイヌ民族に関する法律」の第2項は、アイヌ語をアイヌ民族の母語として

学習する機会を提供するという規定であり、先住民族言語による民族教育の保障という点からすれば、「先住民族の権利宣言」の第14条第１項とも連動する先住民族のアイデンティティー形成の根幹をなす重要な条文である。また、この規定に関連して具体的な実践例を挙げれば、北海道沙流郡平取町立二風谷小学校や千歳市立末広小学校で現在行われているようなアイヌ学習の授業などが想定されよう。しかしながら懇談会の提言ではこうしたアイヌ語の維持・継承に関する積極的な施策の必要性は示されておらず、アイヌ語学習を体系的・継続的に学習する機会を教育課程の中に具体的にどのように位置づけていくかが課題とされよう。また、次の第３項は、同宣言の第14条第２項の「…〈前略〉…国家による、差別のないあらゆる段階と形態の教育への権利を有する」[9]という条文の趣旨と酷似する内容を包含している。これは、異文化間の相互理解を図るという視点からアイヌ民族について正しい理解と認識を深める啓発的教育活動を組織的に行っていくことの重要性を示唆したものに他ならない。その点でいえば、そうした教育実践に携わる教師や社会教育関係の専門職員の養成もきわめて重要な意味をもつといえよう。こうした背景の１つには、表1-1 で示した1999年の北海道環境生活部の調査結果に見られるように、学校教育におけるアイヌ民族に対する差別の実態が大きく起因しているといえよう。ところが、前項における考察でも確認できるように有識者懇談会の報告書はこれについての直接的な言及を避けているのである。

　「大学教育においてはアイヌ語、アイヌ民族文化、アイヌ史等についての講座を開設する。さらに、講座担当の教員については既存の諸規定にとらわれることなくそれぞれの分野におけるアイヌ民族のすぐれた人材を教授、助教授、講師等に登用し、アイヌ子弟の入学および受講についても特例を設けてそれぞれの分野に専念し得るようにする」[10]

　上記の「アイヌ民族に関する法律」の第４項では、とくに大学教育に関するこの部分で先住民族独自の価値体系を組み入れるなど、アイヌ民族に配慮した高等教育の体系に整備する必要があるとしており、アファーマティブ・アクションを想定した高等教育政策の実現に向けての提起である

と推察できよう。とくに本「法律」の特記すべき点は、高等教育におけるアイヌ語・アイヌ文化教育の提供とアファーマティブ・アクションの必要性が示唆されていることである。前段の「大学教育においてはアイヌ語、アイヌ民族文化、アイヌ史等についての講座を開設する」という条文は、次のような実態をふまえたものである。たとえば、大学等におけるアイヌ語の学習状況を見ると、関東地区では千葉大学、学習院大学、早稲田大学など一部の国・私立大学で、また道内では北海道教育大学岩見沢校、北海学園大学や札幌短期大学でアイヌ語やアイヌ文化を中心とした講座[11]が開設されているにすぎない。

　また、同じく第4項の後段の「アイヌ民族の優れた人材を教授、助教授、講師等に登用し、アイヌ子弟の入学および受講について特例を設けて」という条文には、アイヌ民族自らが「意思決定」に関わる専門家として養成されることの必要性を示唆する内容の文言が含まれており、本質的にアイヌ民族による「自己決定」を促す規定として位置づけられる。他方、その後段の文言は、自己決定を表現するための「大学入学におけるアイヌ民族の特別枠の確保」を志向しており、前段の意味も含めてアイヌ民族のアファーマティブ・アクションを促進する大学教育の機会を保障する規定として大きな意味をもつ。その点でいえば、懇談会の提言は、こうしたアイヌ民族の自己決定への視点を欠いており、そこには自己決定権の法的な根拠となるような文言さえも含まれていない。

　こうした第4項の規定が設定された背景には、アイヌ民族の大学への進学状況において、彼/女らとその他の道民との間に著しい不均衡があることを北海道庁がアイヌ民族の協力を得てまとめた『平成5年 北海道ウタリ生活実態調査報告書』から読み取れる。それによると、道内75市町村7328世帯2万3830人を対象に行った調査の中で、高校卒業者のうち大学（短大を含む）進学率はウタリ地区（アイヌ民族が居住する地区）で11.8％となっており、前回（1986年）の調査に比べ3.7ポイント上昇してはいるもののウタリ地区を含む市町村全体の進学率の27.5％と比べると相当の開きが見られるのである[12]。しかしながら、ウタリ地区の19地区300世帯を抽出し行った調査では、大学、短大への進学を願う親は43％[13]にも上り、進学率の実態と親の意識との間に格段の相違のあることがわかる。さらに、年

間所得についてみると、350万円未満が62.6％と過半数に上っている。現在の生活についての意識でも33.0％が「とても苦しい」と答えており、「平成4年道民生活基礎調査」にみる同質問項目の回答の9.7％[14]に比べて、ウタリ地区住民の生活の困窮の様子がうかがえよう。

　以上の調査結果から、アイヌ民族がいかに社会的経済的に不利益を被っている集団であるかが理解できよう。そして、それが彼/女らの大学進学の機会を狭めている要因の1つになっていると考えられなくもないのである。

　次に、「アイヌ民族への特別な対策が必要だと思うか」との質問に対しては、54.0％が「必要である」と回答している。そして、このうち70％が「今後、どのような対策が重要だと思うか」という質問に対し、「進学奨励、技術、技能の習得など子弟教育のための対策」が不可欠であると答えており[15]、教育における何らかの支援プログラムの必要性を求めているのである。

　アイヌ民族がいかに教育的に見て不利益を被っている集団であるかは、彼/女らの教育状況から明らかであり、また彼/女らの教育要求の高さも看過できない。したがって、アイヌ民族という民族的属性に起因する教育上の不均衡を是正し、先住民族の教育参加を促進するような高等教育の体系を整備していくことが、今後の日本における大学開放を進めていくうえでの検討すべき課題となってくるように思われるのである。

　これまでも大学入学においては、アイヌ民族および沖縄人および奄美諸島出身者を対象とする「先住民族枠」の設置「被差別少数者特別推薦入学」（沖縄人および奄美諸島出身者含む）制度を1995年に導入した四国学院大学[16]などの事例や2010年開設の苫小牧駒澤大学の「北海道・アイヌ文化コース」や次章で考察する札幌大学のウレシパ・プロジェクトはある。前二者は奨学金給付など入学後の修学支援に取り組む札幌大学のケースとは異なるが、「アイヌ民族に関する法律」の意図を反映した制度設計がなされ、共にエスニシティを考慮するという形で維持されている。しかしながら、親の経済的状況を背景に進学を断念せざるを得ないアイヌ民族の若者や成人に対して奨学金の給付による経済的援助を行う修学支援の試みは札幌大学の先行事例をおいてほかにないであろう。

　次章では、本章における考察の規範的枠組みとしての「先住民族の権利宣言」を下敷に、札幌大学のウレシパ・プロジェクトを先行事例として、

表1-1　差別の実態

表66　最近(6,7年前から)において、何らかの差別を受けたことがありますか。(人、%)

区分	実数	構成比 (715人)
1．差別を受けたことがある	89	12.4
2．自分に対してはないが、他の人が受けたことを知っている	112	15.7
3．受けたことがない	346	48.4
4．わからない	127	17.8
5．不詳・無回答	41	5.7

表67　どのような場面で差別をうけましたか。(人、%)

区分	実数	構成比 (201人)
1．就職のとき	15	7.5
2．職場で	19	9.5
3．結婚のことで	51	25.4
4．学校で	93	46.3
5．交際(つきあい)のことで	19	9.5
6．行政(国・都道府県・市区町村)から	3	1.5
7．その他	32	15.9

※複数回答
出所：北海道環境生活部『平成11年　北海道ウタリ生活実態調査報告書』1999年、p.44.

アイヌ民族のコミュニティとの連携・協働の下、アイヌ民族の権利回復と発展を支えるアイヌ学生支援の取り組みがどのように始動し、かつ展開してきたのか、その経緯・背景と理念およびその方向性について考察することにしたい。

【文献】

（１）United Nations, General Assembly, 61/295, *United Nations Declaration on the Right of Indigenous Peoples*, 2 Oct., 2007, pp.5-11.（http://www.unhcr.org/refworld/docid//471355a82.html, 2010年1月12日閲覧）。上村英明『アイヌ民族の視点から見た「先住民族の権利に関する国際連合宣言」の解説と利用法』市民外交センター、2008年、pp.23-42を参考に訳出.

（２）岩﨑正吾「生きる権利としての生涯学習と多文化・多民族教育」岩﨑正吾編『生涯学習と多文化・多民族教育の研究』学文社、2013年、pp.6-7.

（３）Royal Commission into Aboriginal Deaths in Custody, *National Report*,

Overview and Recommendations, Australian Government Publishing Service（AGPS），1991, p. 73.
（4）　Ogbu, J. U., & Simons, H. D.,"Voluntary and Involuntary Minorities: A Cultural –Ecological Theory of School Performance with Some Implications for Education," *Anthropology & Education Quarterly*, 29（2）, American Anthropological Association, 1998, p.165.
（5）　アイヌ政策のあり方に関する有識者懇談会『報告書』2009年7月、pp.31-32.
（6）　同前、pp.31-32.
（7）　「アイヌ政策のあり方に関する有識者懇談会」報告書について―「世界先住民族ネットワークAINU」の右報告書に対する見解―世界先住民族ネットワークAINU、2009年8月4日、pp.1-2.（http://www.win-ainu.com/ 2010年1月3日閲覧）
（8）　参考資料「アイヌ民族に関する法律（北海道ウタリ協会案）」ウタリ問題懇話会編『アイヌ民族に関する新法問題について―資料編―』1988年、p.3.
（9）　United Nations, op. cit., pp. 5-11.
（10）　文献（8）前掲、p.3.
（11）　知里むつみ「子どもの学校教育を通して分かったこと」関東ウタリ会シンポジウム『アイヌ民族と教科書――もう一つの教科書問題』1993年、p.14.
（12）　北海道生活福祉部「平成5年　北海道ウタリ生活実態調査報告書」1994年、p.9.
（13）　同前、p.23.
（14）　同前、pp.31-32.
（15）　同前、pp.40-41.
（16）　「特別推薦入学選考制度について」（file:///D:/abm.php_f=abm00001778.pdf&n=四国学院大学_tkb.pdf, 2018年12月31日閲覧）

第2章

ウレㇱパ・プロジェクトと アイヌ民族の主体形成

第1節　アイヌ民族の大学進学状況と先住民族枠の設置

　本章では、「先住民族の権利に関する国連宣言」という国連システムの構築を考察の枠組みにして、日本の先住民族としてのアイヌ民族の自己肯定感の促進や彼/女らのエンパワーメントの可能性を広げるための学習をアイヌ民族と和人が相互に連携してどのように行っていけばよいのか。また、民族的な差異を乗り越える学習システムの構築を通して、民族間のダイナミックな連携・協働はどのようにつくり上げられるのか。高等教育におけるアイヌ民族学習支援システムの構築に向けての取り組みを中心に考察を行う。具体的には、アイヌ民族・大学・企業との相互連帯によるネットワークづくりをめざす札幌大学のウレㇱパ（urespa）（アイヌ語で「育て合い」の意味）・プロジェクトの取り組みを先行事例にして、札幌大学のウレㇱパに参加したアイヌ民族の若者が和人とつながり（あるいは和人がアイヌ民族とつながり）、アイヌ民族固有の言語・文化・歴史等の学習を通してアイヌ民族の若者が先住民族としての自己意識を覚醒し、かつ確立するとともに、先住民族の優れた精神文化の学びを通して自己肯定感を促進し、エンパワーメントの可能性を広げるといったアイヌ民族支援の大学教育の仕組みづくりについて検討を行う。いうなれば、ウレㇱパは、アイヌ民族

主体の学習活動への支援の仕組みをつくりだそうという発想から提起されたものといってよいであろう。

　大学入学において「先住民族枠」を設置している大学の数は少なく、今のところ日本で初めて「被差別少数者特別推薦入学」（沖縄人および奄美諸島出身者含む）制度を導入した四国学院大学や、アイヌ民族「ウレシパ」奨学制度を創設し、アイヌ文化の担い手を育成する計画を2010年度より導入した札幌大学[1]のわずか二校でしかない。各大学がローカルな視点に立って独自の取り組みを行っているのが現状である。したがって、今後の取り組みとしてアイヌ民族の大学進学の可能性を広げる大学開放の組織化はもちろんのこと、中退率が高いと指摘される[2]アイヌの学生への支援として、アイヌ学生支援室の設置等[3]、在学中の学習支援システムの導入も含めて検討する必要があるといえよう。

　一般的に、アイヌ民族の大学進学状況は厳しく、2008年度の『北海道大学アイヌ民族生活実態調査』によれば[4]、アイヌ民族の大学進学率は「30歳未満でも20.2％で、同世代の平均42.2％と比較して」（表2-1参照）半分以上の開きがある。しかしながらその一方で、進学アスピレーション（表2-2参照）を含めて大学まで行かせたいと願う親の進学期待は36.0％と低くはなく（表2-3参照）、進学を断念せざるを得ない親の経済的状況が背景にあることが浮かび上がる。また、2011年6月にアイヌ政策推進会議が発表した『「北海道外アイヌの生活実態調査」作業部会報告書』[5]もそのことを一層裏づける調査結果を示している。表2-4 は、進学を断念した理由として経済的要因をあげるアイヌが道内外を通して70％を超えることを明らかにしている。現在、表2-5 が示すように、大学進学奨励の充実を望むアイヌ民族も過半数を超えており[6]、大学入学における「アイヌ民族枠」の導入はもとより、学費や生活費などの修学支援拡充に対するアイヌ民族の要望は低くはなく、アイヌ民族に対するアファーマティブ・アクションの具体化への期待は大きいと考えられよう。

　前述したように大学入学においては、「アファーマティブ・アクション枠」の設置「被差別少数者特別推薦入学」（沖縄人および奄美諸島出身者を含む）を導入した四国学院大学などの事例がある。本書との関連でいえば、前述のオグブ（Ogbu, J. U.）らの指摘にもあるように、「自由な意思や合意なし

表2-1 アイヌ民族の大学進学状況
(参考表)「これまで通った学校」若い年齢層(29歳以下)における割合

学校の種類	本調査	北海道内調査
高等学校	87.9%	95.2%
大学	31.1%	20.2%

(参考)「学校基本調査」(文部科学省)
・高等学校等及び大学への進学率の平均を算出
・高等学校等(H8からH22の平均)97.3%
・大学(学部)(H11からH22の平均)44.1%

出所:アイヌ政策推進会議『「北海道外アイヌの生活実態調査」作業部会報告書』2011年、p.18.

表2-2 進学アスピレーション
表36 どこまで進学したかったか

学校の種類	本調査 実数	本調査 構成比	北海道内調査 構成比
高等学校	22	25.3%	33.3%
専修学校・各種学校	15	17.2%	7.2%
短大・高専	5	5.7%	3.5%
大学	37	42.5%	31.7%
大学院	8	9.2%	1.5%
その他	—	—	0.3%
無回答	—	—	22.5%
計	87	100%	100%

出所:アイヌ政策推進会議『「北海道外アイヌの生活実態調査」作業部会報告書』2011年、p.21.

表2-3 親の進学期待(道内調査)
36.あなたのお子さんにはどの学校まで進学してほしいですか。

	中学校	高等学校	専門学校	短期大学・高専	大学	大学院
実数	12	1011	616	440	2053	138
構成比	0.2	17.7	10.8	7.7	36.0	2.4

	その他	わからない	(子どもに任せる)	無回答	合計
実数	55	506	35	837	5703
構成比	1.0	8.9	0.6	14.7	100.0

出所:北海道大学アイヌ・先住民研究センター編『平成20年度 北海道大学アイヌ民族生活実態調査』2009年、p.24.

第2章 ウレシパ・プロジェクトとアイヌ民族の主体形成

表2-4 進学を断念した理由
(表37) 進学をあきらめた理由 (複数回答可)

理由	本調査 実数	本調査 割合	北海道内調査 割合
経済的な理由	65	73.9%	76.1%
就職する必要があったから	—	—	24.6%
親に反対されたから	—	—	10.7%
家庭の事情	35	39.8%	—
学力の問題	23	26.1%	13.6%
学校生活への不適応	3	3.4%	—
その他	2	2.3%	5.1%
とくに理由はない	2	2.3%	3.1%
無回答	1	1.1%	1.8%
計	131	149%	135%
回答者数	88		

出所：アイヌ政策推進会議『「北海道外アイヌの生活実態調査」作業部会報告書』2011年、p.21.

表2-5 アイヌ民族が望む就学支援の拡充
37.下記のアイヌ民族に関する施策のうち、あなたの考えに近いもの。(5つまで)

	アイヌ文化を学び、研究するための国立センターを設置する	アイヌ語・アイヌ文化などを学校教育に取り入れる	アイヌ民族を対象として農林水産商工業などを振興する	アイヌ民族の雇用対策を拡充する	アイヌ民族に対して高校・大学進学や学力向上への支援を拡充する	アイヌ民族が国有地・道有地などを自由に利用できるようにする	アイヌ民族が鮭などを捕獲できるように規制緩和をはかる	アイヌ民族への差別が起こらない人権尊重の社会をつくる
実数	1242	1863	1339	2449	2908	1174	845	2864
構成比	21.8	32.7	23.5	42.9	51.0	20.6	14.8	50.2

	アイヌ民族政策を審議するための常設機関を国及び地方に設ける	民族特別議席など、国政・地方政治にアイヌ民族の声を反映させる仕組みをつくる	アイヌ民族の土地・資源に対して補償を行う	アイヌ民族のみを対象にした特別な政策は行わない	その他	無回答	合計
実数	881	1214	1233	479	143	1147	5703
構成比	15.4	21.3	21.6	8.4	2.5	20.1	100.0

出所：北海道大学アイヌ・先住民研究センター編『平成20年度　北海道大学アイヌ民族生活実態調査』2009年、p.25.

表2-6　あなたは、アイヌとして誇りを感じる点はありますか。（複数回答可）

	アイヌの歴史	アイヌの文化	アイヌ差別との戦い	アイヌの偉人たち	身体的特徴	その他	とくにない	無回答	合計
実数	891	1180	607	465	152	54	807	145	2725
構成比	32.7	43.3	22.3	17.1	5.6	2.0	29.6	5.3	100.0

出所：北海道大学アイヌ・先住民研究センター編『平成20年度　北海道大学アイヌ民族生活実態調査』速報版，2009年，p.10.

表2-7　伝承されるべきアイヌ文化等（複数回答可）

文化等の内容	本調査 実数	本調査 割合
アイヌ語	131	62.4%
口承文芸	91	43.3%
音楽と芸能（歌、楽器、踊り）	131	62.4%
祭事（カムイノイ等）	108	51.4%
編物・刺繍・織物	126	60.0%
アイヌ料理	104	49.5%
木彫	98	46.7%
アイヌの歴史学習	128	61.0%
その他	14	6.7%
計	931	443%
回答者数	185	
無回答	25	

出所：アイヌ政策推進会議『「北海道外アイヌの生活実態調査」作業部会報告書』2011年、p.25.

表2-8　卒業、中退、在学中の別

学校の種類	本調査（構成比） 卒業	中退	在学中	北海道内調査（構成比） 卒業	中退	在学中
高等学校（旧制中学校・高等女学校）	80.4%	11.2%	8.4%	85.6%	12.9%	1.6%
専修学校・各種学校	76.3%	21.1%	2.6%	85.3%	10.4%	4.3%
短大・高専	81.8%	9.1%	9.1%	80.8%	9.9%	9.3%
大学	68.0%	16.0%	16.0%	51.1%	20.4%	28.5%
大学院	0.0%	0.0%	100.0%	57.1%	14.3%	28.6%

出所：アイヌ政策推進会議『「北海道外アイヌの生活実態調査」作業部会報告書』2011年、p.18.

第2章　ウレシパ・プロジェクトとアイヌ民族の主体形成

に国家体系に不本意に編入されている状況にある人々」[7]であることは否めず、ポストコロニアルの視点からアイヌ民族としての出自の自覚をもつ者およびウチナーンチュおよび奄美諸島出身者としての出自の自覚をもつ者であることが出願資格とされる。こうした制度の特徴は、入学後の修学支援に取り組む札幌大学のケースとは異なるが、共にエスニシティを考慮するという形で維持されている。しかしながら、親の経済的状況を背景に進学を断念せざるを得ないアイヌ民族の若者や成人に対して奨学金の給付による経済的援助を行う修学支援の試みは札幌大学の先行事例をおいてほかにない。

　もう1つの論点はこうである。『「北海道外アイヌの生活実態調査」作業部会報告書』によれば、道外のアイヌ民族でアイヌ文化等の伝承の活動に参加もしくは実践できている人が多くはいないとする一方で、アイヌ民族の誇りとしてアイヌ文化をあげる人びとが最も多いとの指摘がなされており（表2-6参照）、アイヌ文化伝承への意識の高さがうかがえる。それに加えて、道内外いずれの場合も、アイヌ文化等を学ぶ機会や実践する場を求めているアイヌ民族が半数近くおり（表2-7参照）、自己肯定感の醸成やアイデンティティーの維持の基盤となるアイヌ文化の担い手の育成が喫緊の課題であることが示された[8]。自己の存在や価値をポジティブに肯定する自己肯定感や自尊感情の形成が学力づくりに資する点が少なくないとするディスコースに照らして考えると、ウレシパの取り組みは、表2-8に示されているように、中退の比率が全国平均と比較して格段に高いとされる[9]アイヌ民族学生に対する在学中の支援策として一定の効果をもたらすのではないだろうか。以上の2点が本研究の論拠である。

第2節　ウレシパ・プロジェクトとアイヌ文化の担い手養成

第1項　ウレシパ・プロジェクトとアイヌ民族のエンパワーメント

　ウレシパの取り組みはアイヌ民族学生支援をどのように組織化していけばよいのか、札幌大学の試みは一大学法人でありながら、大学が取り組むべき示唆的なモデルケースとして課題を提起しているところに特徴がある。

札幌大学のウレㇱパ・プロジェクトにみられる先住民族のエンパワーメントを涵養するための高等教育システムの整備は、裏を返せば、先住民族主体の制度的な仕組みの構築をめざしたものといえよう。それには以下のような理由がある。ウレㇱパ・プロジェクト構想の原点は、提案者の本田優子現副学長による1年間に及ぶアイヌ・コタンである平取町二風谷における生活体験や萱野茂のアイヌ語辞書編纂への協力やアイヌ語教室の講師としての研究・教育活動に起因するとされる[10]。とくに本節では、札幌大学のウレㇱパ・プロジェクトの展開過程に着目し、「ウレㇱパ」奨学生と本制度の提案者の本田を調査対象者として半構造化的なエスノグラフィックな語りによる分析（Ethnographic Narrative Approach）(2012年)を実施し、和人との「つながり」がアイヌ民族学生にとってどのような意味をもつのかを考察している。

　ウレㇱパでは、「支援側の和人」と「被支援側のアイヌ」というマジョリティがマイノリティを支援するという従来の植民地主義的な関係性を払拭し、アイヌ民族を主体としたアイヌ文化学習活動の展開を通してアイヌと和人が相互につながる。そして、そのことが先住民族としての主体的な学びの形成の基礎となる自己肯定感を高め、大学での学びや主体的に学習に参加する態度としてのエンパワーメントの可能性を広げるという。このような脱植民地主義的な発想がウレㇱパであり、このアイヌ民族学生支援の学習システムは、概ね、以下の3つの柱から構成される。すなわち、①意欲と能力のあるアイヌ民族の若者に奨学金を給付して入学・修学を支援する「アイヌ民族枠」の設置、②卒業後に協賛する企業（ウレㇱパ・カンパニー）への就職を斡旋する「アイヌ民族優先雇用枠」の設置、③アイヌ民族の文化と歴史の学習活動に関わる「アイヌ文化の担い手育成」、の3つの柱を基本軸にウレㇱパは展開されることになる。実際、2013年、「ウレㇱパ奨学生」の一期生が3人卒業しているが、そのうちの1人がすでに道立アイヌ民族文化研究センターの非常勤職員としてアイヌ文化の伝承に関わる仕事に従事する[11]など、次第にその成果は表れつつある。

　いうなれば、ウレㇱパは、アファーマティブ・アクションの視点から「先住・少数民族枠」を組織する四国学院大学の「被差別少数者特別推薦入学」の要素に、苫小牧駒澤大学国際文化学部国際文化学科の「北海道・アイヌ

文化コース」にみられるような「アイヌ文化の担い手養成のコース開設」の要素を付加した複合的な支援プログラムということができよう。その理念は、1984年に社団法人北海道ウタリ協会総会でアイヌ新法として希求し、可決された既述の「アイヌ民族に関する法律」の第三「教育・文化」の第4項における「大学教育においてはアイヌ語、アイヌ民族文化、アイヌ史等についての講座を開設する。…〈中略〉…アイヌ子弟(ママ)の入学および受講についても特例を設けてそれぞれの分野に専念し得るようにする」[12]という規定にも通底する。こうした背景には、教育上におけるアイヌ民族差別の実態が今なお歴然としているということ、そして既述したように、とくに道内においてアイヌ民族の大学進学率が低く、ウタリ地区を含む市町村全体の半分以下の状態にある[13]ということが考えられ、それは数次にわたる『北海道ウタリ生活実態調査報告書』でも指摘されているのである。この「法律」では、アイヌ民族に配慮した高等教育の施策を講じる必要性を明示しているのであり、その点でさきに述べた四国学院の事例はそうした規定の制定に向けての先導的な試みといえよう。

また、その一方で、同「法律」同項の「…〈前略〉…講座担当の教員については既存の諸規定にとらわれることなくそれぞれの分野におけるアイヌ民族の優れた人材を教授、助教授、講師等に登用し、…〈後略〉…」[14]という規定が反映されていないという問題点も指摘できよう。

それは、ウレシパ教育を行う主体が和人であり、教授組織の主体にアイヌ民族が参加していない点からも推察されよう。後述するオーストラリアのアボリジニの先行事例にみるように、アイヌ民族自身が主体となるアイヌのコミュニティの担い手養成が肝要であることは自明であるが、とりわけ、そうしたアイヌの担い手を養成する指導者としての研究者の養成は最重要課題であろう。アイヌのコタンのリーダーとなる担い手の養成の必要性については、表2-9 の北海道環境生活部が2013年に行った「北海道ウタリ生活実態調査」による分析結果からも明らかなように、アイヌの指導者の養成は、これまでもアイヌ・コミュニティの緊要な課題とされてきたからである。

表2-10　積極的な活動を進めるために何が必要だと思いますか。(人、%)

区分	実数	構成比 (180人)
1．指導者の養成	136	75.6
2．活動場所の確保	32	17.8
3．活動費の確保	98	54.4
4．地域住民の理解	29	16.1
5．公表（公開）の機会の確保	25	13.9
6．その他	8	4.4

複数回答
出所：北海道環境生活部『平成25年　北海道アイヌ生活実態調査報告書』2013年、p.42 から一部抜粋（http://www.pref.hokkaido.lg.jp/ks/ass/ainu_living_conditions_survey.pdf, 2018年9月4日閲覧）。

第2項　「先住民族の権利宣言」における連携・協力の関係づくりと札幌大学のウレシパ・プロジェクト

　本項では、「先住民族の権利宣言」を下敷きに、札幌大学のウレシパ・プロジェクトを先行事例として、アイヌ民族のコミュニティとの連携・協働の下、アイヌ民族の権利回復と発展を支えるアイヌ学生支援の取り組みがどのように始動し、かつ展開してきたのか、その経緯と方向性について考察することにしたい。

　2007年に国連総会で採択された「先住民族の権利宣言」では、国際法的な論拠として、就学機会の保障、民族教育の保障、差別撤廃のための特別措置、労働への特別措置など先住民族に関わる事項に関する権利を保障する規定が位置づいている。なかでも注視できるのは、具体的な高等教育問題解決に向けて国と先住民族との連携・協力を促す下記のような条文である[15]。

第14条
　2．先住民族である個々人、とりわけ子どもは、国家による、差別のないあらゆる段階と形態の教育への権利を有する。
　3．国家は、先住民族と連携して、その共同体の外で居住する者を含め先住民族としての個々人、とりわけ子どもが、可能な場合には、独自

の文化、言語による教育への機会が得られるよう、効果的な措置をとる。（下線部は筆者）

第15条
  2．国家は、関係する先住民族と連携および協力して、偏見と闘い、差別を除去し、先住民族および社会の他のすべての成員において寛容、理解および良好な関係が促進されるよう、効果的な措置をとる。（下線部は筆者）

第17条
  2．国家は、先住民族の子どもたちを経済的搾取から保護するため、および危険性があり、もしくは子どもの教育を阻害したり、子どもの健康もしくは肉体的または精神的、宗教的、道徳的もしくは社会的な発達に対して有害であると思われるようないかなる労働にも従事しないよう保護するため、彼／女らがとくに弱い存在であることと、そのエンパワーメントのために教育が重要であることを考慮に入れつつ、先住民族と連携および協力し特別な措置をとる。（下線部は筆者）

「先住民族の権利宣言」の上記の各規定、なかでも第14条第2項の「差別のないあらゆる段階と形態の教育への権利を有する」という条文は、直接的には言及を避けているが、内容的に、経済的な理由等により進学を断念せざるを得ない先住民族の若者に高等教育機関へのアクセスの機会を保障するための奨学制度の充実を含意するといえ、国家が彼／女らに対する奨学金給付に向けて積極的に対応する必要があるという解釈も可能であろう。また、第17条の第2項は、彼／女らのエンパワーメントの可能性を広げる教育上の特別措置を想定した条文と考えられ、そのエンパワーメントを可能にするための条項として第15条の第2項（異文化間の相互理解の促進）と第14条の第3項（民族教育の保障）が連なる。敷衍すれば、第15条の第2項は、前条の第2項とも連動するが、人種・民族的な差別の解消に向けて、先住民族コミュニティと連携・協力しながら、異文化間の相互理解を促進するための学習機会の保障などの条件整備を行うことを想定している。その一方で、第14条の第3項は、先住民族との連携を基本軸にして先住民族のアイデンティティー形成の基盤となる独自の言語・文化による教育を

求める主体的な権利の保障を規定している。いずれの規定も、こうした権利を保障するためには、先住民族のコミュニティと国家との連携・協力関係の構築が前提となるとの認識を示しており、後述するオーストラリアでは、先住民族と国家との連携・協力関係の構築を国家が先導している。

アイヌ民族との関係で述べれば、上記の諸規定は、アイヌ民族のエンパワーメントの可能な教育体系の構築を視野に入れて規定されており、差別撤廃のためのアイヌ民族との相互連帯によるネットワークづくりの促進やアイヌの文化や伝統・歴史などを反映した教育システムへの転換を意図する条件整備の必要性を示唆する提言と見ることができよう。先住民族主体の学習活動への支援の仕組みをつくりだそうという発想から提起されたものといえよう。

常本によると、札幌大学文化学部を中心に展開されているウレシパ・プロジェクトは、マイノリティ優遇政策にありがちなマジョリティがマイノリティを一方的に支援するというものではなく、お互いの「育て合い」（アイヌ語でウレシパ）を重視しているところにその特質があるとされる[16]。アイヌ民族がエンパワーメントするためには、アイヌ民族主体の学習活動への支援の仕組みに転換する必要があるという発想から提起されたものであるといえよう。学びの主体は、アイヌ民族の若者であり、アイヌと和人のつながりの構築が自己肯定感を育むということを立証した事例である。敷衍して述べれば、大学への入り口となる部分は、アイヌ文化の伝承・発展に積極的に参画し、社会に貢献する意欲があることを前提としたアイヌ民族の学生への奨学制度となっており、入学後は、独自のカリキュラムと組織により学生を指導・支援し、そして出口において責任ある就職支援システムを提供するという総合的な支援に向けたプロジェクトということができよう[17]。

それでは、具体的に、ウレシパ・プロジェクトでは、アイヌ民族の学生の学習への関与を継続させる学修の仕組みをいかにして構築し、大学の中でどのようにしてアイヌ文化を反映した多文化共生コミュニティの実現を図ろうとしているのか、教育内容や方法、およびアイヌ学生支援の仕組みについてプログラムの開発にいたる経緯も含めて検討したい。

第3項　アイヌ民族と和人をつなぐ「学び合い」の相互学習の構築

　札幌大学文化学部が2010年度から開始したウレシパ・プロジェクトは、「共生と調和」の学部の教育理念の下、アイヌ民族の伝統と文化を担い、アイヌ文化振興に寄与するリーダーを養成するために、その意欲と能力のあるアイヌ民族の若者・成人に奨学金を出して学修を支援し、さらに卒業後には協賛する企業（ウレシパ・カンパニー）への就職斡旋も視野に入れたプログラムである。このプロジェクトがとくに注目されるのは、それがアイヌ民族のためだけのものではなく、和人が自らと異なるものを受け入れ尊重できるように成熟することをめざしている点である[18]。いわばアイヌ民族学生のエンパワーメントを可能にするためのアイヌ民族と和人との対等の関係性の構築および両者の学習へのモチベーションの向上を企図した双方向の学習プログラムであるといえよう。このことは、2009年2月に本プロジェクト「ウレシパ」奨学制度の創設を提案し、その立ち上げの中心的役割を担った札幌大学副学長（創設時文化学部学部長）の本田が、ウレシパがアイヌの奨学生のためだけのものではなく、和人の学生もアイヌ民族と一緒に生きるということを学ぶプロジェクトであることを指摘している点からも推察できよう[19]。

　本田は、1983年から11年間にわたって、アイヌ民族の集住する地域コミュニティである平取町二風谷（アイヌ・コタン）に居を移し、萱野茂のアイヌ語辞書編纂に協力する一方で、アイヌの子どもたちにアイヌ語教室の講師として携わった経歴を有する。彼女のそうしたアイヌ・コタンでの活動がウレシパ構想の原点になったとされ、本田はその当時の心境を以下のように綴っている[20]。

　「…〈前略〉…日本のマジョリティである和人は、特段の努力をしなくとも母語である日本語を維持することができ、自らの歴史や伝承されてきた物語を身の内に蓄えることができる。しかし、現在、アイヌの子どもたちのなかで、アイヌの物語をたった一遍でも知っている子がいるとすれば、それは家庭の中でよほど意識的にアイヌとしての教育が行われてきたか、さもなければ本人がアイヌ語教室等に通っていたなど、特

別の環境の中で育ってきた場合に限られる。圧倒的多数のアイヌの子どもたちには、自らの民族文化を学ぶ機会などまったく与えられていない。和人は、自らが有する『無自覚の特権』に気づくとともに、他者に対してもまた、自らと同等の権利を保障すべきことを認識しなければならない。…〈後略〉…」

　こうした本田の回想録からは、アイヌ語教育に関する問題意識がどのようにして生起してきたのか、本田がウレシパ・プロジェクトを立ち上げるにいたった経緯や背景が推察されよう。本田は自身の経験から「無自覚の特権」という表現を使っている。こうした「無自覚の特権」が示唆するものは、当然のように日本語をしゃべり、子どもの頃から日本の伝統文化に浸りながら日本語のシャワーを浴びて生きてきた和人とは異なり、そうした当たり前のことが過去において許されなかったアイヌ民族が社会を構成する仲間として和人の身近に存在するという自覚を促す必要があるということへの気づきである。アイヌ民族学生のエンパワーメントを可能にするための条件としてお互いが尊重し合う対等の関係性の構築を起点とする必要性を示唆しているといえよう。
　以下は、2013年に設立されたウレシパクラブの目的である[21]。
1．アイヌ民族の歴史や文化を深く学習・研究するとともに、アイヌ文化振興のための活動を担うことを通じ、アイヌ民族の社会や文化に対する理解を促進する。
2．日常的かつ継続的な学習・実践活動によって、アイヌ民族の次代を担う優れた人材を育成するとともに、さまざまな協力支援体制の構築によって、将来の社会的活躍の場の提供を図る。
3．多文化理解に基づく信頼関係を構築し、多様性に満ちたコミュニティーモデルを創造するとともに、対外的に発信する。

　ところで、ウレシパ・プロジェクトは、アイヌの若者を毎年一定数（2011年度現在6名の定員枠）受け入れ、未来のアイヌ文化の担い手として育てるとともに、学内に、多文化共生コミュニティのモデルを創り出す仕組みを整えようとする試みである。プロジェクトは、図2-1の組織図が示すように、以下の3つの柱によって構成される。その1つが「ウレシパ」奨学

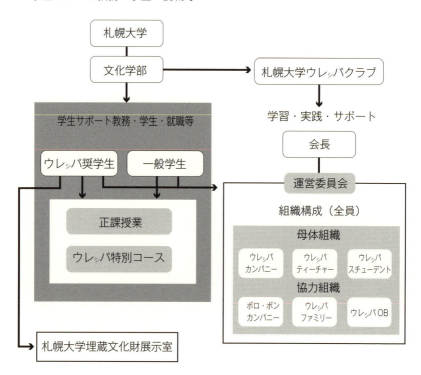

図 2-1 札幌大学ウレシパ・プロジェクトの組織図
出所:「ウレシパクラブ」(http://www.sapporo-u.ac.jp/department/ureshipa/ 2012年1月28日閲覧)

生制度である。札幌大学文化学部への進学を希望する意欲あるアイヌ民族の若者に対して、奨学金（授業料相当額、初年度は入学金相当額を加算）を給付し、北海道の先住民族であるアイヌの若者に、高等教育の機会および副専攻として自民族の文化や歴史を学ぶ機会を提供することを目的とする制度である。一方で、「ウレシパ」奨学生の役割は、ウレシパクラブに所属し、アイヌ文化に関わる学習活動を積極的に行い、その成果を社会に向けて発信したり、また、札幌大学埋蔵文化財展示室のアイヌ文化関連分野におけるサポートスタッフとしての活動を担うことである。「ウレシパ」奨学生は、

学部内の5つの主専攻コース（日本語・日本文学、メディア・コミュニケーション、歴史文化、スポーツ文化）で自由に学ぶことができるが、アイヌ文化に関する専門的知識を習得するために、ウレシパ特別コース（アイヌ語8単位を含むアイヌ文化、北方史などの科目）を併せて履修することが義務づけられる[22]。また、応募資格は、募集要項に記載された事柄と本田の言説とを重ねれば、基本的にはそれが血統主義に基づくものであることがわかる。すなわち、①北海道アイヌ協会または国の指定を受けたアイヌ文化伝承保存団体の推薦を受けることが可能な者、②国の認定を受けていないアイヌ文化伝承保存団体の場合、推薦書と共に過去5年間の活動歴が提出可能な者、③上記の①〜③に該当しない者は、アイヌ民族とわかる戸籍による証明が可能な者、という条件を満たし、札幌大学文化学部への入学を希望する者であれば応募が可能とされる点である[23]。

また、「ウレシパ」奨学生は、奨学金を給付される権利を有する人的担保として、活動母体であるウレシパクラブの活動への参加義務を負う。具体的には、毎週2回のアイヌ語・文化や歴史に関する学習会（月曜・木曜18時30分〜20時）への参加やウレシパ・フェスタにおける学習成果発表会の企画・運営、会報『ウレシパ・ソンコ』の企画・編集、および二風谷・白老等のアイヌ・コミュニティなど学外との交流を企図したウレシパ・ツアー等の活動を積極的に担うなどの義務を負う。ウレシパクラブには、ウレシパ・スチューデント（2011年現在18名）としてアイヌ学生（「ウレシパ」奨学生、2011年度現在7名）だけでなく、アイヌの社会や文化に関心を持つ多くの学生や留学生たちが参加し、アイヌ文化や環境に関わる学習や近隣の西岡北小学校の総合学習の時間「西北タイム」を利用した交流学習においてアイヌの古式舞踊「鶴の舞」やアイヌ語カルタ等の体験学習を行うなど、アイヌ文化を身近に感じてもらうための実践活動が展開されている。さきの本田の言説にも示されているように、アイヌの学生たちがさまざまなコースのさまざまなゼミで学ぶことにより、学部の中でアイヌ民族の存在が日常化され、現代社会を共に担う仲間として真のパートナーシップを構築する[24]ことが期待されるのである。

たとえば、2012年2月22日の学習会終了後、ウレシパ・スチューデントに対して筆者が行ったライフ・ストーリー・インタビューに近い自由な語

りを中心とする対面式面接調査（半構造化インタビュー）で「ウレシパ」奨学生の1人から得られた下記の回答は、上述のウレシパのコンセプトを裏づける語りとして注目できよう。以下は、優秀であったにもかかわらず、経済的理由で大学進学を断念せざるを得なかった過去をもつアイヌ民族の社会人学生の事例である。また、本事例は、面接時まで、自分がアイヌであることを口に出したことがなく、後ろ向きにアイヌを語っていた38歳（インタビュー当時）の社会人学生がウレシパ入学を機に大きな変化が見られ、学内で一番（2010年度）という優秀な成績を修めたロールモデルとして示唆的である[25]。

「勉強についていくのはすごく大変だし、アイヌ語を理解し、継続していかないとしゃべれるようにはならない。勉強ができるようになるのは当たり前だけれど、精神的に大変だったことも、みんな（ウレシパ・スチューデント）がアイヌのことを好きでいてくれているので、良くなった気がする。差別があって、自分のことをアイヌだといえなかったけれど、そういうこともいえるようになって、自分がアイヌでいることが当たり前の感じになった。他大学の人が来て、私がアイヌだと伝えるのを忘れてしまったけど、当たり前になりすぎてそれをいうのを忘れてしまうくらいに普通の感じになった。勉強も大変だし、一番乗り越えなければならないことは、自分がアイヌだということを自分で受け入れて人に発することができて……、大変だったけど、ここに来たら助け合い、ウレシパ（育て合い）なので、勉強難しいけど、精神面でも克服できた[26]。

上記の語りは、アイヌ民族であるという自己の存在価値をポジティブに肯定的に捉える自己肯定感をウレシパクラブの活動や学習会の過程で得ることが学習課題に向かう好奇心や知的関心を誘発し、そしてそれが大学での学びや主体的に学習に参加する態度（エンパワーメント）につながることを示唆している。ウレシパ（育て合い）の精神が肯定的な感情を醸成した例証である。つまり、ウレシパクラブの同じ仲間として活動する機会をもつことによってアイヌ民族であることに誇りをもち、自分がクラブで必要とされているとの認識につながり、延いてはそれが自己肯定感の獲得や

自信をもつことにいたったと考えられよう。

　また、ウレシパ・プロジェクトのもう1つの特徴は、ウレシパ・カンパニーとの連携・協力であり、平たくいえば、ウレシパを通してカンパニーがつながっていく仕組みの構築である。プロジェクトの理念に賛同し、年会費の納入、ウレシパクラブの活動への協力を通じてプロジェクトに参加する企業は、ウレシパ・カンパニーとして位置づけられ、ウレシパ・スチューデントと共にさまざまな活動を展開し、両者の間に緊密な連携関係が構築される。ウレシパ・カンパニーでは、ウレシパ・スチューデントの将来における社会的活躍の場の提供も視野に入れて、インターンシップへの受け入れをはじめ、優秀なウレシパ奨学生に対する「優先雇用枠」の設定についても検討されている[27]。2010年現在、登録されているカンパニーは、アレフ（びっくりドンキー）、FUJI、北洋銀行、JR北海道、サッポロビール、鶴雅グループ、北菓楼、アインファーマシーズ、日本旅行北海道、北海道クリーンシステム、毎日新聞北海道支社、JR北海道バス、寺岡ファシリティーズ、野口観光、あべ牛、宮坂建設、万世閣グループなど、地域のリーディングカンパニーが名を連ね、ウレシパ・フェスタなどの催しにも社長自らが積極的に参加し[28]、「ウレシパ」奨学生の育成に関わっている。たとえば、サッポロビールは、創業地としての北海道との関係が深い地元企業として社会貢献活動を行っていくことの必要性をふまえて、ウレシパクラブの学習の成果を発表する場として、毎年恒例の「道産子感謝デー」の活用による施設の提供を検討しているという[29]。サッポロビールと同様、北海道クリーンシステムも社会貢献活動の一環という認識の下、いま何が問題になっているのか、またそのために何を勉強しなければならないのか、という視点に立って自らの足下の歴史を見つめ直すことから始めることこそが、社員の意識の変革につながる可能性があることを示唆している[30]。いずれの企業もウレシパ・プロジェクトに対して肯定的な見方を示しており、ウレシパの目的であるアイヌ民族の伝統と文化を担う人材の養成やそれに寄与するウレシパ・カンパニーとの協力支援体制の構築は、アイヌ文化の特性を反映した独創的な商品の創出や提案などアイヌ・コミュニティのエンパワーメントにつながる可能性をも内包するということができよう。ウレシパ・プロジェクトにおけるこうした一連の流れは、ウレシパ・ムーブ

メントとして、カンパニーがカンパニーを紹介する動きへと発展し、新たなネットワークづくりにも資するのである。いわば、ウレシパは、アイヌ・コミュニティと企業を結ぶプラットフォーム的な役割を担っていくことが期待されているである。

　いずれにせよ、アイヌ民族の学生もアイヌ民族以外の学生も現代社会で一緒に生活する同胞という感覚を持てるようにするというウレシパの取り組みは、アイヌ民族のコミュニティとの連携を模索しながら、「多様性」や「多文化共生」のあり方を再考するうえで一石を投じるものといえよう。

【文献】
（１）　「札幌大学文化学部ウレシパ・プロジェクト」の実施について（http://www.sapporo-u.jp/news/20090626_ureshipa.html, 2009年8月31日閲覧）
（２）　北海道大学アイヌ・先住民研究センター編『平成20年度　北海道大学アイヌ民族生活実態調査』（速報版）、2009年、p13.
（３）　たとえば、後述するオーストラリアのアボリジニ学生支援室のようなサポート・システムの導入も１つの方法である。
（４）　北海道大学アイヌ・先住民研究センター編、前掲書、p.12.
（５）　アイヌ政策推進会議「北海道外のアイヌの生活実態調査」作業部会編『「北海道外のアイヌの生活実態調査」作業部会報告書』2011年6月、p.21.
（６）　北海道大学アイヌ・先住民研究センター編、前掲書、2009年、p.24.
（７）　Ogbu, J. U., & Simons, H. D., "Voluntary and Involuntary Minorities: A Cultural-Ecological Theory of School Performance with Some Implications for Education," *Anthropology & Education Quarterly*, 29（2）American Anthropological Association, 1998, p .165.
（８）　アイヌ政策推進会議「北海道外のアイヌの生活実態調査」作業部会編、前掲書、2011年6月、pp.24-29.『平成20年度　北海道大学アイヌ民族生活実態調査』では、アイヌとしての誇りを感じる点を尋ねる調査で、アイヌの文化（43.3％）、アイヌの歴史（32.7％）が上位を独占した。2006年に実施された『北海道アイヌ生活実態調査報告書』においても積極的な活動を進めるためには、アイヌ文化の担い手としての「指導者の養成」（72.5％）が必要であることが確認されている。
（９）　同前、p.32.
（10）　本田優子「アイヌの若者たちとウレシパ・プロジェクト」『人権キーワード2011』2011年5月増刊号（646号）解放出版社、2011年、pp.94-95.

(11) 本田優子「ウレシパ・プロジェクトの挑戦――アイヌ民族の若者と多文化共生」(NPO現代の理論・社会 フォーラム先住民族研究会 専修大学現代文化研究会 共催)と題する講演内容の記録から(2014年11月15日、於:専修大学神田キャンパス1号館)。
(12) 参考資料「アイヌ民族に関する法律(北海道ウタリ協会案)」ウタリ問題懇話会『アイヌ民族に関する新法問題について―資料編―』1993年、p.3.
(13) 北海道生活福祉部『平成5年 北海道ウタリ生活実態調査報告書』1994年、p.9.
(14) 文献(12)前掲、p.3.
(15) United Nations, General Assembly, 61/295, *United Nations Declaration on the Right of Indigenous Peoples*, 2 Oct., 2007, pp.5-6. (http://www.unhcr.org/refworld/docid//471355a82.html, 2010年1月12日閲覧)。上村英明『アイヌ民族の視点から見た「先住民族の権利に関する国際連合宣言」の解説と利用法』市民外交センター、2008年、pp.23-42を参考に訳出。
(16) 常本照樹「アイヌ民族と教育政策――新しいアイヌ政策の流れのなかで」『BOOKLET』第4号、札幌大学附属総合研究所、2011年、pp.20-31.
(17) 同前、pp.20-21.
(18) 同前、p.53.
(19) 本田優子副学長(ウレシパクラブ会長)およびウレシパ・ティーチャー金沢英之北海道大学准教授へのインタビューから(2012年2月22日、於:本田優子研究室)
(20) 本田優子「アイヌの若者たちとウレシパ・プロジェクト」『人権キーワード2011』2011年5月増刊号(646号)解放出版社、2011年、pp.94-95.
(21) 「ウレシパクラブ」(https://www.sapporo-u.ac.jp/univ_guide/affiliate/ureshipa.html, 2019年1月1日閲覧)。
(22) 「ウレシパクラブ」(http://www.sapporo-u.ac.jp/department/ureshipa/ 2012年1月28日閲覧)。
(23) 本田優子副学長およびウレシパ・ティーチャーの金沢英之北海道大学准教授へのインタビューから(2012年2月22日、於:札幌大学本田優子研究室)。
(24) 本田優子、前掲論文、p.96. ウレシパ・スチューデントへの半構造化インタビューから(2012年2月22日、於:札幌大学)。
(25) 本田優子副学長およびウレシパ・ティーチャーの金沢英之北海道大学准教授への半構造化インタビューから(2012年2月22日、於:札幌大学本田優子研究室)。
(26) ウレシパ・スチューデントへの半構造化インタビューから(2012年2月

22日、於：札幌大学）。なお、インタビューは、本田優子副学長と金沢英之北海道大学准教授の同席の下で約1時間半行った。ICレコーダーで録音することと、録音した記録についてはプライバシーに十分に配慮した上で論文執筆に用いる予定があることについて許可を得た。

(27)　「ウレシパクラブ」(http://www.sapporo-u.ac.jp/department/ureshipa/ 2012年1月28日閲覧）。

(28)　本田優子、前掲論文、pp.97. および『毎日新聞』2010年4月9日（朝刊）より引用。

(29)　サッポロビール株式会社、泉山利彦北海道本社代表・御畑秀樹部長代理への非構造化インタビューから（2012年2月23日：於サッポロビール株式会社北海道本社）。

(30)　北海道クリーン・システム株式会社、黒宮学専務取締役・野宏巳総務課長・武田真美江課長への非構造化インタビューから（2012年2月23日：於北海道クリーン・システム株式会社）。

＊　なお、本章第3節は拙著「大学開放としてのウレシパの取り組み──先住民族の自己肯定感を培う『育て合い』の学習」日本学習社会学会『学習社会研究』第2号、学事出版、2013年、pp.8-19. に補筆・修正を行ったものである。

第2部
ユニバーサル段階の大学開放と
先住民族支援

第3章

ユニバーサル型の高等教育と大学開放の方向性

第1節　日本の大学改革と大学開放の方向性

第1項　大学審議会答申と大学開放の方向性

　すでに短大を含めた大学進学率は1994年現在、43.3％[1]にまで達しており、こうした50％に限りなく近い状態は、トロウ（Trow, M.）の指摘した一条件としての万人、すなわち普遍的に多様な顧客層が高等教育段階への参加を認められるというユニバーサル・アクセス（Universal Access）[2]段階への接近を意味するものであり、大学の大衆化を一層裏づける結果となっている。ユニバーサル・アクセスの段階では、人種・民族・社会階層・性などによる進学機会の不均衡が是正され、そうした集団の高等教育人口に占める割合が国民全体のレベルと等しくなるように積極的な方策が求められる[3]。

　前章においては、アイヌ民族への高等教育支援について、主として札幌大学のウレシパ・プロジェクトについて考察してきたが、こうした札幌大学の試みもまた、日本の大学における大学開放の取り組みの1つと考えてよいであろう。

　まず、本書の課題でもある先住民族問題をこうした大学開放を軸にした

国際比較の視点から論じる必要性については以下の点が主な理由である。

オーストラリアにおいて大学の再編と実質的にも政策的にも先住民族への大学開放が組織化される時期と、日本でも他国と足並みをそろえる形で大学教育の改善がその骨子とされ、政策的に大学開放に向けて歩みだした時期とがほぼ重なり、日本の取り組みと対比させて考える必要があるという点である。さらに付け加えれば、日本の大学開放が生涯学習の推進の方向に焦点化して論じられる傾向にあることに対して、警鐘を鳴らすことに意味があると考えたからである。

日本における大学教育の正規の課程における大学開放は、1991年の大学設置基準の改正や以下の大学審議会答申など大学改革に向けての一連の動きと連動している。従来の公開講座等に見られる大学開放と異なり、今後の方向性を示す同時期における日本の大学開放には、本書が意図する先住民族の学生への大学開放の組織化との共通点は含まれているのであろうか。こうした点を検討することは、後述する1988年から始まるオーストラリアの大学改革の方向性と特徴、およびその意義を浮き彫りにするために大きな意味をもつといえよう。

大学審議会は、臨時教育審議会の第二次答申（1986年4月）の中で、「ユニバーシティ・カウンシル」（「大学審議会」仮称）の名称で提唱され、1987年9月の学校教育法の改正を経て、主として「文部大臣の諮問に応じ、高等専門学校を含む大学に関する基本的事項を調査審議し、文部大臣に対する勧告をする」[4] 恒常的な機関として文部省（現文部科学省）内に設置されることになり、今日にいたっている。さらに同年10月、文部大臣から「大学等における教育研究の高度化、個性化および活性化等のための具体的方策について」の諮問を受け、それ以来、大学審議会は多岐にわたる高等教育改革の検討課題に応じて部会や専門委員会を置いて調査審議を進め逐次答申を行ってきた。

この時期おける大学設置基準の改正は、大学審議会の数次にわたる答申のうち、大学教育を改善していくための基本的な考えを明示した1991年2月8日の答申「大学教育の改善について」の提言をふまえたものであり、同答申において、日本の大学制度の基本的枠組みを規定する大学設置基準の改正方向等が端的に示されたのである。そして答申は、「大学教育の改

善は、基本的には、それぞれの大学の自主的な努力によって実現されるものであり、大学が自己革新のエネルギーをいかに発揮し、自己をいかに活性化し得るかが重要な課題となっている」[5]との基本認識に基づき、大学教育改善の具体的方策としておよそ次の三点を柱とする提言を行ったのである。

①各大学が自らの教育理念・目的に基づき、かつ技術革新や国際化・情報化の進展、産業構造の変化等に適切に対処できるように、多様で特色あるカリキュラムの設計が可能となるよう大学設置基準を可能な限り大綱化・簡素化し、自由かつ多様な形態で教育が実施し得るようにする。

②各大学が自らの社会的責任において教育研究の不断の改善を図ることを促すために自己点検・評価システムを導入する。

③生涯学習振興の観点から大学における学習機会の多様化を図る[6]。

以上、3つの視点にたって大学教育の改善の方向を示しているわけであるが、このうち②と③は、大学が本来もっている教育・研究機能と並んで重要な大学の機能として位置づけられる「大学開放」を意図したものとして今後の動向を注視すべきであろう。

そこで、本項では、今後の大学開放のあり方を模索するため、答申に盛られた改善事項により大学開放に関わる部分をいくつか抽出し、次いでその改善の方向性を探るとともに、日本におけるマイノリティ、とりわけ先住民族への大学開放の課題と可能性について検討を試みることとする。

答申では、「大学の生涯教育機関としての役割の増大に伴い、大学教育へのアクセスの多様化や授業の履修形態の柔軟化を図るなど、多様な学習機会の提供に努めること」[7]が肝要であるとして、次のような (a)～(d) の改善のための提言が具体的に示された。それは、(a) コース登録制・科目登録制、(b) 昼夜開講制、(c) 大学以外の教育施設等の学習成果の単位認定、(d) 編入学定員の設定であり、4項目にわたって詳細に分述されている。以下、各改善事項についてその特徴を列挙することとする。

まず、(a) は、フルタイムの学習が困難な社会人等に対して、開設授業科目の一部を履修して一定単位を修得することを可能にする制度である。これは、コースとして設定された複数の授業科目の単位修得を目的と

する学生を受け入れるコース登録制と、特定の授業科目の単位修得を目的とする学生を受け入れる科目登録制[8]の2つの制度を導入することにより、大学においてパートタイムによる学習の機会をより拡充しようという試みである。これらは、「1つまたは複数の高等教育機関で随時修得した単位を加算し、一定の要件を満たした場合、大学卒業の資格を認定する」[9]という、いわゆる単位累積加算制度の設定の問題と絡んで、重要な意味を持つとされる。次の（b）の改善事項は、既存の一部（昼間部）や二部（夜間部）のような独立した学部・学科の設置を意味するものではなく、一部の国立大学で導入されているような1つの学部・学科で昼夜にわたって授業を開講する制度の実施を促進するというものである。敷衍すれば、勤労者への便宜を図るために昼間学部の中に募集定員を別にする「夜間主コース」を設置し、夜間や土曜日の授業を中心としつつ、一部昼間の授業の履修も可能とすることにより、大学への社会人等の受け入れを積極的に進めていくというものである。それは、近年見られる勤務形態の多様化にも柔軟に対応し得るシステムとして注目される。また、（c）は、従来より認められている他の大学・短期大学における単位互換制度と同様の観点から、大学以外の教育施設、たとえば短期大学の専攻科や専門学校のプログラムなど一定水準以上の施設で修めた学習成果を大学の単位として認定しようという制度である。入学以前の学習成果が単位認定される途が開かれ[10]、履修の便宜が図られるという点では、これまで大学に在籍した経験のないマイノリティとしての社会人学生にとって、その意義は大きいと考えられる。このように新しい制度の導入もしくはその改善によって、多様な形態での学習の機会が保障されるとすれば、大学への勤労者・社会人等の受け入れは、一層促進されるであろうことは確かであろう。いずれにせよ、さまざまなタイプの学生が「交流を通じて、相互に刺激を与え合う」[11]など、社会人等の「受け入れを通じた活性化」[12]が期待できるというメリットも少なくない。ましてや、18歳人口の激減を目前に控えての対応策としても、社会人等を多様な段階に安定的に受け入れることは効果的な施策であるとする側面もある。本来の意図はどうであれ、総じていえることは、既存の公開講座等による開放事業ではなく、大学教育の正規の課程の中に大学開放を見いだしていこうとする努力が少なからずうかがえる。

また同時に、1991年の大学審議会答申、またはそれを受けての大学設置基準の大幅な改正により、各大学では「大網化」の名の下、それぞれ独自の改革努力を行っている。これまでの大学への規制が緩和され、各大学の自主的な判断と努力によって、「大学教育へのアクセスの多様化」に向けて模索され始めているのも事実である。具体的には、大学の正規の課程への社会人の受け入れの促進や、各大学が競って取り入れている多様な入試方法など、これまでの一斉学力選抜の一般入試とは異なった視点からの潜在的能力の発掘を行っていることである。アドミッションズ・オフィス入試（AO入試）などがそれである。大学の自由裁量の枠が拡大されたことにより、このように多様なアクセスが可能になり、「開かれた大学」のイメージが定着しつつある。それは、一芸一能入試などのアドミッションズ・オフィス入試（AO入試）をはじめとして学力以外の特別な技能や資格を評価の基準に算入する特別選抜の登場などに現れており、多くの大学で入学試験の再検討が試みられている。入試方法の多様化・多元化が進行しているのである。しかしながら、そこには、18歳人口の減少に対応した大学の生存戦略の一部として「大学開放」を位置づけようとする意図は推察することができても、真に援助を必要としている階層に対して大学教育の機会を制度的に保障する「社会的公正・平等の視点から組織する大学開放の考え方」[13]は見られないのである。そこには、強い学習要求をもちながら高等教育を享受できないでいる社会的弱者に光を当て、彼/女らに対していかに大学を開放していくかといった社会的公正の視点に立つ大学側の取り組みおよび政府による支援が欠如しているのである。

　そもそも大学開放は、女性や労働者など学外の成人に教育の機会を提供することから出発したケンブリッジ大学の大学拡張[14]運動にその原初的形態を見ることができる。人種・民族・ジェンダー・社会階層・出身地域等の属性から判断してマイノリティに位置づくと考えられる人びとへの配慮は残念ながら日本の場合、その取り組みに乏しいといわざるを得ない。そのような中、中国引揚者等子女特別選抜[15]や「あしなが入試」という別称をもつ学費免除学生特別入学試験など、マイノリティの視点に立った特別選抜を実施する大学も近年現れてきた。とりわけ後者は、災害事故遺児・中国引揚者およびその家族、難民認定を受けている者などを対象とし

ており、主として経済的理由等で進学を断念せざるを得ないそれらの優れた学生に対する支援措置として導入[16]された。その他、一時的ではあるが、深刻な冷害・凶作に見舞われ、進学が困難になった専業農家の後継者に進学の機会を開く[17]農業系の大学の特別枠入試や東日本大震災被災者特別選抜も近年、注目を集めた。それに加えて、理工系学部や経済学部における女性の参入を促進する方向で、女子学生特別選抜入試[18]を実施する大学も現れてきた。兵庫県立大学が工学部の全3学科において2016年度推薦入試から実施した計15人の「女性枠」の設定もその一例である[19]。

第2項　日本における大学開放の課題

　以上、前項で見てきたように、大学審議会答申（1991年2月8日）に盛られた「学習機会の多様化に関する事項」が大学教育の機会の拡大を意図している点で、大学開放を想定した提言であることが確かめられた。一方で、こうした提言の具体的実施にあたって、いくつかの問題を内包していることも指摘しておく必要があろう。答申の中の大学における学習機会の多様化に関する事項が、①大学教育の専門性の維持や大学教育にふさわしい教育水準の確保、すなわち学習内容の質的保障との関わりのうえで重要な問題を提起するとともに、②学習機会の格差拡大をもたらす可能性をもつとして、当初、筆者は大学教育の機会を無定見に拡大することに対して強い危惧の念をもつにいたった。

　これらは、日本の大学開放における課題でもあるといえる。そもそも大学は、「学術の中心として、広く知識を授けるとともに、深く専門の学芸を教授研究し、知的、道徳的及び応用的能力を展開させることを目的とする」（学校教育法第52条）高等教育機関なのであり、高等成人教育機関ではないとされる。大学もこの規定の趣旨に照らして、自大学の教育を履修し得る一定水準の能力・適性を備えているものを選抜するという前提の下に入学試験を実施している。それが、(a) のコース登録制・科目登録制など、能力・適性により必ずしも選別されていないさまざまなタイプの学習者を対象に授業を行った場合、授業担当者が専門性の高い内容を扱うことが実質的に困難になるのではないか。また、同一基準で選抜されないということは、結果的に以前より指摘されている高等教育の質的低下を一層助長す

る危険性をはらんでいるのではないか。学習内容の質保障の担保という点で結果的に大学教育の専門性や教育水準の低下を招きはしないか。以上のような論点をふまえて大学の専門性を低下させずに、いかにして大学を開放していくのか、それは個々の大学において検討されなければならない課題であるといえよう。答申もこの点について触れており、大学開放に関わる諸制度の具体化にあたっては、「正規課程の学生の教育研究に支障が生じない範囲内の規模で実施する」[20]必要のあることや、「大学教育にふさわしい一定の教育水準を確保する観点から」[21]の実施が望まれるとして、事実上、個々の大学の見識に委ねるとされた。したがって、こうした課題を克服する方法として、各大学がどのように「特色あるカリキュラムの設計」[22]をし、「自由かつ多様な形態で教育が実施」[23]できるように弾力的な運用ができるかどうかが成否を占うことになるであろう。実際、オーストラリアでは、こうした課題を乗り越える方法として、どのような対処方法が提示されているのか。こうした問題を解決する効果的な処方箋としては、次章で取り上げるアボリジニへの学習支援策が効果的であろう。

　以上、「大学教育の改善について」（大学審議会答申）の中で提言された学習機会の多様化に関する事項を通して大学開放の方向性を概観し、次いで実施に関わる問題点についての検討を試みた。考察の結果、日本において、この答申のねらいが大学教育を広く社会人等にも開放するとともに、大学自身の活性化を図ろうとすることにあることがわかった。これまで多くの大学で実施されてきた公開講座等は、正規の大学教育の余力を社会に開放しようとしただけのものであったが、1991年答申に見られる大学における学習機会の多様化に関する改善事項は、生涯学習の観点から大学自身が新しい姿に変わるべきことを提言している。換言すれば、大学教育を社会人等に対して単に切り売りしていくのではなく、学習機会の多様化を図るために大学制度そのものを改変しようとする動きだといえよう。

　当時の大学制度の改変は、生涯学習振興の観点からは歓迎されるべきものといえるが、現実には、本書の検討課題である先住民族等の社会的不利益層への開放を企図したものではないことはもちろんのこと、今回の制度の再設計においてもさまざまな問題を抱えていることがわかった。大学の専門性や教育水準を担保することと、大学教育を広く開放していくことは

相反する面も見られるが、こうした問題にいかに対処していくのか、またどのようにして止揚するのか、先住民族などのマイノリティへの開放も含めて検討すべき課題は少なくはないであろう。いずれにせよ、本高等教育改革における大学開放は大学教育の可能性を幾分広げた点、すなわち社会人等の意思決定過程への参加・参画を促進する教育機関として大学を開放することの必要性を示唆した点では意義があろう。しかしながら、日本で進められている大学の正規課程への社会人の受け入れ促進に見られる大学開放は、職業人等の再教育やリカレント教育を志向するものであり、大学卒業の社会人など教育をより多く受けた高階層のマジョリティに有利に作用し、中・低階層のマイノリティとの学習機会の格差をますます拡大する傾向にある。こうした理由を裏づける根拠として、舞田敏彦の学習行動理論は当を得ている。舞田は[24]、ピーターソン（Peterson, R.）の大学卒業のより高い教育を受けた社会人等がその恩恵を被るという *education more education* の原理を補完し、「平成23年社会生活基本調査結果」（総務省統計局）に基づき、過去１年間に人文・社会・自然科学といった学習を自発的に行った者の比率を学歴別に分析し、「すでに高い学歴を得ている人間ほど、自発的に学び続けることへの意欲が高い」ことを実証的に裏づけた。今日の大学への社会人の受け入れが中・低学歴層には益し得ないことが明白になったのである。大学における学習機会の多様化が、高校卒業の社会人等への大学教育の機会拡大をもたらし、それは一見、教育における機会均等の促進とも受け止められるが、実際には、かえって *education more education* の原理が働き、大学卒業のより高い教育を受けた社会人等がその恩恵を被るという結果となっている。学習機会の格差がますます拡大するというのである。こうした問題の派生をどう防いでいくかは、日本の大学開放の課題である。したがって、高校卒業の勤労者や経済的に余裕のない専業主婦・主夫層および年金生活者など成人マイノリティへの大学開放はもちろんのこと、ましてや人種や少数・先住民族など社会的に不利益を被っているマイノリティ層の大学への受け入れ促進に向けて多大な課題が残されているといっても過言ではないであろう。

　なお、本節では、冒頭に掲げた社会人等のマイノリティの受け入れ促進にともなって今後起こり得ると予想される大学の教育水準の低下ならびに

学習機会の格差拡大への対処方法について直接的には論じることができなかった。このような問題への対応も含めて、日本の第三の教育改革における大学開放の課題を国際的な大学開放の文脈において検討することは重要であろう。本書において、このような点をふまえて、次節の先進的な取り組みを行っているオーストラリアの事例に照らして検討することは意義があろう。

第3項　ユニバーサル・アクセスとアファーマティブ・アクション

　1996年2月に発行された『教育白書』では、「新しい大学像を求めて──進む高等教育の改革」と称して特集を編み、大学審議会の答申等をふまえて当時進行中の大学改革を総括し、その方向性を展望している。白書によると、1995年度現在では、大学・短期大学・高等専門学校への進学率は45.8％で、専門学校を含めると64.7％に達するという。このような高等教育機関への進学率の上昇にともない、白書は高等教育機関が多様な学生の多様なニーズに適応し、それに応えていくこと[25]の必要性を指摘している。しかしながら、今のところ進められている大学改革は、「リフレッシュ教育」の推進等に見られるような、概して職業人等の再教育を志向するものであり、白書で提言されている「高等教育へのアクセスの拡大」[26]は、おおよそ、その延長線上にあるものといえよう。当然のこと、その中で先住民族などマイノリティへの高等教育支援に関する文言はまったく見られず、依然として大学入試制度などの就学に関しては制度的な障壁[27]が立ちはだかっており、それを除去するための有効な施策への取り組みがなされていないというのが現状である。

　一方、2017年8月3日に文部科学省が発表した2017年度の学校基本調査（速報値）によれば、大学（学部）への進学率（過年度卒を含む）が52.6％に達するという[28]。こうした50％を超える状態は、トロウの説を援用すると[29]、日本の大学教育は、「個人の教育機会の均等化」をめざすとされる「マス型」の段階をすでに脱却し、普遍的に多様な顧客層が高等教育を享受できる「ユニバーサル型」（該当年齢人口に占める大学在学率が50％以上）の段階に移行したことを意味する。ユニバーサル型の段階の高等教育がめざす概念とはいったい何であるのか。表3-1 によると、高等教

育の機会はマス段階における「相対的多数者の権利」からユニバーサル段階における「万人の義務」とされ、選抜の原理も「万人のための教育保障」と「集団としての達成水準の均等化」に向かう方向性が浮き彫りにされる。つまり、ユニバーサル型の段階の高等教育では、先住・少数民族、障がい者や経済的恩恵に浴さない階層の人びとなどマイノリティを含む大多数の普遍的な集団を大学にどう受け入れていくかが大学開放の課題として提起される。詳述すれば、「ユニバーサル型」の段階になると、人種・民族・社会階層・性などの属性による進学機会の不均衡が是正され、高等教育へのアクセスにおいて不利益を被っているとされる人びとなど、より多様で異なる属性を持つ学生集団を受け入れる方向にシフトする。そうした集団の高等教育人口に占める割合が国民全体の構成と等しくなるように積極的な措置（クオータ制）がとられる、いわゆるアファーマティブ・アクションの適用である。しかし、さきにも述べたように、問題なのは、このように民族や社会階層（社会経済的要因）などの属性による集団的な「達成水準の均等化」を促進しようとする動きが、日本の場合、「私立学校の特性にかんがみ、この自主性を重んじる」（私立学校法第1条）札幌大学や四国学院大学など、今のところ一部の私立大学に限られているということである。しかしそうであるとしても、先住・少数民族・女性などへの特段の配慮を講じることも大学開放を進めていく上で、重要な視点となってくることはいうまでもない。

　繰り返しになるが、2007年に国連総会で採択された「先住民族の権利宣言」の第14条第2項では[30]、「先住民族である個々人、とりわけ子どもは、国家による、差別のないあらゆる段階と形態の教育への権利を有する」と定め、アファーマティブ・アクションを想定した差別撤廃のための特別措置の必要性を規定している。

　しかしながら、日本の場合、さきに述べたように高等教育の量的拡大や社会人の入学施策は図られてきたが、それは単に、「学校教育の延長としての」[31]の大学教育という認識の下に展開されてきたのであり、高校卒業直後の同質性の高い学齢人口を対象としているにすぎない。日本の場合、均質でない多様な顧客に開かれているとはいい難く、自発的意思と潜在能力のあるものすべてに高等教育のサービスを享受し得る権利があるという

発想に立った視点が欠落しているといえよう。それはまさに、朝倉が指摘する第三の教育改革が「国際的な生涯学習のための大学開放における流れである民族・性・社会階層・障害者・高年齢者等のマイノリティへの開放に向けての配慮、すなわち、平等・公正という観点を欠いている」[32] という言説に集約されるであろう。

日本の大学教育においては、先住民族や少数民族・女性など、一般的にマイノリティに位置づくと考えられる人びとへの高等教育の機会、すなわち、社会的公正の視点にたったユニバーサル段階の大学開放が組織化されているとは到底いい難いのである。

表3-1　高等教育制度の段階移行にともなう大学の機能の変化

高等教育制度の段階	エリート型	マス型	ユニバーサル型
全体規模（該当年齢人口における大学在学率）	15％まで	15％から50％まで	50％以上
高等教育の機会	少数者の特権	相対的多数者の権利	万人の義務
大学進学の要件	制約的（家柄や才能）	準制約的（一定の制度化された資格）	開放的（個人の選択意思）
高等教育の主要機能	エリート・支配階級の精神や性格の形成	専門分化したエリート養成＋社会の指導者層の育成	産業社会に適応し得る全国民の育成
主要な教育方法・手段	個人指導・師弟関係重視のチューター制・ゼミナール制	非個別的な多人数講義＋補助的ゼミ、パートタイム型・サンドイッチ型コース	通信・TV・コンピュータ・教育機器等の活用
学生の進学・就学パターン	中等教育修了後ストレートに大学進学、中断なく学習して学位取得、ドロップアウト率低い	中等教育後のノンストレート進学や一時的就学停止（ストップアウト）、ドロップアウトの増加	入学時期のおくれやストップアウト、成人・勤労学生の進学、職業経験者の再入学が激増
学生の選抜原理	中等教育での成績または試験による選抜（能力主義）	能力主義＋個人の教育機会の均等化原理	万人のための教育保障＋集団としての達成水準の均等化

出所：マーチン・トロウ著　天野郁夫／喜多村和之　共訳『高学歴社会の大学——エリートからマスへ』東京大学出版会、1976年、pp.194～195.「高等教育制度の段階移行にともなう変化の図式」から一部抜粋。

この点において、1988年の高等教育改革より先住民族、女性、非英語系移民、障がい者、僻遠地域住民、社会経済的被不利益層、成人マイノリティ等への大学開放を進めるオーストラリアの取り組みは、マイノリティとしての先住民族の意思決定過程への参加・参画を促進するうえで重要な視点の提起といえよう。

　オーストラリアでは、たとえば、「アボリジニの人々の生活や運命に影響を及ぼし得る政府の政策や計画の策定・実施もしくはその変更にあたって、アボリジニ自らの意思による決定を尊重」[33]（アボリジニ拘留死特別調査委員会、1991年）するという既述の「先住民族の権利宣言」に近い政府認識が示され、先住民族アボリジニの自己決定を政策の根幹に据えた運営がなされている。端的にいえば、アボリジニのコミュニティの問題は、アボリジニ自身の手によって解決していくという考え方が尊重され、教育政策の策定においてそうした視点が反映されているといってよいであろう。

　本項では、本書の核心ともいえる論点の1つであるユニバーサル段階の大学開放の組織化とはどのようなものなのか、また日本の大学開放は大学へのマイノリティの包摂に応じきれているのか、主として第三の教育改革ともいわれる1991年の大学審議会答申の告示以降の日本の大学開放の組織化について考察してきた。なお、本節は、次章以降のオーストラリア先住民族の主体形成を可能とする高等教育支援のメカニズムとその特質について検討する際の視座を提示している点も強調しておきたい。

第2節　オーストラリアにおける大学改革と大学開放の方向性——公平・公正の視点から

第1項　オーストラリアにおける大学開放の方向性

　前節では、日本におけるマイノリティに対する大学開放の課題と方向性について論じてきた。日本の大学開放の方向は、大学審議会の1991年2月8日答申「大学教育の改善について」の提言にみられるような大学の正規課程への社会人等の受け入れ促進や職業人等の再教育を志向するものであり、そこには人種・民族から見たエスニック・マイノリティや女性、障

がい者、低所得階層などの文化的背景をもち、周辺文化を形成してきた人びとに大学教育の可能性を広げていくといった視点を見いだすことはできなかった。当然、日本において先住民族に対する大学の開放は組織化されてこなかったことはいうまでもない。

　一方、日本とほぼ同時期に高等教育の改革が進められたオーストラリアに目を転じてみれば、1988年の「高等教育」白書において提言された高等教育の一元化を図るという方向の中で、後述する1964年のマーティン・レポート（Martin Report）の勧告以来、20年以上に及んで維持されてきた大学と高等教育カレッジ群（Colleges of Advanced Education）による二元制度（binary system）を統合・併合（amalgamation）することによって見直し、図3-2 のように高等教育機関における「新しい枠組み」の設定への模索が始まったのである。従来、高等教育の恩恵に浴さなかった人びとに対し、大学教育の可能性を広げる提言を盛り込み、それらを改革の重要な柱の1つに据えていることがその後の政策文書の随所に散見できる。なかでも、連邦の旧雇用・教育・訓練省（Dept. of Employment, Education and Training, 以下DEETと略記）が1989年に示した「万人のために公平な機会を——国および大学の高等教育における公正計画」（*A Fair Chance for All: National and Institutional Planning for Equity in Higher Education*）[34]は、翌年公表の政策文書につながる草稿（討議文書）（a draft discussion paper）として注目された。

　本討議文書は、障がい者（People with Disabilities）、アボリジニおよびトレス海峡諸島系民族（Aboriglnal and Torres Strait Islander People）、女性（Women）、非英語圏出身者（People from non-English Speaking Backgrounds）、社会経済的被不利益層（People from Socio-Economically Disadvantaged Backgrounds）、僻遠地域出身者（People from Rural and Isolated Areas）など6つのカテゴリーに含まれている人びとを高等教育へのアクセスにおいて不利益を被っている集団として認定し、彼/女らに対し人種・民族的および文化的属性に起因する高等教育における不均衡是正の手段としてどのような措置を講じればよいのか、受け入れ前から受け入れ後に及ぶ支援策の指針を示している。大学側は、これを受けて個々の事情に照らし合わせ、具体的に支援計画を策定する。すでに多くの大学がそ

うした支援プログラムを実施しているが、オーストラリアにおいては日本とは異なり、社会的公正の視点に立った大学開放が連邦政府主導で組織的に進められたのである。

　本節では、高等教育へのアクセスにおいて不利益を被っている人びとに対し大学開放をどう組織化していくのか、具体的には、マイノリティ学生への高等教育支援のあり方について政策レベルでの検討を行うことを通して、公平・公正という視点に立脚した大学開放とはどのようなものなのか、検討を試みることにしたい。

　オーストラリアの大学改革の注目すべき点は、マイノリティなど従来、周辺文化を形成してきた集団など、高等教育の恩恵に浴さなかった人びとすべてが高等教育を受ける権利を享受できるよう、機会の不均衡を是正するための特別な措置を講ずるなどの勧告を行っていることであり、マイノリティ支援システムの導入が連邦政府主導で進められてきた。

　とくに、同文書の製本版としての「高等教育」白書を受けて、連邦の旧雇用・教育・訓練省によって1990年5月に公表された政策文書「万人のために公平な機会を——誰もが手の届くところに高等教育を」（*A Fair Chance for All : Higher Education That's Within Everyone's Reach*）は、その副題が示すように従来、大学が対象としてこなかった人びとへの大学開放を志向した政策文書であるといえ、マイノリティに対する高等教育における機会均等化の促進および結果の平等をめざした施策の実施など、多くの点で先進的な取り組みを示唆するものとして注目される。なかでも、「アボリジニおよびトレス海峡諸島系の先住民族」に対しては、高等教育への参加において最も不利益を被っている集団と見なし、受け入れの段階から在学中にいたる支援システムの構築に向けた支援の枠組みが示された。本節では、主としてこの政策文書を手がかりに、オーストラリアがめざす平等・公正の視点に立ったアボリジニ高等教育支援システムの構築に向けた大学開放の取り組みとはいかなるものか、その態様を把握することを試みる。

　まず、稿を進める前にオーストラリアの大学改革の流れについて素描しておく必要があろう。

　オーストラリアでは前述したように1987年頃より高等教育改革が進められている。オーストラリアの高等教育機関は1964年のマーティン・レ

ポートの勧告によって提言された二元制度に沿って運営されており、その枠内において高等教育の多様化が促進され、発展してきた。本改革は、マーティン・レポート以来の未曾有の大改革で、高等教育機関の新しい枠組みの設定を示すものであった。これは、1988年7月に発表された「高等教育」白書の中で高等教育制度の長期的展開に対する政府戦略として示され、それは今までの高等教育の二元制度から統合制度（unified system）への転換、すなわち高等教育機関の統廃合を意味するものであった。敷衍すれば、オーストラリアの高等教育は、これまで伝統的にイギリス・アカデミズムの影響を強く受けながら設立・展開してきたユニバーシティと、応用的・実践的志向の強い工科系のインスティテュート（Institute of Technology, 以下便宜上ＩＴと略記）および教員養成系を中心とする単科の高等教育カレッジ（College of Advanced Education, 以下CAEと略記）群とは明確に区別されて発展してきた[35]。しかし、CAEもITも共に大学レベルの学位（Bachelor）を付与する点で大学と同水準の教育を提供しており、高等教育の範疇に位置づくものとして考えられてきた。20年以上に渡り、これまで異なる処遇を受けて独立した機能を保持してきた大学とカレッジ群の公式上の違いを無くして[36]大学として一本化しようというのであった。複数のカレッジの統合による新たな大学創立や大学のカレッジ併合[37]が進められ、改革以前と比べ、新たに18校が大学として認可されたものの、1987年の時点で70校あった高等教育機関（このうち大学は19校）も改革後、数年間でその数は半減[38]することとなった。こうした改革により大規模校が出現することとなり、コースの多様化による選択機会の増大など効率面での効果が上がったり、大学とカレッジ間にあった不均衡が解消されるなどメリットも少なくなかったが、統合によるコースの重複[39]など、調整を要する問題も少なからず起こったのも確かである。各大学の統合に向けての取り組みは強制ではないが、政府はこの制度を推し進めていくため、これに応じない場合は大学への補助金カットも辞さない[40]構えであり、各機関は政府の決定に従わざるを得ない状況となっていた。こうした強硬ともいえる大胆な政府の新制度導入の背景には欧州や北米での経済のブロック化など国際間の競争を意識した政府の政策意図が見て取れる。たとえば、18歳から24歳の高等教育への参加率の国際比較を見ると、米

国の14.8％（1986年）、カナダの13.5％（1984年）に対してオーストラリアは10.1％（1984年）[41]となっていることが、白書作成の草案となった、その前年の討議文書「高等教育」緑書のなかで取り上げられた。この報告を受けて、政府が白書で高等教育の需要と高等教育への参加率をOECDの主要国並みの達成水準にまで引き上げる必要[42]があると提言したのであった。世界的な高学歴化の傾向の中で、その流れに乗るべく、新たな顧客を発掘するため、魅力ある高等教育づくりの必要があることを指摘したものと思われる。国家収益の主要財源を伝統的な一次産品依存から工業製品の生産やサービス産業へと変化させていくためには、十分なレベルの労働力と技術が求められる[43]。また、現代の目まぐるしい科学技術の変化に対応していくには優れた技術と教育の双方をもち合わせた労働力の育成・開発が不可欠であり、それらを高等教育の拡充に期待していたのであった[44]。高等教育こそが、このような経済構造の変化に求められる新技術の開発・提供において中心的な役割を担い得る[45]というのである。さらにいえば、白書の指摘にも見られるように、21世紀に向けてオーストラリアの社会的・経済的・文化的発展を構築していくためにも、90年代の高等教育制度をどのようにして展開させていくのかが[46]重要なメルクマールとされたのである。

　本制度改革は、こうした大学と旧カレッジ間に存在した不均衡の解消も主目的であったが、次のようにこの大学改革のもつもう1つの意味合いも重要な視点である。

　それは、キーティング（Keating, P. J.）元労働党政府が推進した多文化主義政策の一環として、「公正」（equity）の視点を重視した高等教育政策が展開されたことである。そして、先住民族、非英語圏出身者、女性、障がい者、低所得階層、僻遠地域生活者など従来、高等教育の恩恵を受けるにはほど遠かったマイノリティが大学教育への権利を享受できるよう、マジョリティとの不均衡を是正するための特別な方策を講じたことであった。このことも本改革の重要な柱の1つといえよう。オーストラリアは本改革によってようやく高等教育のユニバーサル化に向けて舵を切り始めたところであったが、実際にはすでにユニバーサル段階における支援制度の整備に向けての取り組みが随所でみられたのである。

第3章　ユニバーサル型の高等教育と大学開放の方向性

また、本制度改革が始まった当時の社会的背景を考えると、保守連合から労働党への政権交代によって社会的公正に対する認識が一段と高まってきていた時期であり、公正の視点に立脚した多文化主義政策が展開されていく過程と重なる。「公正な多文化主義」(equitable multiculturalism)の視点にたった教育改革を推進するべきであると勧告した既述の1987年発行の政府報告書(*Education in and for a Multicultural Society: Issues and Strategies for Policy Making*)の公表も、そうした当時の社会背景とあながち無関係ではなかったと推測されよう。高等教育における多文化主義化はもはや避けられない様相を呈していて、大学開放は、いわば、こうした多文化主義政策の全体の枠組みの中で志向されていったと考えたほうがよいであろう。そうしたことも相まって、既述の欧州や北米での経済のブロック化など、国際間の競争の激化に対抗するための人材の育成も急務であったといえる。こうした中、高等教育への参加促進を図るべく新たな顧客を発掘するための魅力ある高等教育づくりの必要性に迫られていたことが、改革の方向に一層拍車をかけたとも考えられよう。そこにはオーストラリア社会の文化的多様性を大切な人的資源として再評価しようという意図が見て取れよう。マイノリティの文化的背景をもつ学生に光を当て高等教育を再構成しようという試みも、実は多文化労働力の開発という発想を抜きにしては語れないのである。

　こうした多文化政策を基軸にした改革の指針を具体的に示したのは、既述の「すべての者に公平な機会を」と題する1990年の政策文書であった。

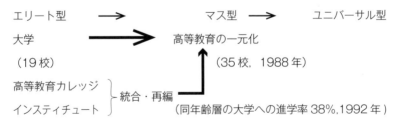

図3-1　オーストラリアの高等教育制度の発展過程

出所：Dawkins, J., *Higher Education: An Overview of the Policy Discussion Paper*, Feb., 1988, p.1.データに基づいて筆者が作成。

とくに、この政策文書で具体的に提示されている4つの柱は以下のとおりである。すなわち、

①高等教育における国家の公正目標のガイドラインを示すこと。
②高等教育へのアクセスにおいて不利益を被っていると判断される個々のグループのために国家の公正目標を設定すること。
③その目標達成のための方策を示すとともに、その計画の遂行において大学を支援すること。
④国家の公正目標の達成において国と大学側の責任を明確に示すこと、[47] である。

これは1988年の「高等教育」白書の高等教育における「公正の達成」という政府の公約をより具現化したもの[48]であったが、一方でこうした改革の方向における問題点も指摘される。つまり、前節でも述べたように、日本の大学開放においても課題とされる、より多様で異質な属性をもつ非伝統的なタイプの学生集団を受け入れることによって起こり得る問題にどのようにして対処すればよいか。新たに生起してくる問題は、より普遍的な層が高等教育の恩恵に浴することで生じるであろう学生間の学力の格差拡大の問題である。そうした課題にどのように取り組んでいくのか。また、大学教育にふさわしい教育水準をどう維持していくのか。これらの問題は、学習内容の質的保障と関わって重要な課題の提起となろう。敷衍すれば、特例措置によって入学した民族的・文化的マイノリティ層に対する学力保障の問題であり、受け入れ後の彼/女の研究・学習支援に必要な諸条件の整備をどのようにして行っていくのか、さらには卒業後の就業機会の保障に向けてどのような取り組みが考えられるのか、ということである。マイノリティ学生に対して単に高等教育の機会を拡充するだけでは実質的な意味での「機会の均等」の保障には当然なり得ない。マイノリティ学生支援制度等の充実など環境の整備を図ることこそが真の意味での「公正」の達成であり、延いては「結果の平等」を志向するものといえよう。

第２項　オーストラリアの大学におけるアファーマティブ・アクションの枠組み

　オーストラリアの大学改革が意図するものは単に大学の統廃合でないことは、すべてのオーストラリア人に対してより公平な高等教育制度を展開する必要を説いていることや、従来、高等教育へのアクセスが困難であった人びとに大学を開放する（open up）することを改革の重要な柱としていることからも明らかである。さきにも触れたように、連邦政府の高等教育改革に関する1990年の政策文書は、障がい者、アボリジニおよびトレス海峡諸島系などの先住民族、女性、非英語圏出身者、低所得階層、僻遠地域生活者等のカテゴリーに含まれている人びとを高等教育への参加において不利益を被っているグループとして認定し、社会的公正の観点から彼／女らの高等教育参加への障壁となっているものが何かを詳述している[49]。

　また、この政策文書が発表される前年に、国家のアファーマティブ・アクション法（女性差別撤廃法）〔Affirmative Action（Equal Employment Opportunity for Women）Act〕が成立している点にも注目したい。しかし、これは女性に対する雇用機会均等の促進を主目的とし、従業員100人以上の企業および高等教育機関に適用される法律であり[50]、「女性に対する組織的な差別についての効率的対処を目的とする」[51]特別措置である。しかし、州レベルにおいて、アファーマティブ・アクションとは、特定の集団の機会を制限している隠れた差別を除去するために計画された措置に対する概念[52]として広く解釈されており、NSW州や、VIC州および西オーストラリア州の各関連州法は女性に限定せず、アボリジニや非英語系移民さらには身体・心身障がい者をも対象としているのである[53]。つまり連邦のアファーマティブ・アクション法はその適用範囲を女性に限定し、しかも雇用問題を軸に規定しているとはいえ、各州においてはアボリジニや非英語系移民さらには身体・心身障がい者をも含むものとして展開しており、この点で各州法や人種問題の中で展開されてきた米国型のアファーマティブ・アクション政策とは多少趣きを異にしている。

　ところで、各高等教育機関は大学の統廃合という難問に直面して、その策定化の過程においてアファーマティブ・アクション法の理念を反映させ

ざる[54]を得なかった。この法律によって、各高等教育機関は企業と同様に、雇用促進計画などアファーマティブ・アクション・プログラムの開発・実施を強いられ、またプログラムの推進状況についても毎年、法施行の責任をもつとされるアファーマティブ・アクション局にその報告の義務を負わされた[55]。ただ、オーストラリア流のアファーマティブ・アクションは、米国のクオータ制の事例に見られるような、一定の比率を設けて強制的に均衡な状態にするといった積極的な是正措置とは本質的に異なっていた。それは、むしろ時間をかけて不均衡を是正していくというもので、雇用主の「平等化」意識を漸進的に高めていこうという政策なのである。速効性は期待できないが、この法律により、雇用者の「行動規範」[56]のようなものは確立できるというのである。そのことは、アファーマティブ・アクション・プログラムの策定・実施にあたって、企業や大学が各々主体性をもって取り組んでいるという点からも明らかである。それは、またアファーマティブ・アクション・プログラムの計画・実施にあたって、個々の大学が独自の研究の蓄積をふまえた多様な先導的試み[57]を展開していることからもよくわかる。

　一方、社会的公正の問題は、高等教育制度の計画的な拡充によって改善されていくというのが連邦政府の基本的な考えである。かつてのCAEやITは高等教育におけるアクセスと均衡の問題を重視する傾向にあった。それは、伝統的な大学と比較して低所得階層出身の学生が多かったことが主な要因となっていたからである[58]。1988年の改革前まで、高等教育の公正の問題については全く見向きもしなかった連邦政府であるが、大学の統合（amalgamation）を推進するに及んで、高等教育においては、もはやこの問題を避けては通れなくなったのである。一見、矛盾するかのように見える大学統合と「均等化」がいわば抱き合わせ的に行われた背景には、こうした舞台裏の事情があったと推察されよう。

　次章では、こうしたアファーマティブ・アクションの視点を視野に入れながら、オーストラリア社会で教育的に最も不利益を被った民族[59]と称されている被抑圧先住民族アボリジニへの高等教育支援の具体的な取り組みについて考察するが、このことは今後の日本における多文化・多民族化に向けての大学開放のあり方、とりわけ大学におけるアイヌ民族学生の研

究・学習活動支援に必要な諸条件の整備のあり方を占う試金石となるであろう。

【文献】
（1）　『読売新聞』1994年8月13日（朝刊）。
（2）　マーチン・トロウ、天野郁夫・喜多村和之共訳『高学歴社会の大学』東京大学出版会、1976年、p.41.
（3）　同前、p.75.
（4）　新井隆一他編『解説教育六法』三省堂、1991年、p.60.
（5）　大学審議会「大学教育の改善について」（答申）、1991年2月8日、p.5.
（6）　同前、pp.2-4.
（7）　同前、p.3.
（8）　同前、p.20.
（9）　臨時教育審議会　第二次答申、1986年4月23日『臨教審だより』臨増5、第二次答申関係資料集、第一法規、1986年、p.48.
（10）　大学審議会、文献（5）前掲、pp.20-22.
（11）　同前、p.21.
（12）　同前、p.23.
（13）　朝倉征夫他「大学改革と大学開放に関する研究」『早稲田教育評論』第8巻第1号、早稲田大学教育総合研究室、1994年、p.82.
（14）　山本慶裕「大学開放の歴史と放送大学の登場」山田達雄編『生涯学習の知的ネットワーク』学校法人経理研究会、1993年、p.11.「ケンブリッジ大学の講師であったスチュアート（Stuart, J.）が、イングランドの婦人団体の要請に応じて行った学外講義がその始まりとされる」。木村浩・赤尾勝己「大学拡張」渡邉静雄編『日本大百科全書』14、小学館、1987年、p.347.
（15）　詳しくは東京都立大学『平成6年度・中国引揚者等子女特別選抜学生募集要項』参照。
（16）　法政大学『1994年度　学費免除学生特別入学試験案内（あしなが入試）』から引用。
（17）　「東京農大、授業料免除の道」朝日新聞、1993年11月10日（朝刊）。
（18）　『朝日新聞』、1994年3月26日（夕刊）。九州大学の理学部数学科の2012年度後期入試で「女性枠」導入が検討されたが実施にはいたらなかった。
（19）　『朝日新聞』、2018年8月3日（朝刊）。
（20）　大学審議会、文献（5）前掲、p.20.
（21）　同前、p.22.

(22)　同前、pp.2-4.
(23)　同前、pp.2-4.
(24)　舞田敏彦「データえっせい」(http://tmaita77.blogspot.jp/2014/09/education-more-education.html　2018年3月5日閲覧)。
(25)　ぎょうせい編『臨教審と教育改革〈第2集〉——第一次答申をめぐって』1985年、p.149.
(26)　文部省編『わが国の文教施策（平成7年度）』大蔵省印刷局、1996年、p.5.
(27)　同前、p.173.
(28)　文部科学省『平成29年度学校基本調査(確定値)の公表について』報道発表、2017年12月22日。(http://www.mext.go.jp/component/b_menu/other/__icsFiles/afieldfile/2018/02/05/1388639_1.pdf　2018年3月4日閲覧)。
(29)　マーチン・トロウ、天野郁夫・喜多村和之共訳、文献（2）前掲、pp.194-195.
(30)　United Nations, General Assembly, 61/295, *United Nations Declaration on the Right of Indigenous Peoples*, 2 Oct., 2007, p.5.（http://www.unhcr.org/refworld/docid//471355a82.html。2010年1月12日閲覧）上村英明『アイヌ民族の視点から見た「先住民族の権利に関する国際連合宣言」の解説と利用法』市民外交センター、2008年、pp.23-42. を参考に訳出。
(31)　喜多村和之「生涯教育に開かれる大学」天城勲編『大学の入口と出口』サイマル出版会、1981年、p.207.
(32)　朝倉征夫他「大学改革と大学開放——わが国の教育改革を中心に」『早稲田教育評論』第7巻第1号、早稲田大学教育総合研究室、1993年、p.24.
(33)　Royal Commission into Aboriginal Deaths in Custody, National Report, *Overview and Recommendations*, Australian Government Publishing Service（AGPS）, 1991, p. 73.
(34)　Canberra, Australian Capital Territory, Department of Employment Education and Training National Board of Employment, *Education and Training*, August 1989.
(35)　Tardif, R. (ed.), *Penguin Macquarie Dictionary of Australian Education*, Penguin, 1989, p.199.
(36)　Dawkins, J., *Higher Education: An Overview of the Policy Discussion Paper*, Feb., 1988, p. 3.
(37)　Dwyer, M., & Lewis, S., *Universities in Australia*, Financial Review Library, 1992, p.7.
(38)　Ibid., p.7.

(39) Dawkins, J., op.cit., p.5.
(40) Ibid., p.4.
(41) Commonwealth of Australia, *Higher Education: A Policy Discussion Paper*, Australian Government Publishing Service (AGPS), Dec., 1987, p.109.
(42) Commonwealth of Australia, *Higher Education: A Policy Statement*, Australian Government Publishing Service (AGPS), Jul., 1988, p.13.
(43) Dawkins, J., op. cit., p.1.
(44) Tardif, R., (ed.), op. cit., p.151.
(45) Dawkins, J., op. cit., p.1.
(46) Baldwin, P., *Higher Education Quality and Diversity in the 1990s*, Australian Government Publishing Service (AGPS), Oct., 1991, p. v.
(47) Department of Employment, Education and Training & National Board of Employment, Education and Training, *A Fair Chance for All: National and Institutional Planning for Equity in Higher Education*, A discussion paper, Australian Government Publishing Service (AGPS), Feb., 1990, p.1.
(48) Department of Employment, Education and Training, *Equity in Higher Educaiton : A Summary Report*, Institutional Equity Plans. 1992-1994 Triennium, An Information Paper, Australian Government Publishing Service (AGPS), 1993, p.ⅲ.
(49) Department of Employment, Education and Training & National Board of Employment, Education and Training, op.cit., p.l.
(50) House of Representatives Standing Committee on Legal and Constitutional Affairs, Par1. of Commonwealth of Australia, *Half Way to Equal: Report of the Inquiry into Equal Opportunity and Equal Status for Women in Australia*, Australian Government Publishing Service (AGPS), 1992, p.249.
(51) 志田民吉「オーストラリア社会における女性と労働」『東北福祉大学紀要』第17巻、1992年、p.85.
(52) Affirmative Action Agency, *The Triple a List 3*, Australian Government Publishing Service (AGPS), 1992, p.38.
(53) Ronalds, C., *Principles of Affirmative Action and Anti-Discrimination Legislation*, Australian Government Publishing Service (AGPS), 1988, p.12. A・Aという概念は、当初、女性への大学開放に使用されていた。
(54) Affirmative Action Agency, *By Steps and Degrees: Affirmative Action Initiatives from Higher Education Institutions*, Australian Government

Publishing Service (AGPS), 1992, p.1.
(55) Affirmative Action Agency, op. cit., pp.36-37.
(56) 佐藤真知子『女たちのオーストラリア』勁草書房、1987年、p.208.
(57) Affirmative Action Agency, *Affirmative Action: Guidelines for Implementation in Institutions of Higher Education*, Australian Government Publishing Service (AGPS), Mar., 1987, p.2.
(58) Dwyer, M. & Lewis, S., op. cit., p.30.
(59) Department of Employment, Education and Training, *National Review of Education for Aboriginal and Torres Strait Islander People: Discussion paper*, Australian Government Publishing Service (AGPS), 1994, p.1.

第4章

アボリジニの高等教育参加と支援システムの展開

第1節　大学における先住民族支援の枠組み

　前章で考察してきたように、オーストラリアにおいては日本とは異なり、社会的公正の視点に立った大学開放が連邦政府主導で進められてきたことがわかった。

　本章では、前章の第2節で述べた連邦政府による高等教育改革に関する1990年の政策文書によって指定された高等教育へのアクセスにおいて不利益を被っているとされるグループのうち、オーストラリア社会において人種的に最も不利益を被っているグループと見られるアボリジニを取り上げ、彼/女ら先住民族への高等教育支援のあり方について政策レベルでの検討を行うことを通して、公平・公正という視点に立脚した大学開放とはどうあるべきか、今後の日本の大学開放のあり方を考えるうえでの視座を提供したい。

　オーストラリアの取り組みは連邦政府主導で進められており、それは「国家アボリジニ・トレス海峡諸島系民族支援教育政策」(National Aboriginal and Torres Strait Islander Education Policy) として結実している。連邦政府は、1987年に社会的公正を1つの柱とする高等教育改革に着手する一方で、1988年に「国家アボリジニ教育委員会」(National Aboriginal Education

Committee）の構成員の1人であるヒューズ（Hughes, P.）を議長とするアボリジニ教育政策特別委員会（Aboriginal Education Policy Task Force）を創設し、「アボリジニおよびトレス海峡諸島系民族」の調査研究に向けて長期的総合的アプローチを試みた。そこで委員会は、彼／女らがこの国で最も教育的に不利益を被っている集団であることを突き止め、教育的不均衡を是正するための国家的なアボリジニ支援の教育政策を展開する必要性があると勧告した。その中で、20世紀と21世紀の変わり目までに、教育の全段階へのアクセス・参加、その結果に対してアボリジニとその他のオーストラリア人との均衡を図るための国家政策の展開を求めたのであった[1]。

表4-1は、オーストラリアの高等教育改革当時のアボリジニとオーストラリア国民のすべての教育段階への就学率を示したものである。すべての教育段階におけるアボリジニの就学率が相対的にきわめて低いことは明らかであるが、就中、義務教育後の段階に相当する16歳以降における格差は一層拡大する傾向にあるといえよう。1970年代の初めには、労働党政権の樹立とともにアボリジニに対する政府の政策が、同化から自己決定および自己管理へと政策変更がなされた[2]わけであるが、やはり先住民族の高等教育段階における就学率の低さが顕著であることに変わりはない。オーストラリアでは、後期中等教育段階の16～17歳の年齢層における就学率が、続く高等教育段階における就学率に多大な影響を及ぼすと考えられており、それは、第12学年（日本の高校3年生に相当する。図4-1参照）における定着（retention）が高等教育機関への進学の必要条件となっているからといえよう。しかしながら、アボリジニのこの段階での定着率は1988年現在で22％[3]でしかない。「アボリジニ教育政策特別委員会」も、その点に触れ、高等教育へのアボリジニ学生の参加率が低いことの原因の1つとして、中等教育を修了する生徒の数の少ないこと[4]をあげている。連邦政府もこの報告の内容を深刻に受け止め、「国家アボリジニ・トレス海峡諸島系民族支援教育政策」（National Aboriginal and Torres Strait Islander Education Policy）を1990年に公表し、この中で、高等教育や技術継続教育はもちろんのこと、義務教育後の中等教育段階においてもアボリジニの教育参加を国民水準と同等のレベルまで押し上げる必要があること[5]を指摘している。

表4-1 就学率（1986年）

年齢層	アボリジニの人びと [％]	オーストラリア人全体 [％]
5-9歳（a）	88.2	99.0（b）
10-15歳（a）	83.1	98.3
16-17歳	31.6	74.5
18-20歳	7.5	41.4
21-24歳	4.1	20.4
25歳以上	2.7	7.9（c）

（注）
（a）5-9歳児の教育参加率は学校教育および就学前教育への参加を含んでいる。10-15歳児の場合は学校教育への参加のみを示している。それ以外の年齢の場合は学校教育（義務教育後）、技術継続教育（ＴＡＦＥ）および高等教育への参加を示している。
（b）推定
（c）25歳から65歳までの年齢層の場合。
出所：Hughes, P.（eds.）, *Report of the Aboriginal Education Policy Task Force*, Australian Government Publishing Service（AGPS）,1988., p.9.

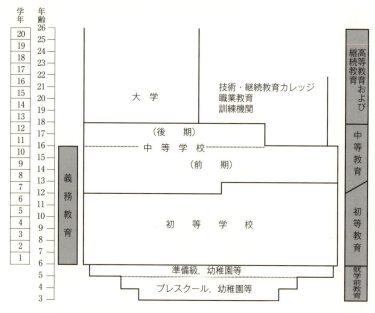

出所：文科科学省「Ⅴ学校系統図『世界の学校体系（大洋州・オーストラリア連邦）』」
（http://www.mext.go.jp/component/b_menu/other/_icsFiles/afieldfile/2017/10/03/1396906_001.pdf, 2019年4月27日閲覧）に基づき一部修正・加筆を行った。

図4-1 オーストラリアの学校系統図

第２部　ユニバーサル段階の大学開放と先住民族支援

既述の1990年の政策文書「万人に公平な機会を」(*A Fair Chance for All*)はこうした流れの中で生まれ、民族的・文化的マイノリティへの開放にあたって、大学側が取り組むべき具体的方策を例示的にあげている。とくに注目すべきは、この文書の副題で、「誰もが手の届く範囲に高等教育を」(*Higher Education That Within Everyone's Reach*) であり、大学が教育的に不利益を被っている人びとの位置まで降りて行くという発想に立っている点である。トロウの言葉を借りるならば、理念的に年齢や階層に関わりなく多様な顧客層が高等教育段階への参加を認められるというユニバーサル・アクセス[6]の段階の状態を志向したものといえよう。こうした段階では、人種・民族などの属性に起因する進学機会の不均衡が是正され、そうした集団の高等教育人口に占める割合が国民レベルと等しくなるように積極的な施策の策定が求められるのである。

以下では、この政策文書の中で先住民族という属性に起因する高等教育における不均衡を是正する手段として、どのような支援プログラムが提案され、実際にどの程度大学側がそれらを導入しているか、加えて実施上の問題点は何かについて考察することにしよう。

次の①から⑦は公正目標の達成に向けて連邦政府が高等教育機関に提示した支援措置を類型化したものである[7]。

① 中等教育未修了（16〜17歳のこの段階における教育参加の割合は国民全体の75%に対し、アボリジニのそれは30%でしかない）[8]ながら高等教育を享受したいという学習意欲のある（大学入学資格をもたない）アボリジニに対し、「特別入学枠」(Special Entry Admission Scheme) の措置を提供する。
② 正規の大学入試資格の要件を充足していないアボリジニに対して「専門課程進学準備コース」(Bridging Course)と呼ばれる基礎学力向上のための入学準備コースを開設し、学位取得コース入学前のオリエンテーションの課程へのアクセスを可能にする。
③ 「アボリジニ学生支援室」(Aboriginal Support Unit)を開設し、アカデミックな援助から私的な援助にいたるまで、アボリジニの研究・学習活動の促進にとって不可欠な学業面での支援を行う。

④学位コースと並行して「付加的な学習の時間」(supplementary study units)をコース内に併設し、アボリジニ学生の研究・学習活動の促進や、識字力および基礎的計算能力の向上に向けてコース履修に必要な知識の習得をめざす補習授業を実施し、ドロップ・アウトを防止する。
⑤アボリジニのおよそ40％が僻遠および農村地域に居住していることから、「構外学習」(off-campus study)や選択的な形態の学習方法を開発・促進し、高等教育の機会を拡大する。
⑥大学における教育上の意思決定過程へのアボリジニの参加を促進するメカニズムの構築とアボリジニと大学の間に適切な協議機構を確立する。
⑦アボリジニの学生や彼/女らのコミュニティとの協議を経て、コミュニティの事情や要求が反映されるように大学のカリキュラムや教授方法の再検討や開発を行う[9]。

以上、7項目が連邦政府の推奨する公正目標達成に向けての支援措置であるが、現地調査で得た筆者の知見では各大学が導入している支援措置はこの限りではない。実際、各大学で機能している支援措置は、基本的には個々の機関において独自の発展を遂げてきており、その点で多様をきわめている。事実、政府も大学側に対し、多様で特色のある支援計画の策定を望んでいるといわれる。この7項目に限っていえば、①のように1978年からすでに一部の大学で導入され、アボリジニの高等教育人口の増加に大いに寄与しているものもある反面で、実施については検討中と回答した機関の存在も看過できない。

1991年現在、こうした支援策を実施している大学の数は、①の「特別入学」についていえば計画を提示した全豪37の大学（高等教育改革実施後の大学数）のうち、26校が実施している。次いで③の「支援室」は25校で開設されており、⑤の「構外学習」については13校のみの実施にとどまっている。さらに⑥の場合は25校、また⑦に関してはすでに27校で試みられている[10]。②と④にいたっては、30校で「専門課程進学準備コース」および「付加的学習の時間」のいずれか、もしくはその両方のコースを開設しているということである[11]。これ以外にも、アデレード大学（University of Adelaide) のアボリジニ雇用計画に代表されるように22校で研究職や事務職、および他の専門職へのアボリジニの雇用促進などの卒業後の雇用・就業機会の保障を検討中であったり、また、教職員に対してアボリジニの教育問題への認識を高めるための職能開発のプログラムを17校で試みているなど[12]、連邦政府の提示したものとは異なる新たなプログラムが展開されており、期待が寄せられているのも事実である。

繰り返し述べるが、その程度に差こそあれ、アボリジニもやはりアイヌ民族と同じく教育的に不利益を被っている人びとであることに変わりはない。しかしながら、アボリジニの学生数の推移については、前述したように制度発足後20年間で著しい変化を見ることができた。そうした学生数の変化の背景にどのような動きがあり、何がその誘因となったのであろうか、詳しく探っていくこととする。

1980年代、とくに1982年から89年にかけて、アボリジニの高等教育人口は287%[13]増という爆発的な増加を見せるのであった。表4-2が示しているように、1982年の時点でオーストラリアの高等教育人口全体のわずか0.3%（854人）にすぎなかったアボリジニ学生は7年後には0.7%（3307人）[14]となったのである。これは、同時期の29%増という高等教育人口全体の伸び率と比較しても[15]驚異的であり、その劇的な増加の背景には、アボリジニの高等教育参加を促進しようという高等教育機関の動きが、その推進力となって働いていたことも否定し得ない事実である。1973年に南オー

表4-2 高等教育におけるアボリジニ学生の在籍者数と支援プログラムの数

年	アボリジニの在籍者	支援プログラム
1972	72	0
1979	748	5
1980	881	5
1982	854	10
1988	2,565	58
1989	3,307	62

出所：McConnochie, K., & Tucker, A., *Aborigines and Higher Education: Implications of National Aboriginal Education Policy*, Kaurna Higher Education Journal, Vol.1, Sept., 1990, p.63.

ストラリア工科大学（South Australian Inst. of Tech. 現在、南オーストラリア大学に改組）が最初にアボリジニ高等教育プログラムの設置を決めて以来、各高等教育機関による支援プログラムの導入は活発化の一途をたどる。そして支援プログラムの導入・増設がアボリジニ学生の増加と無関係ではないこと[16]を表4-2は端的に示しているのである。

　ここでいえることは、アボリジニの高等教育参加を促進しようとする連邦政府の思惑とアボリジニの入学者の増加が見事に符合しているという点である。つまり、高等教育改革の開始直後の1988年には17歳から64歳に占めるアボリジニの参加比率が2％であったが、3年後には3.5％へと、飛躍的な進展が見られた。彼/女ら以外のオーストラリア人の同時期における参加比率が4.1％から4.8％の微増であることからしてもアボリジニ学生の増加率がいかに高いか測り知れよう。そしてこうした増加の背景には、連邦政府による奨励ばかりでなく、同時にいかに効果的な支援プログラムを計画し、実施していくかが個々の大学にとって重要な命題[17]でもあり、そのことは前述のような独自のプログラムの導入・展開はさることながら、個々の大学の自主的な改善努力に委ねられてきたことからみてあながち否定できない。したがって、連邦政府および大学側によって示された多様な支援モデルを見た限りいえることは、入学資格の弾力化などの入口論議にとどまることなく、いわゆる学位取得コースへの入学促進も含めてアボリジニの入学後の研究・学習に関する支援体制をどう充実させていくかといった議論への発展が見られることである。具体的には、「専門課程進学準備コース」による基礎学力向上のための方策やドロップアウト予防のための付加学習に見られる補習授業の導入、学習相談室としての側面をもつ支援室での対応がそれで、いわゆるこれらの結果の平等の視点に立った対応は特筆すべき点といえよう。

　それでは一体、アボリジニ学生の増加を誘発したと考えられる支援プログラムとはどのような特徴をもつものなのだろうか。以下では、高等教育における「均等化」促進のための具体的なアボリジニ支援の方策を提示している連邦政府の政策文書「万人のために公平な機会を」を手がかりにして、既述の代表的な支援プログラムの特徴を明らかにしていきたい。

　南オーストラリア大学が先鞭をつけて以来、全般的に多くの大学で導入

され、展開されてきたものとして「特別入学枠」のプログラムがあげられる。さきでも触れたように、中等教育未修了ということで高等教育機関へのアクセスが困難になっているアボリジニの数は多い。そこで、未修了ながら高等教育を享受したいという学習意欲をもったアボリジニの大学志願者に対し、彼/女らの潜在能力や可能性を多様な評価方法によって探ることにより合否を判定しようという[18]のである。これが①の特別入学の制度である。また、この制度は、支援形態のなかでも開発の歴史が古く、個々の機関において独自の発展を遂げてきている。それゆえに、このプログラムの選抜方法は多様性をきわめており[19]、その特徴を述べるのは容易なことではない。そこで、ここでは、特定の大学の事例を示すことにより、おおよその輪郭を浮き彫りにしたいと思う。

グリフィス大学（Griffith University）など、集中評価方式を採用しているクイーンズランド州南東地域の大学では、特別入学のためのプログラムが、毎年11月下旬に2週間以上の長期に渡って施行されている。そのうち、個々の志願者の受験に要する日程は、多くの場合、2、3日程度であると考えられる。試験は大きく分けて、筆記試験と面接試問とから構成されており、具体的には、数学や理解力を判定するための診断テストと小論文、それに合格見込み者に対しては個人面談による口頭試問が行われている。このうち小論文に関しては、講義と続くグループごとの1時間のチュートリアルの内容に基づき課題が提示され、志願者はその課題をもち帰り（take-home）、論文を作成し、そして面接の際にそれを提出するという方法が採られる[20]。一般にこのプログラムを採用している大学は、各大学とも合否の判定資料として、とくに面接に比重を置く傾向が見られ、これにあたっては非常に時間をかけ、慎重を期している様子がうかがえる。メルボルン大学の教官であるジョンソン（Johnson, F.）が、入試選考委員の立場から、アボリジニとの面接試験の際の心構えとして「志願者がリラックスして面接試験を受けられるように試験官は常に面接時の雰囲気を和らげるよう気を配ることが大切である」[21]とも述べている。また、試験官に課程および専攻学科のスタッフやアボリジニ支援室のスタッフに加えて、学生やアボリジニのコミュニティの代表[22]を配置しているのもそのためである。これは、多角的な観点からの選考をふまえてのことであると同時に、

アボリジニの志願者に対するきめ細かい配慮を意識した取り組みである。
　次の②の「専門課程進学準備コース」と呼ばれる大学入学準備のコースに見るアボリジニ支援も特徴的である。というのも、一般の大学入学資格の要件を満たさないアボリジニにとって、このコースは学位取得コースへのアクセスを可能にする重要な役割を担っているからである[23]。つまり、アボリジニの現在の教育資格と学位取得コースへの進学を保証する、いわば資格と資格の間を橋渡し（bridging）することを意図したプログラムであり、正規のコース入学に向けての学習能力の向上が図れるように計画されている。機関によってプログラムの形態は若干異なるが、現在実施されているもののうち、1984年に開設された「アボリジニのためのモナシュ・オリエンテーション計画」（Monash Orientation Scheme for Aborigines, 以下MOSAと略記）はその代表的なものであるといえよう[24]。その計画は、第10学年以降（義務教育後）の教育を受けてこなかったアボリジニや正規の大学入学資格を有していない成人アボリジニに対し[25]、大学におけるそれぞれの専攻学科に不可欠な学習やコミュニケーション能力などを習得させることなどを目的として、大学での教育の準備期間を提供するというものである[26]。そして、このオリエンテーションの課程を修了した段階で、各専攻が求める学力水準に到達していたならば、モナシュ大学の各専攻学科への入学が保証される[27]という仕組みである。しかしながら、法学・経営学・人文系学科・経済学などの各専攻分野への入学には、最低1年間の準備期間（one-year course）が必要とされており、さらに、医学や自然科学系・工学の専攻分野に及んでは2年間の準備期間（two-year course）の修了が義務づけられている。
　参考までに、この計画（MOSA）の実績を示しておくと、設置以来、7年間で93人が登録され、82人が首尾よく修了している。さらに、その内9人が人文系学科、1人が経済学部と、計10人がモナシュ大学を卒業しており、また23人が、モナシュ大学に進んでいる。一方、12人は他の高等教育機関に進学している[28]ことがその後のモナシュ大学の調査で明らかにされ、本プログラムにおける支援体制のさらなる強化の必要性が課題とされた。
　さて、「特別入学」や「専門課程進学準備コース」もさることながら、「ア

ボリジニ支援室」の開設およびその後の展開もアボリジニ学生の増加の大きな誘因の1つとなっているといえよう。支援室は、前述した特別入学や専門課程進学準備コースのような入学前の支援プログラムとは異なり、主に入学後、アボリジニ学生が無事に専攻課程を修了できるよう、アカデミックな支援から私的な相談にいたるまでのあらゆる援助を行っている[29]。具体的には、チュートリアルな指導を始めとして、科目選択・研究課題・研究方法などに関する助言から、宿泊施設の斡旋や託児所へのアクセスなど個人的な相談にいたるまで多様な援助[30]を行っているのである。また支援室は、アボリジニ学生にとって、学習の場であると同時に唯一リラックスできる空間となっているのである[31]。

　支援される側の顧客としてのアボリジニ学生は大学内における支援室および連絡室の存在をどう受け止めているだろうか。メルボルン大学の教育学部初等教育専攻のアボリジニの女子学生のカサンドラ（Cassandra, M.）は、メルボルン大学のアボリジニ学生支援室としてのクーリー学生連絡室（Koorie Student and Liaison Unit）の機能について、一利用者としての立場から次のように指摘する。「クーリー（Koorie, オーストラリア南東部の先住民族の呼称[32]、詳しくは序の文献（1）参照）の多くが大学構内で同様なフラストレーションや問題を抱え、挫折感を味わっており、支援室は、そうした悩みや問題について話し合える場になっている。と同時に、支援室の雰囲気は温かく、友達や家族（おそらく連絡室に併設された育児室の子どものことを指していると思われる）と一緒にいることで気分も楽になる。支援室は、クーリーの学生にとって支援や励みの拠り所になっている」[33]と。このような彼女の指摘は、支援室のアボリジニ学生に対する精神的な面での支援の大きさを示唆したものといえ、支援室は援助を求めてやってくるアボリジニの学生にとって構内で唯一のリラックスできる空間となっている[34]のである。

　これまで、一般的にアボリジニ支援にとって重要と考えられ、しかも比較的多くの機関が取り組んでいると思われる支援方策について、その態様を把握することに努めてきた。

　このように、連邦政府が1990年の「万人のために公平な機会を」という政策声明の名の下に提言されたアボリジニの支援戦略の中には、各機関

において検討が試みられているものやすでに実施に移されたものもあった。いずれにせよ、こうした方策は、さきに詳述したプログラムも含めて、共にアボリジニの支援において効果的な役割を果たすことが期待されている。

第2節　支援上の課題

　アボリジニの高等教育参加促進のための多様な支援措置が多くの大学で導入・展開されていることを見てきたが、その中でこれらの多くが結果の平等をめざす施策であるという重要性を指摘した。しかしながら、その中で、いくつかの問題も提起されてきていることも否めない。そこで、主な課題を取り上げ、整理して見ることとする。

　このような支援措置がない場合もしくは存在しても十分に機能していない場合に起こり得る問題は何であろうか。以下では19世紀半ばに創設された伝統校であるメルボルン大学の法学部の事例を取り上げ、とくにアウトプットの面、つまり入学後の研究・学習活動の障がいとなっている要因が何であるのか、探ってみることとする。

　一般的に法学部の場合、入学難易度が比較的高いことで定評があるが、それでもメルボルン大学の同学部におけるアボリジニの在籍率は1.25%でほぼ彼/女らの全豪人口に占める割合（1986年の国勢調査では1.5%）の学生が在籍していることになる。ところが、特別入学の措置を採用して以来1992年までの22年間に20人のアボリジニ学生が在籍したものの、卒業者はわずか2人であったという事実が判明しており、彼/女らの入学後の教育成果があがっていないことが指摘された。たとえば、1989年から1992年に14人の学生が入学しているが、成業見込みの6人を除いて1人は中途退学し、2人は入学時期を遅らせた。残る5人は科目の取消および不合格により留年した。また、1992年に科目登録したのは12人であったが、11月の試験で全科目に合格したのはそのうちたった4人で、2人が追試を受け年度内に合格したが、残る6人は再履修を余儀なくされた[35]と報告されている。また、大学院レベルでは、1990年の後半から1991年初めにかけて行われた調査によると、全豪で在籍するこの分野の大学院生250人のうち、アボリジニの大学院生は1人のみであったこと[36]も伝えられて

いる。彼/女らの追跡調査を行った法学部講師ハンター（Hunter, R.）たちのグループによると、アボリジニの学生が法学部の専門課程で学習達成度が低い理由として以下のことを挙げている。

　ハンターたちは、まず大学内に各州のアボリジニ学生を結ぶネットワーク組織が形成されていないことが彼/女らを文化的に孤立させる一要因になっていること、そして授業における孤立感や疎外感が少なからず研究・学習活動の促進の障がいになっており、彼/女らが欠席しがちな主な理由になっていることの問題性を指摘している。第二に、教授・学習方法に文化的な違いがあることや、コース内にアボリジニのための教材がないことでアボリジニの学生が学業面で強い不満を抱いていること、また、教員のアボリジニ学生に対する威圧的な態度が彼/女らの接近を阻んでいる[36]ことなどの問題点をあげているのである。これらに関しては、アボリジニの学生に対する教員側の認識不足ということも少なからず影響しているのではないだろうか。実際、法学部の教員がクラスにアボリジニの学生がいることに気づいていない場合が間々あるし、彼/女らが直面しているさまざまな困難に対する理解度も決して高いとはいえない。したがって、授業中に起こり得るアボリジニ学生に対する他の学生による人種差別的発言に対しても教員は対処方法を知らないというのが現状である[37]。事実、アボリジニの学生が白人の多いクラスで質問したとき、恥ずかしい思いをさせられたことがある[38]との証言も得られている。その結果として何週間も欠席しても、教員は干渉すべきではないという凛然とした態度[39]をとっている。こうした教員側のアボリジニ学生に対する意識の希薄さも一因となり、その結果、構内の非アボリジニ集団の中で強い孤独感を抱くようになり、そのために学習を断念していく[40]アボリジニも後を絶たないのである。

　同じように教員によるアボリジニ差別の問題は、同じビクトリア州のラ・トローブ大学でも起こっている。以下は、2011年現在、創設12年の「ヌガーンギ・バゴラ先住民族センター」（Ngarn-gi Bagora Indigenous Centre）のコーディネーターのインタビューのケリー（Kelly、仮名）による語り[41]である。同州内の他大学に比べ支援プログラムの規模が矮小化されているラ・トローブ大学では、上述のメルボルン大学の場合と同様、より差別の起こりやすい環境にあることがうかがえ、ラ・トローブ大学の取り組みは、同

州内のモナシュ大学の先行事例をモデルにどう条件整備を図っていくかが課題とされる。ヌガーンギ・バゴラ先住民族センターの先住民族スタッフの主任ケリーの語りから読み取れる課題とは何か。同センターの先住民族学生サービス（Indigenous Student Services）の取り組みを通して明らかにする。

なお、ここでいうヌガーンギ・バゴラとは、インタビュイーのケリーが名づけたこの地域のアボリジニの土着言語で「学び舎」という意味である。この名前が選択された背景には、アボリジニ・コミュニティと学生たちの結びつきをより強化しようという意図が込められている。

「アボリジニの学生の学びを妨げる要因は、教育者側の差別や無知によって引き起こされる内面的な差別の問題でしょう。それは、確実に学生にマイナスの影響を与えます。たとえば、多くの研究者やチューターは未だにアボリジニの人びとが奥地で生活していると考えており、彼/女らがシティやタウンなど都市部にも暮らしているという事実を知りません。そのため、研究者たちは自分たちの授業やクラス討議にアボリジニの人びとが在籍していることも知らずに、彼/女らにとってとても否定的で侮辱的な態度・言動を示します。たとえば、とくに健康問題に関する議論をしたり、アボリジニの拘留者や失業者の比率が高いデータや就学者の比率が低いデータを集めた統計を提示したりもします。『専門職に就くアボリジニはいない』などといった発言もされており、それに対して我々は先住民族で4年間看護師をしてきた学生や10年間医療に従事してきた学生がいることを述べて反論します。…〈中略〉…先住民族学生にとって先住民族に関する固定概念や誤解に異議を唱えるのは難しいことです。たとえ、講師やチューターの考えが間違っていたとしても、自分に課されたワークの採点をする人に異議を唱えることは、それがどのように見られるのか不安です。たとえば、国際開発の授業でタスマニアに暮らす先住民族はもういないと発言したチューターがいましたが、それは事実ではありませんでした。結局、非先住民族の生徒が自分はタスマニア出身であり、そこにはタスマニア・アボリジニセンターや園芸イベントがあり、そこに暮らすアボリジニの人を何人か知っていると発言するにいたりました。ここにある資料には30〜40年前の時代遅

れの物が混ざっており、遠隔地のアボリジニが空のビール缶を持ってうろついていたなどという軽蔑的な情報を含んでいる事もあります。それらの情報は事実である場合もあるかもしれませんが、決してすべてのアボリジニのイメージを代表するものではありません。このように、カリキュラムにおいて時代遅れの否定的な情報が使われているのです。なので、カリキュラムは私たちにとってもう1つの大きな問題であります」

　彼女の語りの文脈の中で明らかにされたのは、先住民族に対する固定観念による差別の露呈である。こうした状況をふまえて、先住民族学生サービスでは、アボリジニに対する誤った認識を払拭するために、先住民族と非先住民族との異文化間の相互理解を促進するための1つの方法としてロール・プレイによるアクティブ・ラーニングの提供という興味深い授業実践が展開されている。以下では、同じくケリーの語りを通して、そうした学習の効果について検証したい。

　「最近、性、ジェンダー、多様性（Sex, Gender, and Diversity Studies）に関する講義を行いました。今週のテーマは制度化された人種差別主義で、ゲストスピーカーには『ストーレン』（Stolen）という劇を書いた劇作家のハリソン（Harrison, J.）を招きました。それは『盗まれた世代』（stolen generations）に関する劇で、色白の肌をしたアボリジニの子どもたちが強制的に親から引き離されて（白人の家族）環境に馴染まされ、アボリジナリティ（アボリジニのアイデンティティー）を失って行く姿を描いたものです。その劇から抜粋した部分をハリソンと2人の学生に朗読してもらいました。2人の学生はセンターの学生として紹介されたこと、また2人がハリソンと協力することを誇りに思っていることをクラスの学生たちに述べたので、2人がアボリジニであることは明白でした。その前には、多様性に関する1時間の講義を行い、すべてのアボリジニが同じような容貌をしていないということ、もしかしたら私たちが知らないだけで教室内にもアボリジニの生徒がいるかもしれないということを話しました。『本当に？　一度も見たことないよ』、といわんばかりの生徒の表情が見られました。先ほど話した出来事が原因で、アボリジニにも

肌が白い者や黒い者もいるのです。いつも、(アボリジニであることとは)内在的なもので、自分が育った環境や自分についてどう感じるか、自分をどう認識するかであることに基づいているといっています。講義では最初から最後までこの話をして、そして10分間ハリソンと2人の学生が朗読を行うと、最前列に座っていた学生が『これは素晴らしいことで感動的だけど、この2人の学生がアボリジニだったらもっと説得力があった』といいました。すると、ヌガーンギ・先住民族センターの人びとや講義担当者、キャロル、そして何人かのチューターがその学生を見て一斉に『先住民族なんだよ！』といいました。するとその学生が続けて、『そうだけど、この2人は僕と同じような外見をしていて、アボリジニには見えないよね』といったのです…＜中略＞…彼は200人の生徒がいるレクチャーホールで2人の生徒がアボリジニではないと発言したのです。そのような発言をする権利は誰にもありません」

この件については、2人の学生のアボリジナリティや多様性の問題についての議論が再度なされ、最終的にはその学生が6ページに渡る謝罪文を書いて落ち着いた。しかし、オーストラリアの先住民族に関する連邦政府による公式な定義（序の文献（1）参照）にもあるように、「自らをアボリジニもしくはトレス海峡諸島系民族であると認めている人」[42]、つまり「先住民族が自己認識すれば自らは先住民族である」というメッセージは伝わらなかったのである。たとえば、オーストラリアでは日本民族と容貌が似た日本民族に出自をもつアボリジニの存在も看過できないことをふまえると、セン（Sen, A.）が指摘するように、帰属するアイデンティティーは複合的[43]といわざるを得ないが、ケリーは、環境による要因が大きいとする自己のアイデンティティーを引き合いに出し、異文化理解の難しさを以下のように語っている[44]。

「未だに、先住民族は砂漠やアウトバックに住んでいて英語を話さないという固定概念が完全には消えてはいないでしょう。私が『こんにちは』と話しかけると、人びとは私が先住民族ではないことを確認しようとします。それに、私は、『先住民族として育ち、自分を先住民族とし

て自己認識しているので、私は先住民族です』と答えます。そうはいっても、人びとは先住民族が皆同じような容貌ではないことを全く理解しようとしません」

「私はアボリジニよりも他の血を多く引いていますが、私は自分が育った環境から自らをアボリジニであると認識しています。白い肌をして、明らかにアボリジニ以外の血が強い人が自分たちのことをアボリジニと呼ぶことに疑問を覚える人もいます。しかし、問題は血統ではなくて育った環境にあるのです。遠隔地にいる浅黒い色の肌をもつアボリジニのイメージが未だに強いため、この誤解を解くのには多くの苦労をともないます。しかし、このような誤認を解消するための努力が沢山なされて来ました。私たちはチューターや講師にこのような話をして欲しいと依頼され、さまざまな講義に招かれます。幸運なことに、私は、近頃外交的なので教室を訪ねてこれらのことについて話をしたり説明をしたり試みたりしますが、いくら努力しても理解されない場合もあります」

ヌガーンギ・バゴラ先住民族センターの支援スタッフは、講師やチューターに先住民族の学生の存在を知らしめるなど、アボリジニに対する異文化理解の活動として授業や教職員研修などさまざまな機会を利用して、学内のさまざまな場所に出向いてアボリジニのアイデンティティーに関する理解を求めるのである。しかし、これらの方策にも限界があり、先住民族学生を受け入れるためのカリキュラムの整備やニューカッスル大学のように「自己決定」の視点に基づき支援スタッフ全員をアボリジニのバックグラウンドを有するアボリジニ・スタッフにする提案[45]やアボリジニの教職員の増加が課題として提起されよう。とくに、後者への期待として、アボリジニ学生が共感できるアボリジニ・スタッフの増加が喫緊の課題であろう。それには、アボリジニの専門職への理解が進まないことに加えて、アボリジニの専門職養成の問題がその背景にあるとされよう。

以上、見てきたように、アボリジニに対するステレオタイプ的な認識はラ・トローブ大学に限らず学問の府で罷り通っており、アボリジニに対する入学後の支援はさらに必要性を帯びた課題となってくるといえよう。とりわけ、支援室の機能や、そこで働くスタッフの役割は重要な意味をもつ

とさえいえる。支援プログラムを推進していくうえで、支援室の働きが重要な位置を占めることは、これまでにも述べたとおりである。その一方で、支援室運営の要となってくるスタッフの問題について考えてみると、彼/女らに対して十分な検討・対応がなされているとはいいがたい。たとえば、彼/女らの雇用という点から見ると、雇用条件の悪さが指摘できる。支援プログラムに関わるスタッフの多くが短期契約の下で雇用されているからである。スタッフの雇用契約期間を調べた1989年の統計によると、1年契約者が52.63％で、全雇用者の過半数を占めており、2年、3年、終身となると、それぞれの契約は、13.68％、13.68％、19.20％となる。それに加えて、支援プログラムに携わる70％を超えるスタッフが、彼/女らの同僚の研究職のスタッフと比較して、労働条件の劣悪さを訴えている。経験を積んだスタッフを確保できないといった問題に直面したり、この仕事に適した人材を引き付けられないのは、このような雇用の不安定さにも起因しているといえ、それは例年、スタッフの異動が30％にも及んでいる[46]ことからも明白であるといえよう。

　加えて、支援プログラム、とくに支援室に対する大学側の認識にも問題がある。たとえば、大学内の教官が支援室の専門的知見を無視して、スタッフ以外の者にアボリジニ研究の教授法について助言を求めるといったことがあったり、また、アボリジニ研究を講義する、もしくはアボリジニの学生に教授する側のスタッフの選考や採用が、大学側により支援室に相談なく勝手に行われたりするケースが見られる。さらに、支援室は予算の折衝や決定からも締め出されており、決められた自らの予算についてさえも、その管理を委ねられていない[47]というのが現状なのである。これらは、大学内において支援プログラムが真に認知、理解を得ていないことの表れであると見て取れよう。

　もう1つの大きな問題点として提起しておきたいことは、既述の連邦政府が高等教育機関に提示した支援（⑥、⑦）とは裏腹に、アボリジニの人びとが高等教育における意思決定の過程に関わっていないのではないか、ということである。大学内の意思決定は、概してアボリジニのコミュニティに正式な助言を求めないで行われている。裏を返せば、アボリジニの人びとは、意思決定もしくは勧告を行う立場にはなく、彼/女らの高等教育へ

のアクセスおよび高等教育におけるアボリジニ文化の参入に実際の影響をもつ意思決定の過程から除外されている[48]ということである。

また、「オーストラリアユダヤ人問題研究所」(Australian Institute of Jewish Affairs) が10大学の学生400人を対象に行った調査[49]では、「回答者の40％が自分たちの仲間の学生がレイシストである」と答えており比較的に進歩的でエリートといわれる大学生に依然として人種的偏見が根強い。全豪学生会の西オーストラリア地区幹事のイタリアーノは、この調査をふまえて、「高い教育を受けた人だからといって、レイシストでないという保証はどこにもないということをもっと認識すべきだ」との発言をしている。さらに、彼女は、「学生会はこうした人種的偏見に立ち向かう運動を展開したが、期待したほどの学生の支援が得られなかった」と指摘している。事実、支援策に対しても大学内で不満を持つ学生も少なくはない。平等主義を推し進めながらも、時折人種的偏見が見え隠れする。それは多文化社会を国是とするこの国の矛盾した一面でもあろう。そのような状況から、ラ・トローブ大学のようなところではアボリジニ学生に対する排斥感は予想以上に大きいと推測される。その実例として、ラ・トローブ大学のアボリジニ学生コーディネーターのアンドリュー (Andrew, J.) が、アボリジニ学生であった自らの過去も振り返って、「学習を始めたばかりのクーリーの学生たちが、構内の非アボリジニ集団の中で強い孤立感を抱き、そのために学習を断念していくことがこれまでに何度あったことか」[50]と指摘しており、入学後のアボリジニ学生への支援の必要性を力説しているのである。アボリジニ学生が学内で被る社会的孤立[51]の度合いは予想以上に高いといえよう。

以上、高等教育におけるアボリジニのための連邦政府による支援戦略を見てきたが、プログラムの実施にあたっては新たな問題が析出してきていることがわかる。これらは連邦政府や各高等教育機関にとって今後の検討すべき課題といえよう。

【文献】
（1） Commonwealth of Australia, *Joint Policy Statement: National Aboriginal and Torres Strait Islander Education Policy*, 1993, p.3.
（2） House of Representatives Select Committee on Aboriginal Education, *Aboriginal Education*, Australian Government Publishing Service（AGPS）, 1985, p.27.
（3） *National Aboriginal and Torres Strait Islander Education Policy*, Department of Employment, Education and Training, 1989, p.12.
（4） Hughes, P.（ed.）, *Report of the Aboriginal Education Policy Task Force*, Australian Government Publishing Service（AGPS）, 1988, p.35.
（5） *National Aboriginal and Torres Strait Islander Education Policy*, Joint Policy Statement, 文献（3）前掲、p.15.
（6） マーチン・トロウ, 天野郁夫・喜多村和之共訳,『高学歴社会の大学——エリートからマスへ』東京大学出版会, 1976, pp.194−195.
（7） Department of Employment, Education and Training and National Board of Employment, Education and Training, *A Fair Chance for All: National and Institutional Planning for Equity in Higher Education*, A discussion paper, Australian Government Publishing Service（AGPS）, Feb., 1990, pp.23-26.
（8） Commonwealth of Australia, op. cit., p.7.
（9） Department of Employment, Education and Training and National Board of Employment, Education and Training, op.cit., pp.23-26.
（10） Department of Employment, Education and Training, *Equity in Higher Education: A Summary Report*, Australian Government Publishing Service（AGPS）, 1993, pp.4-5.
（11） Higher Education Division, *Higher Education Strategies for Aboriginal and Torres Strait Islander Students 1992-95: A Summary Report*, Australian Government Publishing Service（AGPS）, 1993, p.16.
（12） Ibid., pp.16-17.
（13） Department of Employment, Education and Training, *Higher Education Series, Aboriginal and Torres Strait Islander Students*, Report No.3, Apr., 1990.
（14） McConnochie, K., & Tucker, A., "Aborigines and Higher Education: Implications of National Aboriginal Education Policy", *Kaurna Higher Education Journal*, Vol. 1, Sept., 1990, p.63.
（15） Department of Employment, Education and Training, op.cit.

(16) McConnochie, K., & Tucker, A., op. cit., p. 63.
(17) Abbott-Chapman, J., Designing and Monitoring Programs of Outreach to Disadvantaged Students, in Cobbin, D. & Barlow, A. (eds.), *Tertiary Access and Equity Intiatives: A Handbook for Evaluative Research*, Australian Government Publishing Service（AGPS）, 1993, p.17.
(18) Department of Employment, Education and Training and National Board of Employment, Education and Training, op. cit., p.23.
(19) Convernor, J., Aboriginal and Torres Strait Islander Higher Education Special Enty Programs Centralised Assessment and Selection: The South Eastern Queensland Experience, *Jumbunna News*, Issue 3, Vol.1, Uni. of Tech. Sydney, Jun., 1992, p. 36.
(20) Ibid., pp. 36-37.
(21) 筆者が客員リサーチ・フェローとしてメルボルン大学に滞在していたときに、アボリジニ教育の研究者であるジョンソン（Johnson, F.）に対して筆者が行った構造化インタビューで得られた回答（1993年5月24日、於：メルボルン大学教育学部）。
(22) Convenor, J., op. cit., p. 37.
(23) Department of Employment, Education and Training and National Board of Employment, Education and Training, op. cit., p.24.
(24) House of Representatives Select Committee on Aboriginal Education, op. cit., pp.147-152.
(25) Monash University, *The Monash Orientation Scheme for Aborigines*（*MOSA*）
(26) House of Representatives Select Committee on Aboriginal Education, op. cit., p. 52.
(27) *Education is Strength*, Monash Orientation Scheme for Aborigines, Monash University.
(28) Monash University, op. cit.
(29) Pattison, S., *Co-ordinating the Aboriginal Tertiary Support Unit*, Koorie Educational Trends in Northern Victoria, Educational Research: Discipline and Diversity, 1992, p.8.
(30) たとえば、クイーンズランド工科大学の場合。*Aboriginal and Torres Strait Islander Unit*, Queensland University of Technology, 1992, pp.11-12.
(31) Ibid., p.11.
(32) 一方、北東部では自らを表す言葉としてマリー（Murri）が使われている。
(33) 連絡室（支援室）の存在と利用について尋ねた筆者による構造化インタ

ビューに対するカサンドラ (Cassandra, M.) の回答 (1993年6月15日、於：メルボルン大学クーリー学生連絡室 (Koorie Student and Liaison Unit)。また、大学によって支援室の名称は一様ではない。

(34)　*Aboriginal and Torres Strait Islander Unit*, Queensland University of Technology, 1992, p.11.

(35)　Hunter, R., Murray, G. & Cannon, T. (eds.), *Aboriginal and Torres Strait Islander Students in the Melbourne University Law School: Maintaining Access; Ensuring Success*, Report arising from the National Conference on Establishing a Pre-Law Program for Aborigines and Torres Strait Islanders, Cairns, Feb., 15-19, 1993. pp.1-6.

(36)　Ibid., p.18.

(37)　Ibid., pp.7-8.

(38)　Queensland Uni. of Tech., *Gurruna-Mura*, Aboriginal & Torres Strait Islander Unit.

(39)　Hunter, R., Murray, G. & Cannon, T. (eds.), op. cit., p.14.

(40)　*The Australian*, 24, Nov., 1993.

(41)　ラ・トローブ大学ヌガーンギ・バゴラ先住民族センター (Ngarn-gi Bagora) のコーディネーターのインタビュイーのケリー (Kelly, 仮名) に対して行った半構造化インタビューで得た回答 (2011年、於ヌガーンギ・バゴラ先住民族センター)。

(42)　Commonwealth Department of Education, *Survey on Aboriginal Access to Tertiary Education*, 1981, p.ix.

(43)　Sen, A. (1999). *Reason Before Identity: The Romanes Lecture for 1998*, Oxford University Press. (細貝和志訳『アイデンティティに先行する理性』関西学院大学出版会、2003年、p.75.)。

(44)　ラ・トローブ大学ヌガーンギ・バゴラ先住民族センター (Ngarn-gi Bagora) のコーディネーターのインタビュイーのジェリー (Jelly, 仮名) に対して行った半構造化インタビューで得た回答 (2011年、於ヌガーンギ・バゴラ先住民族センター)。

(45)　ニューカッスル大学Wollotuka Instituteの管理コーディネーターのニュートンズ (Newtons, C.) に対して行った半構造化インタビューで、所長以下全員が先住民族のバックグランドをもつと判明した (2010年9月2日、於Wollotuka Institute)。

(46)　McConnochie, K., & Tucker, A., op. cit., pp. 64-65.

(47)　Ibid., p.65.

(48) Ibid., p.65.
(49) *The West Australian*, 3, Apr., 1993. また、回答者の 40％がこれ以上先住民族に土地所有権を返還することについて否定的な態度を示している（The Sunday Age, 4, Apr., 1993.）。
(50) *The Australian*, 24, Nov. , 1993.
(51) Department of Employment, Education and Training and National Board of Employment, Education and Training, op. cit. , p.25.

第5章

クイーンズランド工科大学におけるアボリジニ学生高等教育支援の展開と課題

第1節　クイーンズランド工科大学におけるアボリジニ学生の就学状況

　本章では、前章における支援上の課題をふまえて、設立当初からアボリジニの教員養成に積極的に取り組むクイーンズランド工科大学（Queensland University of Technology, 以下QUTと略記）を取り上げ、その歴史的展開過程を通して、アボリジニの高等教育支援の方法と可能性について考察する。具体的には、大学においてアボリジニ支援がどのような形で行われてきたかをオーストラリアで最も多くのアボリジニ学生を擁する大学の1つであるQUTにおけるアボリジニ高等教育支援の展開過程を通して検討を試みることとしたい。

　なお、筆者は1993年7月26日にQUTのアボリジニおよびトレス海峡諸島系民族支援室（Aboriginal and Torres Stait Islanders Unit, 以下アボリジニ支援室と略記）においてアボリジニ学生に対して支援室のスタッフの協力を得て訪問観察調査を実施した[1]。本調査にあたっては、オーストラリアの研究倫理上のルールを尊重し、1993年7月26日に支援室を訪れた17歳から23歳のフルタイムのアボリジニ学生に同調査の趣旨を説明し、協力が得られたアボリジニの学生（本地域の特性からトレス海峡諸島系民族が

多いと推察されるが、調査では木曜島（Thursday Island）出身の女子学生1人しか確認できなかった）男子6人、女子3人の計9人を対象に実施した訪問観察調査（自記式質問紙に構造化インタビューを交えての調査）である。収集したデータの数が限定的であり（母集団の数が少ない）、調査の妥当性を欠くという点も否めないが、その調査で得られた回答もふまえ、できる限りアボリジニ高等教育支援の実態に迫った検証を試みることにした。本調査により抽出した分析結果は、収集データ数に鑑み、むしろ十分ではないQUTの先住民族支援に関する文献資料の補足という程度の活用の範囲に留めた。

QUTはクイーンズランド州のカーセルダイン（Carseldine）、ガーデンズ・ポイント（Gardens Point）、ケドロン・パーク（Kedron Park）、ケルビン・グローブ（Kelrin Grove）それにサンシャイン・コースト（Sunshine Coast）にキャンパスをもち、およそ2万4000人の学生を擁するオーストラリアで最も規模の大きな大学の1つである。QUTは、地域や産業界の要請に応じた、より実践的な応用的志向性の強い研究や教育を行っている大学として有名だが、それは、QUTの前身が1964年創設のクイーンズランド工科カレッジ（Queensland Institute of Technology）であることからも理解できよう。それが、既述の1988年の「高等教育」白書の提言に見られるように、高等教育の一元化という教育改革の流れの中で、1989年に大学としての認知を受けたのである。さらにその翌年には、教員養成機関としての歴史を持つブリスベン高等教育カレッジ（Brisbane College of Advance Education）をその中に組み入れ[2]、名実ともに今日の総合大学へと変貌を遂げたのである。

そしてQUTは、とくに社会経済的被不利益者層出身の学生の登録を増やすことや工学などの非伝統的な分野への女性の参入を促進するなど、大学もしくは大学の特定の専攻学科への参入率の低いマイノリティ・グループに対して大学を開放する努力[3]を明確に行ってきた大学として注目できる。それは、アボリジニに対しても例外ではなく、単にアボリジニ学生の増加をめざすだけでなく、従来、このような学生のアクセスが比較的困難であった専攻学科にアボリジニ学生の参入を促進しよう[4]とする傾向が顕著に見られるのである。QUTは、1993年3月現在、学生総数2万4695

人で、このうち、アボリジニ学生は178人となっている[5]。この数字を同規模の学生数の大学、たとえば学生数約2万人で1984年より独自のアボリジニ学生センターを有し、アボリジニ学生60人（1990年登録者）を収容するNSW大学と比較してみると[6]、QUTのアボリジニ学生の占有比率がいかに高いかがうかがえよう。さらにQUTが設置する8学部におけるアボリジニ学生の学部別分布状況を見ると、表5-1のような結果となっている。アボリジニ学生の専攻が教育学に集中する傾向は、支援室のスタッフの協力の下で筆者の行った既述の調査によるアボリジニ意識調査の中の専攻学科を尋ねた質問の結果でも同様な傾向が見られた。母集団が少ないことに加えて回答者が少ないという問題をはらんでいることから分析結果の一般化は困難であるが、いずれにせよ当日センターを訪れたアボリジニ学生の中から協力が得られた回答者9人（フルタイムの学生）のうち5人が教育学を、3人が人文系学科を専攻しているという結果となっており、表5-1とほぼ同じ傾向にあることが確認された。さらに図5-1の全豪におけるアボリジニ学生の専攻学科別分布状況を比較してみると、QUTのアボリジニ学生は、一般的に他学部より入学が難しいとされている法学部においても健闘が目立つのである。

　ところで、1987年には、全豪でほぼ2000人のアボリジニ学生のうち、半数までもが教員養成のプログラムに参加している[7]。このようにアボリジニ学生の割合が教育学のコースで突出している背景には、いくつかの理由が考えられよう。まず、連邦レベルで見ると、1980年代初めの連邦政府の政策意図が、アボリジニの有資格教員の増加[8]にあったことがあげられよう。また、それ以前の1976年に、すでにクイーンズランド州では、高等教育カレッジと州の教育省が連携してアボリジニの教員資格（Diploma of Teaching）を取得する機会を拡充する計画に着手していた[9]のである。1970年代後半から80年代にかけて国・州・学校におけるこうした働きかけが、今日、アボリジニ学生の教育学コースへの際立った参入率となって表れているといっても過言ではないだろう。そして、何よりもこうした働きかけを促進したものは、1970年代初めの連邦政府の同化政策からの政策転換による影響が多大であったと考えられる。すなわち、新たに導入されたアボリジニに対する自己決定（self-determination）や自己管理（self-management）

の政策によって、アボリジニ文化の正統性やアボリジニ自身による管理や責任の重要性が認識されるようになったのである。その結果として、初等・中等学校においてアボリジニ教師によるバイリンガル教育の必要性が叫ばれるようになり、地域のアボリジニを教師や助手として雇用する[10]必要性が求められてきたといえよう。しかしながら、このバイリンガル教育は、未だ、アボリジニ教師の不足もあって十分な効果をあげておらず、とくに、都市部の学校においてはそうした形態での授業はなされていないのが現状である。そのことは、QUTのアボリジニ学生に尋ねた調査でも大学入学以前の学校教育の課程で、バイリンガル教育のプログラムがあったと回答している者が僅か1人であったことからも明白であろう。こうした中、アボリジニおよびトレス海峡諸島系民族の言語が失われていくという危機感も表れてきている。もちろん、それには流刑植民地から英領植民地への過程の中で打ち出された隔離政策やその後の同化政策など、一連の政策による強制的な文化変容の過程の中で彼/女らのもつ多くの言語が死滅することになった歴史が大きく影響していることはいうまでもない。本調査の中で「最初に学び、使用した言語は何であるか」という問いに対し、先住民族の言語と回答したものは2人（共にトレス海峡諸島系民族の言語）のみで、残り7人が英語（そのうち2人はピジン英語）と答えたのであった。また、「先住民族言語を誰に学んだか」については、両者は共に家族、親戚、コミュニティおよび隣人をあげた。彼/女らは調査当時もトレス海峡諸島系民族の言語を使用していたが、使用する場は、家庭もしくは先住民族の友人との間の会話に留まっており、両者は共に継続的にコミュニティ言語を学習する機会を欲していた。彼/女らは、「文化的アイデンティティーの象徴的証しでもある」[11]先住民族言語を維持・継承することを強く望んでいるのである。

続いて、「卒業後帰郷するか」という質問に対して、永久的にと答えた2人を含め、7人までが帰郷を望んでおり、なんらかの形でコミュニティに貢献したいと考えている者も7人に上ったのである。具体例として、教育学科の体育コースを専攻している学生が、運動能力のすぐれたアボリジニの子どもの能力開発の仕事に就きたいと希望している。これは、彼/女らのコミュニティとの結びつきの強さの表れと見て取れよう。一方、コミュ

表5-1　QUTにおけるアボリジニ学生の学部別入学分布状況

学部	新入生	在校生	全体
環境工学	4	7	11
経営学	11	15	26
人文系学科	11	16	27
教育	28	48	76
衛生	4	5	9
情報工学	0	2	2
法学	14	6	20
自然科学	5	2	7
合計	77	101	178

出所：Office of the Pro-Vice Chandellor (Academic), *Aboriginal Education Strategy*, Queensland Uni. of Tech., Aboriginal and Torres Strait Islander Unit, Jun., 1993, p.1.

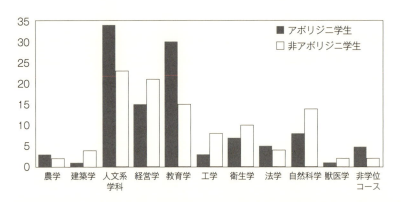

図5-1　全豪におけるアボリジニ学生と非アボリジニ学生の専攻学科別分布状況(%),1989年
出所：Dept. of Employment, Education and Training, *Higher Education Series, Aboriginal and Torres Strait Islander Students*, Report No.3, Apr., 1990.

ニティの側も教育を受けたアボリジニが帰還し、コミュニティの模範として、地域の指導者になることを期待している[12]のである。一般的にアボリジニの学生が他の学生と比べて教育や社会福祉、看護といった専攻を選択する傾向にあるのは、そうしたコミュニティの期待があることと、さら

にこれらに対して高い問題意識をもっていることなども含め、コミュニティの一員としての使命感に支えられての結果といっても過言ではないだろう。そのことは、卒業後の希望の職種を尋ねた質問に対する返答からもわかる。9人中7人までが教育関係もしくは衛生関係の仕事に就くことを望んでおり、そのうちの3人は高等教育を受けるメリットとしてコミュニティの人びとを援助したり、前述のようにアボリジニの子どもの運動能力を開発する仕事に就くことができるようになることと答えており、これら一連の質問に対する回答からは、彼/女らのコミュニティに対する意識の高さがうかがえよう。

第2節　クインーンズランド工科大学における先住民族支援のメカニズムと支援室の機能

　1980年代後半の高等教育の一元化という教育改革の流れを受けて、大学としての認知を受けたQUTのアボリジニ支援室は、社会的・文化的な面から私的な面にいたる多様な支援活動を展開している点で特徴的な機能を有しており、特筆すべき組織として高い評価を受けている。

　首尾よくQUTの各コースへの入学を果たしたアボリジニ学生が卒業（コース修了）までに克服しなければならない課題は、非アボリジニ学生に比べ、遥かに多いことが予想される。表5-2を見ると、アボリジニ学生と非アボリジニ学生のQUTにおける教育達成率の違いがよくわかる。1992年度のそれぞれの学生集団のコースへの全入学者の割合を100％とした場合、同年度の非アボリジニ学生の減少率が14.1％であるのに対して、アボリジニ学生の減少率は倍の29.0％にも及んでいる。また、コース修了者およびコース定着者の割合を比較して見てもアボリジニ学生の方が低いことを同表は示している。そして、とくにこのような現象が顕著に表れているのは、既述したようにQUTにおけるアボリジニ学生の入学が最も多い教育学部なのである[13]。

　全体的にアボリジニ学生の達成度が非アボリジニ学生に比べて低いという事実の背景には、それを困難にしている何らかの要因があるのではないだろうか。

表5-2 QUTにおける非アボリジニおよび非トレス海峡諸島系民族の学生と,アボリジニおよびトレス海峡諸島系民族の学生のコースにおける修了・定着・減少の比率（1992年度）

学生の背景	コース修了者(%)	コース定着者(%)（1993年度）	コース減少者(%)	全入学者（%）
非アボリジニおよび非トレス海峡諸島系民族	23.6	62.3	14.1	100.0
アボリジニおよびトレス海峡諸島系民族	17.0	54.0	29.0	100.0

出所：Office of the Pro-Vice Chandellor（Academic）, *Aboriginal Education Strategy*, Queensland Uni. of Tech., Aboriginal and Torres Strait Islander Unit, Jun., 1993, p.13.

　高等教育資格を求めるアボリジニがQUTに限らず大学に入学した場合、多くの困難が待ち受けている。彼/女らは、「白人」文化が優勢の中で単にマノイリティ・グループに属しているというだけでなく、大都市の不慣れな環境や大学校内の喧嘩といった問題にも立ち向かって行かねばならない。そのことについて、教育学部の4年次生（1993年現在）のワラース（Wallace, G.）が入学当初を振り返り、当時の様子を次のように語っている。「大学での生活を始めるために奥地（bush）から出てきたとき、ブリスベンという町の大きさとその公共交通システムにおおいに戸惑ったうえ、さらに言葉の違いに驚かされた。入学後の最初の2年間は、新しい環境の中、アボリジニ学生という少数グループの中に身を置き、とても辛かった」と。また、アボリジニに理解を示すスタッフの1人であり、児童学科の講師であるモップス（Mobbs, J.）は、「アボリジニの学生が『白人』の多いクラスで質問をするときに、非アボリジニ学生によって恥かしい思いをさせられることがある。アボリジニ学生が大学の中で組織をつくることは容易でない。それは、非アボリジニの学生がアボリジニの学生と関わりをもとうとしない傾向にあるからなのだ」という[14]。このように、アボリジニ学生に対する障壁として、学習上の問題に加えて、「非アボリジニ学生の中にあるレイシズムの問題」[15]が大きく立ちはだかり、これをいかに克服していくかが彼/女らにとって最重要課題となってくるのである。このような状況下にあって、アボリジニ支援室もしくはそこで働くスタッフの役割は大きいといえよう。

ところで、この支援室であるが、大学によってその名称については一様ではなく多少異なっている。たとえば、1993年現在の名称では、メルボルン大学の場合は、既述のように「クーリー学生連絡室」(Koorie Student Liaison Unit) であり、ラ・トローブ大学ノーザン・ビクトリア・カレッジでは「アボリジニ高等教育支援室」(Aboriginal Tertiary Support Unit) と呼ばれる。しかしながら、その支援のあり方や機能においては基本的にほとんど差がないというのが実情である。

　QUTのアボリジニ支援室は、社会的・文化的な面から私的な面にいたる多様な支援活動を展開しているとされるが、その機能を見ると、基本的には以下の3点に集約できよう。

①特別入学の規定によって入学できるようにアボリジニおよびトレス海峡諸島系民族の人びとを援助し、入学後も彼/女のすべてに対して、アカデミックな面から個人的な事柄に及ぶまで援助をするなど、先住民族学生支援機関としての役割を担っている。

②大学内の各々の専攻学科において教授・講義を行うと同時に、学内全体に先住民族学生に対する正しい認識を周知するための機関としての役割を担っている。

③アボリジニ研究およびトレス海峡諸島系民族研究等の研究活動を行うなど、その分野に関する研究機関としての役割を担っている。

　これらの支援室の機能のうち、とくに①の機能について詳述すると、具体的な援助としては、コース選択や科目登録および研究課題やセミナーに関する助言、研究方法やコンピュータの使用による論文作成など、チュートリアルな指導による研究・学習面での指導、学則理解のための助言・支援、またアボリジニ研究およびトレス海峡諸島系民族研究の関係資料を所蔵する機関へのアクセスなどアカデミックな援助が第一にあげられよう[16]。そして、さらには、こうしたアボリジニ学生との定期的な接触による援助以外にも、学部内の彼/女らの指導教官や事務職員との緊密な連絡を保つことも支援室のスタッフの重要な仕事となっている。したがって、特別な援助が必要となればスタッフは学部の教官の協力の下に、それがどのようなものかを見きわめ、検討していく[17]。一方、そうしたアカデミックな支援と並行して、私的な援助も行われている。具体的には、宿泊施設の斡

旋や学資相談をはじめ託児所へのアクセス、医療や歯科など治療機関の紹介のような問題にも援助の手を差し伸べる[18]など、アボリジニ学生相談室としての機能を担っているのである。その他、多様な範囲の個人的なケアやカウンセリングを行うことはもちろんのこと、大学の健康・相談サービス（Counselling and Health Service）やアボリジニのコミュニティの団体、そして政府機関への照会の労も厭わないのである。

②に関していえば、支援室のスタッフ（准教授1人、講師2人、准講師7人）は、学内の衛生、法律、教育の各学部および人文系の各学科でさまざまな科目領域の講義を担当している。さらに、スタッフはいくつかのコースの特別講師として招かれる場合があり、特定の問題に対して「アボリジナル観」を講義するなどの教育・啓蒙活動も行っている。これによって、非アボリジニの学生もまた支援室の存在およびその活動に対する認識を高めることになり、スタッフにより広い文化の捉え方を理解し、身につけるようになる。延いてはそれが異文化間の相互理解の促進にも資するというのである。

次に③について述べると、たとえば、表5-2で確かめられたようにアボリジニ学生の減少の比率が高い理由を解明するために、個人面談や学生へのアンケート調査などの方法を用いて、その結果の解析・研究を行い、原因の究明に当たることなどが、その代表例としてあげられる。現在も、1人の准教授（コーディネーター）と2人の講師（うち1人はコーディネーター補佐）、それに7人の準講師[19]からなる計10名の支援室の教官がアボリジニ学生の学習面での到達状況についてモニターを行ったり、記録を取るなど、調査・研究機関としての側面も併せもっているのである。

以上、QUTの支援室の機能およびそこで働く支援スタッフの役割を見てきたが、前章で述べた24校がこうした特徴を兼ね備えた支援室を設置しているとは限らない。なぜなら、このような10名からなる専門スタッフ陣に加えて3名の事務職員、システム化された機能を併せもつ支援室を附置し、多様な支援活動を展開しているのは、当時、QUTをおいて他に見当たらないというのが実情だからである。支援室といっても実際のところはメルボルン大学のように、4名のスタッフ[20]か、もしくはそれ以下のスタッフを構成員とする小規模な場合が大半を占めており、自ずからその支援活動にも限界が生じる。メルボルン大学では法学部をはじめ、各学

部とクーリー学生連絡室との連絡・調整が長年に渡って図られていない状態にあるが、これもスタッフ不足がその一因として指摘されており、両者間の適切な調整機構の確立や関係スタッフ間の連絡網の整備[21]が喫緊の課題とされている。

　QUTの支援室は高等教育改革直後の1991年に設立されて以来、「特別入学」制度の活用によって大学に入学するアボリジニ学生のための学生支援機関として、多様な支援活動を展開している。しかし、ここで最も重要なことは、支援室の援助を求めるアボリジニ学生がリラックスできるよう、その環境づくり[22]に3人の事務職員を含む計13名[23]のスタッフ全員、一丸となって取り組んでいるということである。

　他方で、支援される側の顧客としてのアボリジニ学生は学内における支援室の存在をどのように見ているのだろうか。本調査で、支援室の利点について問うたところ、注目すべき回答を得た。それらを列記してみると、「マリー（Murri）[24]のコミュニティと接触できる」、「家から離れて生活している学生を心地よい気分にさせてくれる」、「異なる文化間の差異を埋める働きがあり、大学生活に適応するための支援を行ってくれる」、「学生の気持ちを落ち着かせてくれる」、「公平な機会をマリーに与えてくれる」、「これらさまざまな支援によって、さらに多くのアボリジニを大学に引き付ける」などがあげられる。このように、回答者のうち2人が支援室の雰囲気の良さを指摘している。こうした環境づくりはスタッフの努力の成果といってよく、その結果として、大学すなわちQUTの魅力に引き付けられたアボリジニ学生は少なくないと推察されよう。というのも、大学およびコース志望の理由を尋ねた質問で、支援室およびスタッフの良さをその動機にあげた学生が9人中2人いたからである。支援室およびそこで働くスタッフの役割の重要性を再認識させる回答といってよいだろう。これらは、支援室における支援がアボリジニ学生の大学入学の動機づけになっていることの例証といえなくないだろうか。アボリジニの学生のさらなる期待に応えていくためには、QUTの支援室のような条件整備をいかに図っていくかが緊要な課題となってこよう。

第3節　クイーンズランド工科大学における訪問観察調査から見えてきた課題——アボリジニの社会移動とアイデンティティー・クライシス

　前節では、QUTにおけるアボリジニ学生の意識調査の検証も交えながら、アボリジニ学生支援がどのような形で行われているのか、QUTにおけるアボリジニ高等教育支援の枠組みと実態について検討を試みてきた。QUTにおいてアボリジニ学生の参加率が他大学と比べて相対的に高いとされる背景には、同大学の支援室における手厚い先住民族支援および13人という支援室のスタッフの充実度の高さ（1993年現在、同州内の伝統校であるクイーンズランド大学の場合は2人である）が起因すると考えられよう。そのことはアボリジニ学生を対象に行った意識調査からも裏打ちされる。とくに、彼/女らスタッフによる支援が、既述のようにアボリジニに対する教育面での援助ばかりではなく、大学生活全般に渡っての援助に及んでおり、さらに非アボリジニ学生や他の教官・スタッフ等に対してはアボリジニの文化観についての理解を求めていくという取り組みが重要な意味をもつということが明らかにされた。

　さて、このようなQUTにおけるアボリジニ学生支援であるが、学生の意識調査を見る限りにおいて新たな問題が派生してきていることも否めない。たとえば、1993年7月26日にQUTのアボリジニ支援室で行った調査の一部で、筆者はアボリジニ学生が高等教育を享受することの積極的価値について尋ねる質問を行っている。当該の質問に対し、既述したように、9人中3人はコミュニティの人びとを援助するなど、コミュニティへの貢献をあげていたが、その一方で「よりよい仕事に就くための機会を得る」というような内容の回答を4人がしていたことである。僅差ではあるが、高等教育の享受を上昇的移動の手段と考えるアボリジニの学生の数が上回る結果となったのである。入手したデータが少ないために一般化はできないが、少なくともQUTにおいてはこの調査結果を見る限りにおいてコミュニティ全体の発展に寄与するよりも個人の成功に重きを置くアボリジニが出現してきているのではないかという疑問が浮上してきた。このことは、

コミュニティとの結びつきが強い彼/女らの文化や言語をも否定することになりかねない危険をはらんでいるといえ、コミュニティに対するアボリジニの意識の変化の一端が読み取れるのである。多文化主義を国是とするこの国においても、アボリジニが上昇的移動をするための最も効率のよい方法は学歴を得ることである。それは、高等教育資格の取得が社会での成功のパスポートとなっているといっても過言ではないからである。以下では、職業・雇用と教育資格の関係性から、この問題について若干の検討を試みよう。

表5-3 は、高等教育改革直前の1986年の「オーストラリア標準職業分類法」によるアボリジニおよびトレス海峡諸島系民族と他のオーストラリア人における雇用分布の相違について示したものである。表5-3 は職業の威信で序列が構成されるように並べてある。表によると、アボリジニの管理的および専門的職業など威信の高い職業に占める比率は他のオーストラリア人とは対照的に低い。その一方で、彼/女らは肉体労働などのマニュアル的職業に多く分布する傾向にあり、他のオーストラリア人との格差は20ポイント以上にも達する。職業上の威信の低下にともなってアボリジニ

表5-3 オーストラリア標準職業分類法に基づくアボリジニおよびトレス海峡諸島系民族と他のオーストラリア人の雇用分布　雇用比率（％）

オーストラリア標準職業分類法に基づく職業	アボリジニおよびトレス海峡諸島系民族	他のオーストラリア人	差
経営・管理的職業	3.5	10.8	7.3
専門的職業	5.3	10.9	5.6
準専門的職業	6.3	5.9	-0.4
熟練工	14.5	24.6	10.1
事務的職業	16.6	15.7	-0.9
販売・サービス的職業	8.5	11.4	2.9
工場・機械作業員・運転手	10.9	7.5	-3.4
肉体労働的職業	34.2	13.1	-21.1
合計（％）	100.0	100.0	

（注）無回答および不適切な回答は除外した。
出所：Taylor, J., *Occupational Segregation : A Comparison Between Employed Aborigines, Torres Strait Islanders*, Discussion Papers No.33, 1992, p5.

の占有率が相対的に高くなっており、オーストラリア社会におけるアボリジニの社会経済的地位の低さがうかがえる。とくにアボリジニの場合、季節労働など、低賃金の肉体労働に就く傾向がきわめて高く、不安定な雇用状態におかれている。当然、こうした職業階層の差は所得格差に反映する。1986年の国勢調査統計を援用してアボリジニとトレス海峡諸島系民族、それにアボリジニ以外の15歳以上の男性の年間個人所得を比較してみると、非アボリジニの1万5112豪ドルに対し、トレス海峡諸島系民族が1万420豪ドル、アボリジニはそれより下の7253豪ドルであった[25]。アボリジニの所得は非アボリジニの半分にも満たず、彼/女らの所得水準には大きな隔たりがあることがわかる。また、アボリジニは他のどの民族と比較しても就職できる可能性が一段と低い。それは、15歳以上のアボリジニの労働人口における失業率が35.3％で、非アボリジニの９％と比べ極端に高いことからも容易に推察できよう[26]。もはや彼/女らが社会経済的にオーストラリア社会の最下層を形成しているという認識に対する疑いの余地はないのである。以上見てきて、オーストラリア社会は、職業上の威信や所得水準などの点において社会的に不平等な要因に基づく階層と民族性が重なり合っており、アボリジニという民族性が職業階層を規定する重要な要因になり得ることが示唆されたのである。

次に、アボリジニの就業率と教育資格との関連について考察することにしよう。この関係性は、公的機関の職員の募集要件に明確に表れている。たとえば、1993年7月28日付の「クーリー・メイル」紙（The Koorie Mail[27]）の求人欄に掲載されたNSW州の職員募集を見ると、それには学士もしくはディプロマの資格に加え、高い英語による識字力およびコミュニケーション能力の保持者であることが必要な条件とされている。

「アボリジニ教育政策特別委員会」（Aboriginal Education Policy Task Force）が調べた表5-4のアボリジニの就業率と教育資格との関連から、このことは一層明白となる。この表を見ると、雇用比率において高等教育資格を有するアボリジニと同等程度の資格を有する国民全体との差はほとんど見られないが、義務教育後の資格をもたないアボリジニは国民全体と比べ就業率が低いことがわかる[28]。これは、高等教育資格取得というハードルがアボリジニの就職を困難にしていることの証左といえよう。見方を

変えれば、高等教育資格の取得によってアボリジニの雇用の機会が保障されるということである。調査にあたった委員会もオーストラリアの労働市場でアボリジニが長期的に安定した職を手に入れるには教育資格が必要不可欠であるとの認識を示している[29]。優先政策を活用して職を得たにしても、職務を遂行するためには非アボリジニと同程度もしくは一定水準以上の技術や専門的な知識が必要とされる。そのためには高等教育機関での学位やディプロマ資格取得の必要性が自ずと示唆される。事実、当のアボリジニ自身の中にも専門的な資格を取得することが自分たちの社会経済的に不利な状態を改善する最良の方法であると考える者が少なからず存在するとされており[30]、近年のアボリジニの大学入学者激増などと考え合わせても彼/女らの進学アスピレーションが決して低くはないことの証左といえよう。

　当初、アボリジニの就学率の向上に容易に結びつかなかった背景の1つに、学校教育自体が歴史的社会的にマジョリティ集団へ同化する教育装置

表5-4　アボリジニの就業率と教育資格（1981年，1986年）15歳以上の就業者の割合（%）

資格のレベル		国民全体（1981年）	アボリジニ（1981年）	アボリジニ（1986年）
義務教育後の資格を有する	大学院	84.6	82.4	83.1
	学部	83.9	81.1	81.4
	ディプロマ	75.1	74.4	73.4
	職業資格	80.7	76.7	73.9
	その他の資格	71.7	58.7	60.6
	その他（a）	65.1	53.6	60.2
	小計	77.7	69.3	66.3
義務教育後の資格を有しない	無資格	54.0	34.5	28.8
	在学中	13.9	8.3	
	無回答	45.6	40.9	22.8
	小計	51.2	34.2	27.8
総計		57.6	35.7	31.3

（a）分類不可能か記述の不十分なもの
出所：Hughes, P. (eds.), *Report of the Aboriginal Education Policy Task Force*, Australian Government Publishing Service, 1988., p.15.

として機能してきたという側面があり、それによって自らのアイデンティティーを維持[31]できなくなるという恐れがあったと推察される。アボリジニの学校教育に対する不信感は非常に根強いものがあるのも事実であり、こうした背景には、植民地化や文化変容の手段として学校教育が利用されてきたという歴史的な経緯があるからである。なかでもアボリジニの高齢世代の学校での苦い経験が強く反映していると考えられ、彼/女ら高齢世代の多くは学校が自分たちの自尊心や文化を否定し、同化を強要する場に他ならないと認識しているのである[32]。それゆえに、こうした高等教育支援も含め、主流の英国系社会の学習活動への参加を必要以上に強調したりすることや、アボリジニの教育達成が他のオーストラリア人と同じ比率でなければならないと考えられているということで、「国家アボリジニ・トレス海峡諸島系民族支援教育政策」（National Aboriginal and Torres Strait Islander Education Policy）そのものが同化主義的だと批判する声も一部にあるのである[33]。

その点において、自らもアボリジニでジャジャ・ラング（Dja Dja Wrung）アボリジニ協会のスタッフであるブリッグス（Briggs, C.）の次の言説[34]は看過できない。

「アングロ・オーストラリア社会では、教育はミドルクラスが職業においてもつその地位を維持することを保障する過程と考えられている。また、一部の労働者階級の人びとにとって、教育は社会移動や専門的な職業に就くためのアカデミックな知識を獲得する機会を与えてくれる手段ともなっているが、クーリーにとっては、社会移動が教育を受けることの目的にはなり得ない。自らのコミュニティを離れることは、自己のアイデンティティーを失うことを意味するからである」

上記の言説によると、アボリジニが高等教育資格を得て個人的により高い階層に移動したとしても、そのことにより自らのコミュニティを離脱するということは、結果的にこれまで彼/女らの存在を支えてきたアボリジニとしての自己のアイデンティティーを否定・喪失することになりやしないか、というのである。

つまり、高等教育の享受によってアボリジニのミドルクラスへの上昇的移動の機会が広がる反面、その代償として伝統的な文化や価値・習慣といっ

た彼らのアイデンティティーの根幹に関わる部分が希薄化もしくは喪失するという懸念が表面化してきても決しておかしくはないのである。

　確かに、高等教育を通じて多くのアボリジニの法律家や医師、エンジニア、建築家、物理学者などを輩出していくことがアボリジニ教育政策の意図するところであろうが、その反面でマッコノキー(McConnochie, K.)やタッカー(Tucker, A.)のように、「彼/女らのアボリジニとしてのアイデンティティーを犠牲にしてまで専門家を生み出すことは、アボリジニの人びとの本意ではない」[35]という指摘が存在するのも事実であり、こうしたディレンマをいかに克服していくかが先住民族支援の教育の最重要課題といえよう。

　QUTの支援室のコーディネーター補佐として働いているバッドビィ(Budby, J.)も示唆しているように、貧困な状態や生活保護への依存的状況から脱出するためには、アボリジニのコミュニティの経済的自立が必要不可欠である[36]。したがって、アボリジニのための大学開放のあり方を考える場合は、そうした彼/女らのコミュニティ全体の向上もしくは先住民族としての自立という目標を念頭に置き、どのように組織化されるべきかを考え、より適切な方策を提起していくことが緊要な課題とされてこよう。

　このような課題の提起を受けて、次章では、アボリジニのコミュニティの問題状況を明らかにし、そうした問題の解消および是正を図るための措置を公教育システムの枠組みの中にどのように組み入れていけばよいか掘り下げて考究したい。

【文献】

（1）　本調査は、筆者がメルボルン大学の客員リサーチフェローとして訪豪中にQUTのアボリジニ支援室で行った訪問観察調査である。なお、筆者は同時期、VIC州の2つの大学、NSW州の1つの大学、クイーンズランド州の2つの大学の各支援室においても同様の調査の依頼を試みたが、唯一許可を得られたのがQUTであった。それゆえに、収集したデータの数が限定的であるという問題は否めないが、データの収集にあたって十分な人権上の配慮が必要であった点を付記しておきたい。1993年3月現在、QUTのアボリジニ学生の数は178人である。質問項目については、拙稿「オーストラリアにおける先住民族支援と大学開放——クイーンズランド工科大学の事例を中心として」『教育学論叢』第12号、国士舘大学教育学会、1994年、

pp.97-101. を参照されたい。
（2） Dwyer, M., & Lewis, S., *Univesities in Australia*, Financial Review Library, 1992, pp.196-201.
（3） Ashenden, D., & Milligan, S., *Good Universities Guide to Australian Universities*, Mandarin, 1993, p.212.
（4） Ibid., p.212.
（5） Office of the Pro-Vice Chancellor, *Aboriginal Education Strategy*, Queensland University of Technology, Aboriginal and Torres Strait Islander Unit, Jun., 1993, p. 1.
（6） *Aboriginal Education Program, Questions and Answers*, University of New South Wales.
（7） Hughes, P. (ed.), *Report of the Aboriginal Education Policy Task Force*, Australian Government Publishing Service (AGPS), 1988, p.34.
（8） Dept. of Employment, Education and Training, *Higher Education Series, Aboriginal and Torres Strait Islander Students*, Report No.3, Apr., 1990.
（9） House of Representatives Select Committee on Aboriginal Education, *Aboriginal Education*, Australian Government Publishing Service (AGPS), 1985, p.179.
（10） Ibid., pp. 27-28.
（11） 宮脇弘幸「オーストラリアの言語環境と言語政策」『文叢』第18号、成城学園高等学校、1985年、p.86.
（12） Pattison, S., *Co-ordinating the Aboriginal Tertiary Support Unit*, Koorie Educational Trends in Northern Victoria, Educational Research: Discipline and Diversity, 1992, p. 9.
（13） Office of the Pro-Vice Chancellor, op. cit., p.13.
（14） Queensland University of Technology, *Gurruna-Mura*, Aboriginal & Torres Strait Islander Unit.
（15） QUTのアボリジニ支援室を訪問観察調査で訪れた際に、筆者が支援室の准講師であるスペンサー（Spencer, C.）に対して行った構造化インタビューで得られた回答（1993年7月26日、於：クイーンズランド工科大学アボリジニ支援室）。
（16） *Aboriginal and Torres Strait Islander Unit*, Queensland University of Technology, 1992, pp. 3-12.
（17） Office of the Pro-Vice Chancellor, op. cit., p.13.
（18） Office of the Pro-Vice Chancellor, op. cit., pp.6-13.

(19) *Aboriginal and Torres Strait Islander Unit*, op. cit, pp. 3-12.
(20) Hunter, R., Murray, G. & Cannon, T. (eds.), *Aboriginal and Torres Strait Islander Students in the Melbourne University Law School: Maintaining Access; Ensuring Success*, Report arising from the National Conference on Establishing a Pre-Law Program for Aborigines and Torres Strait Islanders, Cairns, Feb., 15-19, 1993. p. 3.
(21) Ibid., pp.3-19.
(22) *Aboriginal and Torres Strait Islander Unit*, op. cit., p.11.
(23) Office of the Pro-Vice Chancellor, op. cit., p.6.
(24) シドニー工科大学のジャンバナ・アボリジニ教育センター（Jumbunna Aboriginal Education Centre)のスタッフの1人であるディクソン(Dixon, J.)へのインタビューによると、マリーは序の文献（1）でも触れているようにクイーンズランド州における先住民族の呼称であるが、クイーンズランド州に隣接するＮＳＷ州の北西部でも先住民族に対してこの呼称が使用されているということであった（1993年7月23日、於：シドニー工科大学ジャンバナ・アボリジニ教育センター）。
(25) Taylor, J. and Gaminiratne, K. H. W., *A Comparison of the Socioeconomic Characteristics of Aboriginal and Torres Strait Islander People,*: Discussion Paper No.35, Centre for Aboriginal Economic Policy Research (CAEPR), 1992, p.9.
(26) Young, E., *Aborigines, Land and Society*, Longman Cheshire, 1993, p.10.
(27) 先住民族が読者層のオーストラリアの代表的な新聞。
(28) Hughes, P. (ed.), op. cit., p.15.
(29) Ibid., p.14.
(30) Department of Employment, Education, Training and Youth Affairs (DEETYA), *Job and Course Info Guide*, Making the Future Work, 7th Edition, p.14.
(31) 柳下み咲「国際機関における先住民族問題への取組み」『外国の立法 第32巻2、3合併号』国立国会図書館調査立法考査局、1993年、p.10.
(32) National Board of Employment, Education and Training, *Meeting the Educational Needs of Aboriginal Adolescents*, Australian Government Publishing Service (AGPS), 1995, p.26.
(33) Yunupingu, M. (ed.), *National Review of Education for Aboriginal and Torres Strait Islander People*, A Discussion Paper, Australian Government Publishing Service (AGPS), 1994, p.6.

(34) Briggs, C., Dja Dja Wrung Aboriginal Association Incorporated, *Koorie Educational Trends in Northern Victoria, Educational Research: Discipline and Diversity*, 1992, p. 11.
(35) McConnochie, K., & Tucker, A., "Aboriginies and Higher Education: Implications of National Aboriginal Education Policy", *Kaurna Higher Education Journal*, Vol. 1, Sept., 1990, p.72.
(36) Queensland University of Technology, op. cit.

第3部
アボリジニの自己決定と大学開放

第6章

アボリジニのコミュニティの問題状況をめぐる論点

　オーストラリアは平等な社会で、英国のような階級問題は存在しないと指摘する識者は以外に多い。確かに1995年に世界銀行が発表した国民一人当たりの富裕度ナンバー・ワンがオーストラリアであったこと、そして生産性、教育・訓練や健康の水準などが、その指標にされた[1]ということからも、この国における階級・階層のイメージは薄い。しかし、前章で見てきたように、それはただ単に人種・民族問題の陰に隠れて見えにくくなっているだけで、階級・階層の概念が全く存在しないということにはならない。それというのも、オーストラリア社会が民族的に均質的ではなく、人種・民族的偏見や差別をめぐる問題が社会に根深く存在しているという事実があるからである。ブルーム（Broom, L.）やジョーンズ（Jones, F.L.）の説によれば、前章でも確認したように、オーストラリアは職業的威信や技術・教育、それに所得水準、その他の特徴において明らかに不平等の要因が見られる階層化された社会（a stratified society）であるとされる[2]。

　1996年9月10日のハンソン（Hanson, P.）下院議員の国会初演説は、そのことを如実に示しているといえよう。その発言の一部を抜粋してみると[3]、「先住民族のアボリジニおよびトレス海峡諸島系民族が他のオーストラリア人より多くの恩恵を受けている」としたうえで、「オーストラリア人の多くは多文化主義政策の廃止を切望している」と述べ、政府の

移民政策や先住民族政策に懐疑的な見解を示したのである。また、「オーストラリア・ユダヤ問題研究所」（Australian Institute of Jewish Affairs）が1992年後半に10大学、400人以上の学生を対象に行った調査によれば、回答者の3分の1の学生が、アボリジニに対しては、彼/女らが仕事もしないで生活保護を受けていることに対して批判的で、40％の学生が彼/女らに土地所有権をこれ以上返還すべきではないとした[4]。これはオーストラリアで予想以上にレイシズムが根強いことを印象づけた調査結果であるといえよう。

　こうした議員の言説や調査結果からいえることは、多文化主義を国是とするオーストラリアにおいて、人種・民族的に区別しようとする現象が顕在化してきているということであり、多民族社会化の容認がかえって社会の中に亀裂を生んでいるともいえよう。この点において「多文化主義の概念と同義語と考えられている文化多元主義の是認を強調することにより、オーストラリア社会の分裂を隠していた——厳密にいえば両概念は異なるが」[5]（傍点部分は筆者）とするジャクボーウィッツ（Jakubowicz, A.）の指摘はきわめて示唆的である。さらに彼は続けて、「これにより多くのエスニック・マイノリテイの階層上の位置は覆い隠され、その結果、これらの集団の社会移動（上昇的移動）はなくなり、そうした民族集団の発展も否定された」[6]（傍点部分は筆者）とも述べており、彼の考えはまさに正鵠を射ているといえよう。こうした彼の主張は、見方を変えると民族的な要因による階層構造の形成を示唆しているといえ、それは階層問題と民族問題が明らかに結合して重なっていることへの問題提起でもあるとも考えられる。

　こうしたジャクボーウィッツの主張をふまえて、本章ではオーストラリアで多民族社会化の進展にともなって、一体どのような社会的に不平等な序列構造が形成されてきているのか、先住民族のコミュニティをめぐる問題状況から検討するものである。とくに、先住民族であるアボリジニの多くがこうした階層構造のどこに位置づき、また、彼/女らのコミュニティの社会経済的地位の向上を促進するための教育的な働きかけが政策レベルでどのように検討され、実際にどう具体化しているのか、連邦政府による取り組みとその評価および問題点について考察することにしたい。

第1節　マッコノキーの「貧困の循環」説

第1項　マッコノキーの「貧困の循環」説と健康・教育問題

　アボリジニの大半がオーストラリア社会の底辺層を形成しているということは、彼/女らと貧困の相関度がきわめて高いことを意味している。マッコノキー（McConnochie, K.）はマイノリティ集団の多くが被っている社会的な不平等を構造的に説明する際によく引用される「貧困の循環」（cycle of poverty）の概念を巧みに援用して、アボリジニの貧困問題における因果関係の存在を循環原理の下で説明できると考えた。図6-1 は彼が提示した循環図である。この循環原理の特徴は、どのプロセスにおける問題もその前の段階の問題状況にその原因があるとしている点である。敷衍して述べれば、アボリジニの若者が満足のいく仕事についていなかったり、失業状態であったりするのは、彼/女らの教育達成水準に問題があるとし、そうした問題も突き詰めていけば実はアボリジニの家庭環境や健康状態に原因があり、ここに負の循環理論が成り立つという[7]。いうなれば、親の職業階層の低さ、劣悪な家庭環境や住環境、健康状態の悪さ、低い教育達成水準、雇用状態の悪さなどの諸現象が相互に因果関係を保ち悪循環を繰り返すというのがマッコノキーの循環説の理論的枠組みになっている。そこで、本節ではアボリジニの学校教育への不適応や早期の中途脱落という問題が彼/女らを取り巻く家庭・生活環境の劣悪さにどう関わっているのか、いくつかの調査結果を根拠にマッコノキーの提示した理論を検証することにしたい。このうちとくにアボリジニの誕生・幼少期の問題に焦点を当てて、その時期の健康問題が貧困のもう1つの要因である教育問題にどうリンクしているのか検討することとする。それというのも両方には原因と結果のきわめて強い相互関係が存在している可能性が高いからである。

　「全豪アボリジニ保健衛生計画」（National Aboriginal Health Strategy）は、1989年の研究部会で「アボリジニは国内のどの集団と比較しても最も健康状態の悪い下位集団である」と報告している。この理由として、平均寿命が他のオーストラリア人に比べ15歳から17歳も短く、50歳弱であるこ

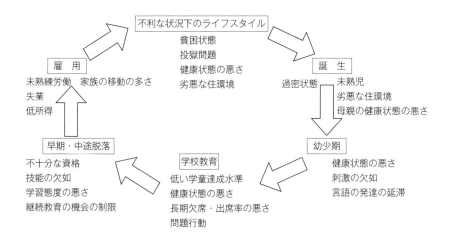

出所：McConnochie, K., Hollinsworth, D. and Pettman, J. (eds.), *Race and Racism in Australia*, Social Science Press, 1988, p.37.

図6-1　貧困の循環

と、また、死亡率が男性の場合、全豪男性の3.1倍で、35歳から40歳に限ると11倍にのぼること、さらには全豪平均の3倍という高い乳幼児死亡率などがあげられる。アボリジニの子どもたちの健康問題は彼/女らの教育に及ぼす影響を考えるとさらに深刻である。遠隔地域の子どもは栄養失調の発生率がきわめて高く[8]、ある地域では子どもの多くが身長・胸囲・頭廻りにおいて平均以下であったことが報告されている[9]。これについて、この分野の権威であるモナシュ大学医学部のウォールクィスト（Walqvist, M.）はこうした状態が長期的に及ぶと脳の成長や知的発達に影響しかねないと警鐘を鳴らしている。同時に彼は北西オーストラリアの遠隔地域において0歳から5歳までのアボリジニの子ども80人の成長を5年間に渡り追跡調査している。調査の結果、77％の子どもにトラコーマが見られ、21％の子どもには呼吸器系の疾患があった。さらに、19％の子どもが慢性中耳炎など、風土病といわれる目や耳、咽喉の病気を患っている確率の高いことが確認された[10]。なかでも、中耳炎は非アボリジニの子どもの10倍の発症率であった。これが原因で難聴などの聴力障がいを起こす可能性は非常に高いといわれる。

1975年にNSW州のバーク（Bourke）とエンゴニア（Enngonia）の両遠

隔地域の学齢児の聴覚障がいについて調査したカミェン（Kmaien, M.）によれば、両耳とも難聴のアボリジニ児童は17％、また片側のみ難聴であった児童は35％にも及んだのであった。これらはいずれも非アボリジニの難聴児童が両耳で4.0％、片側で1.0％という数値を大きく上回っているのである。1990年の「全豪中耳炎会議」（National Conference on Aboriginal Otitis Media）ではアボリジニの多い州や居住地区ほどこうした聴力障がいが高いことが報告されている。北部準州では全アボリジニ児童の25％から50％、同じくクイーンズランド州では30％から80％の罹患率となっており、西オーストラリア州のキンバリー（Kimberley）やNSW州のレッドファーン（Redfern）のゲットーではともに81％のアボリジニの子どもが聴覚障がいを起こしている可能性が高いと報告された。聴力障がいの問題は単に身体的障がいの一言では片づけられない。言語の発達やリスニング能力、思考力、コミュニケーション能力など、学習全般に影響を及ぼし得る可能性が高いからである。現に聴力障がいのあるアボリジニの子どもの出席率は悪く、十分に学業が達成できないうえに、問題行動に及んだりする傾向が強く見られる。そのことを裏づける根拠として、担任教師によるそうしたアボリジニの聴力障がい児の行動観察の記録がある。それによると、①内向的な性格である、②むら気な性格である、③質問に対して答えない、④出席率が悪い、⑤いじめの対象となりやすい、⑥話し方に問題がある、という[11]。このことは、アボリジニ児童にとって難聴が教育達成上の大きな障がいになり得る可能性があることを示唆しているといえ、アボリジニの健康問題と教育問題が相互に関係しあう状況にあることの例証であるといえよう。

第2項　マッコノキーの「貧困の循環」説とアボリジニの教育的達成状況

　第1項ではマッコノキーの示した「貧困の循環過程」のなかでとくにアボリジニの誕生・幼少期の問題に焦点を当てて考察してきた。そしてその結果、健康問題が貧困のもう1つの要因である教育問題とリンクしていることがわかった。具体的には、健康問題はアボリジニの子どもたちの学業達成に少なからず影響を及ぼし得る要因の1つで、なかでも聴力障がい

表6-1 中等学校の各学年におけるアボリジニと他のオーストラリア人の参加比率（標準コーホート表）

	第8学年 （1988年）	第9学年 （1989年）	第10学年 （1990年）	第11学年 （1991年）	第12学年 （1992年）
他のオーストラリア人	100.0%	100.0%	98.3%	85.8%	76.2%
アボリジニおよびトレス海峡諸島系民族（女子）	100.0%	97.1%	78.1%	46.2%	29.0%
アボリジニおよびトレス海峡諸島系民族（男子）	100.0%	82.7%	64.7%	38.2%	22.5%

（注）クイーンズランド州の学校は統計から除外した。
出所：Yunupingu, M.(ed.), *National Review of Education for Aboriginal and Torres Strait Islander Peoples*, Final Report, Australian Government Publishing Service, 1995, p.69.

の発症による教育への影響は大きいとされる。この点において両者は相互に関係しあう状況にあるといってよいだろう。

　表6-1は、中等学校各学年におけるアボリジニと他のオーストラリア人の参加比率を表したものである。この表を見ると第9学年以降の各学年においてアボリジニの定着（retention）率は男女とも他のオーストラリア人と比べ相対的に低いことがわかる。とくに学年の進行にともなってこうした格差は拡大傾向にあり、その差は大学入学資格取得にとって必要要件とされる第12学年への進級時に大きく開くのである。しかも、この段階におけるアボリジニ生徒の定着の多寡が、続く高等教育段階におけるアボリジニ学生の占有率に直接、反映するだけに重要な意味をもつといえよう。

　問題は就学率にとどまらない。南オーストラリア州が1993年に実施した調査では、初等学校児童全体の平均出席率が93.1%であるのに対し、アボリジニ児童のそれは85.5%であった。また中等学校の生徒を対象にした調査でも生徒全体の場合が89.4%であるのに対し、アボリジニ生徒の平均出席率は78.4%と10ポイント以上の開きがあることが判明した。このように学年の進行とともにアボリジニ児童・生徒に出席率の低下が見られ、就学率の場合と同様の傾向が見られた。こうした出席状況が芳しくない理由として、既述のように耳や呼吸器系の高罹患率ももちろんその背景にあると思われるが、数多い親族ゆえに頻繁に起こりうる葬儀等、儀式への参加による長期欠席も要因の1つとして考えられよう。アボリジニの子ども

が1週間以上学校を欠席することは珍しくないことであり、その結果として彼/女らが除籍処分に追い込まれるという事態も少なくない[12]。このようにアボリジニの子どもの出席状況についての問題は、彼らの健康状態や家族の異動など、アボリジニの児童・生徒を取り巻く家庭・生活環境の問題と深く関わっている。健康状態の改善はともかく、儀式等の問題はアボリジニの文化やアイデンティティーの根幹に関わる問題だけに取り組みにあたっては慎重な対応が求められよう。

　学業の達成状況についても、全学年でアボリジニの生徒は非アボリジニの生徒の水準に到達していないことが連邦政府発行の「アボリジニおよびトレス海峡諸島系民族に関する全国教育評論」(National Review of Education for Aboriginal and Torres Strait Islander Peoples) の討議文書および最終報告の中で明らかにされた。具体的には、識字力と基礎的計算能力 (numeracy) で低い達成水準であった非アボリジニの初等学校児童がおよそ16%であったのに対し、アボリジニ児童は45%にも達したのである[13]。さらにある地域の高校を調べたところ、第10学年の15人のアボリジニ生徒のうち6人が英語の識字力において、少なくとも5学年の遅れがある事実が判明した。また、州レベルでは、NSW州が1990年に第3学年と第6学年の初等学校全児童を対象に行った同様の調査報告によると、両学年とも識字力・基礎的計算能力ともアボリジニ児童の平均学力は州の平均値を大きく下回り、全児童の下位25%の平均以下の学力レベルにしか達していないことが明らかになった。こうした事実の背景には多々要因が考えられようが、やはり聴力障がい等の健康問題や家族の異動といった彼/女らのライフスタイルが英語等の学習を妨げる主な要因となっているであろうことは疑わざるを得ない[14]。そして、このように就学状況や出席状況、それに学業の達成といった教育条件に恵まれない結果、彼/女らは図6-1に見られるように続く雇用の面でも当然不利な状況におかれることになるのである。

　以上のように、本項ではマッコノキーが示した「貧困の循環」原理を統計的に補充するかたちで考察し、とくに健康・教育の各問題に焦点を当ててどのような相互関係が存在するのか、そこにはどのような不平等の要因が介在するのか、マッコノキー理論に基づいて検証を行った。そして、健

康状態の悪さが長期欠席や早期退学を誘発し、その結果としての教育の欠如が失業率を増加させ、生活環境がさらに悪化するにいたるという負のスパイラルのプロセスを再確認したのである。もちろん、こうした悪循環の流れを断ち切ることは容易ではないが、「次世代のために、ある段階で貧困のサイクルを遮断する必要がある」[15]とマッコノキーが指摘しているように、悪循環の要因解除のための条件整備をどのように行っていくかが緊要な検討課題といえよう。

第2節　アボリジニ・コミュニティの社会経済的地位の向上と雇用・教育

　本節ではとくに第1節の第1項および第2項における問題提起を受けて、抗貧困対策としてオーストラリアで進められてきたアボリジニに対する雇用・教育面における具体的な取り組みを示し、現時点におけるこうした取り組みに対する評価および問題点について可能な限り検討を試みる。
　雇用問題については1970年代後半にすでに連邦政府による取り組みが見られ、以後、多様な施策が展開されている。アボリジニについての雇用機会均等計画の実施を各省庁に求めた1984年の連邦レベルの「公共サービス改革法」（Public Service Reform Act）の施行や[16]、連邦政府によって1986年から導入された「アボリジニ雇用開発政策」（Aboriginal Employment Development Policy, 以下AEDPと略記）の結果、さまざまな分野の公的機関でアボリジニの雇用が創出され、アボリジニが働く職業のうち、43％が公共部門であり、その公共部門で働く約半数に当たる1万人のアボリジニが州および準州政府に雇用されるまでにいたった[17]。AEDPは、その目標が労働市場におけるアボリジニの社会経済的地位の向上を図る[18]ことにあるとした点で事実上、アファーマティブ・アクションと同じ次元の優先雇用政策といっても過言ではない。そのことは、この政策を受けて、個々の公的機関が雇用促進プログラムの開発に主体的に取り組み、アボリジニの「雇用枠」を独自に設定するなど、積極的に雇用策を導入・展開していることからもわかる。一例をあげると、オーストラリア郵便（Australia Post）では、1988年より「全豪先住民族募集・職能開発計

画」(National Aboriginal and Torres Strait Islander Recruitment and Career Development Strategy) を導入しており、中間管理職等への昇進の機会の拡大を始め、1％程度を目処に雇用枠を設定するなど、アボリジニに対して一定の優遇措置を設けている。各公的機関ともほぼ共通して全豪人口に占める先住民族比率に相当する1％から2％の雇用枠の達成を数値目標にしているが、さきにも述べたように、米国のクオータ制の事例に見られるような一定の比率を設けて強制的に均等な状態にするといった是正措置は採用していない。その分、現段階では期待するほどの効果は上がっていないという指摘も一部にはある。今後の成果には、雇用主の平等化意識に関わるところが大きいといえるが、こうした優先雇用の実施にあたって民間・公共部門のすべての機関が足並みを揃えているとはいい難く、教育・訓練の欠如による雇用・昇進の機会の制限という問題は依然として随所に見られる。

　前述の優先雇用政策のように、アボリジニの不利な状況を改善するための国家的取り組みは教育の分野においても見られる。たとえば、連邦・各州準州政府およびアボリジニ教育諮問団体 (Aboriginal Education Consultative Groups) の共同政策声明として1989年に発表された既述の「国家アボリジニ・トレス海峡諸島系民族支援教育政策」(*National Aboriginal and Torres Strait Islander Education Policy*, 以下AEPと略記) は、アボリジニの教育参加促進を先住民族教育に関する政策目標の重要な柱の1つに据え、あらゆる教育段階においてアボリジニとその他のオーストラリア人との間に均等化を図ることをめざしている。そしてその目標の達成のためには連邦政府による各種のプログラムの設置等、アボリジニ支援の必要性が指摘されている。なかでも特徴的なのは、「アボリジニ指導・援助計画」(Aboriginal Tutorial Assistance Scheme) および「アボリジニ生徒支援・父母啓発プログラム」(Aboriginal Student Support and Parent Awareness Program) の両プログラムと[19]、奨学資金としてのABSTUDY (Aboriginal Study Assistance Scheme) および高等教育におけるアボリジニ学生参加支援計画である[20]。このうち、前者は初等学校から大学にいたる全教育段階において有資格チューターによる学習困難なアボリジニの援助・指導や義務教育段階へのアボリジニ生徒の参加・出席の奨励など[21]、アボリジニの教

育達成や就学促進に関する内容を含むものとして位置づけられる。一方、後者は、主として義務教育後の技術・継続教育や大学教育における支援を射程に入れたものである。これら後者の支援がアボリジニの職業達成や社会経済的地位の向上に資する点は少なくはなく、それは高等教育機関が学校教育の頂点に位置し、社会階層上の地位達成に少なからず影響を及ぼし得ると考えるからである。その意味からもアボリジニと非アボリジニとの社会経済的格差是正のための１つの方途として、高等教育政策に寄せる期待は大きいといえよう。その点において先述した「公正の達成」を１つの柱として進められた大学改革のもつ意義は大きい。とくに、1987年の「高等教育」緑書（政策討議文書）ではアボリジニを高等教育へのアクセスにおいて不利益を被っている集団として認定し、彼/女らの受け入れからその後の支援のあり方について各大学が検討すべき課題をいくつか提起したのであった[22]。この提案は翌年発表された「高等教育」白書に引き継がれ、政策的提言として具体化したのであった。繰り返しになるが、1990年の報告書「万人に公平な機会を」（*A Fair Chance for All*）は、こうした両報告書の提言を受けて高等教育における「公正の達成」という国家目標の下、各大学がその目標達成のために取り組むべき課題として入学選考時の段階から在学中にいたる具体的な支援について例示したのであった。一方、大学側はこれを下敷きに学内の事情と照らし合わせて、アボリジニ学生を受け入れるための支援計画の策定に取り組むことになった。

　連邦政府が示した具体的な公正目標をあげると以下の３点に集約できよう。

①アボリジニの学士課程の在籍者を1992年までに現状の50％増、1995年にはさらに60％増にすること。

②アボリジニの卒業者の比率を1995年までに卒業者全体の比率と等しくなるまで引き上げること。

③とくにアボリジニ学生の在籍率の低い法律、商学・経営、医学・保健衛生といった特定の学科を中心に全学科におけるアボリジニ学生の在籍者数を1995年までに増加させること。

　ところで、ここでいう公正目標とは、「公正それ自体が各集団間における均等な結果の平等を意味する」[23]という政府の認識によって示されて

いるように、オーストラリア社会を構成するすべての集団が均等に高等教育への参加の機会や結果の平等を保障されるという意味であり、それは社会全体に占める各民族集団の比率に基づいて学生集団の比率を均衡な状態にすることで達成されるとしている[24]。そしてとくに、先住民族という属性に起因する不均衡の是正を積極的に図るとした点などはアファーマティブ・アクションの考え方[25]に一脈相通じるものがあると推察される。ただ、具体的な支援策の開発・実施にあたって、各大学のオートノミーを尊重している点で同様の措置を採っている米国のそれとは基本的に異なる。このことは、1994年現在アボリジニ学生の各大学における受け入れ状況が0.1％のラ・トローブ大学から同じく4.6％のジェイムズ・クック大学（James Cook University）まで一様ではないことからも推察されよう[26]。

　高等教育審議会（Higher Education Council）の報告によると、アボリジニ学生の学業の達成においてほとんど変化が見られないなど課題は多く残されており、こうした取り組みに対する現段階における評価は難しい。ただ、アボリジニの学士課程における在籍者が1995年の目標値の60％には及ばないながらも53％増加していることや、建築・商学・工学・理学以外の学科においてアボリジニの参加が促進されたことなどを考え合わせると[27]、こうした取り組みによる成果が徐々に現れてきていると見るべきであろう。

　しかしながら、先住民族に自らの力による自決を促すための最も有効な方法は、彼/女らに専門職養成の機会を拡大していくことに他ならない。たとえば、「アボリジニ教育政策特別委員会」（Aboriginal Education Policy Task Force）は先住民族への高等教育の必要性について次のように述べている[28]。

　「教育段階のなかでも高等教育はアボリジニのコミュニティの発展にとって重要な役割を担う。彼/女らは今、自己決定（self-determination）および自己管理（self-management）という政策下において、経済・社会情勢の変化や彼/女らのコミュニティの生活および文化的伝統への重圧に対処しなければならない重大な局面を迎えている。こうした難問に立ち向かうためには、高等教育機関の専門的な学科の全分野にアボリジニの在籍者を増加させる必要がある。教育はもとより、保健・法律・社会福祉や経営・建築・地方自治などコミュニティの経済成長に関わる領域において彼/女

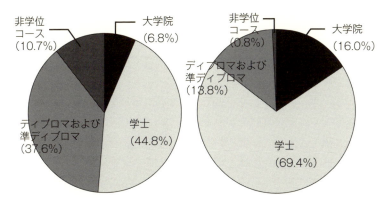

図6-2 高等教育の課程におけるアボリジニ学生（左）と非アボリジニ学生（右）の分布状況(%)1989年

出所：Dept. of Employment, Education and Training, *Higher Education Series, Abonrginal and Torres Strait Islander Students*, Report No.3, Apr., 1990.

らに専門的な教育の必要性が求められるからである」

アボリジニの高等教育への参加率を単に全体的に高めることも連邦政府としての重要な達成目標の1つに変わりないが、それと並行して、学士課程や大学院課程への彼/女らの参加を促進することや法律・医学・保健などの特定の専攻学科において彼/女らの参入を高めること[29]が、より重要な課題となってくるというのである。というのも、次のような問題状況が確認できるからである。

まず第一に、図6-2の中でアボリジニ学生とその他の学生の在籍する課程においてその分布に相違が見られることに注目したい。アボリジニ学生は他の学生と比べて、とくにディプロマや準ディプロマの課程において参加の比率が高いことがわかろう。他方、学士や大学院の課程ではその比率はかなり低くなっているのである。

第二に、図5-1（p.116）の専攻学科別分布状況を見ると、アボリジニ学生のほぼ3分の2が人文系学科や教育学という2つの専攻分野に集中しているのがわかり、その他の専攻分野との違いは歴然としている。それには、1980年代初めのアボリジニの有資格教員を増加させようという連邦政府の政策意図が密接に関わっていたこと[30]にも起因しているのであろう。

先住民族が国際化、高度情報化の現代社会において、先住民族として自

第6章　アボリジニのコミュニティの問題状況をめぐる論点

立し、自らの文化的アイデンティティーを維持・継承・発展させていくためには、自己決定や自己管理の能力を培うことがきわめて重要なのであり、そのためには何にもまして専門的な知識を獲得することが求められてくるといってもよいであろう。

　しかしながら、アボリジニが専門的な知識を獲得するに際しては、アボリジニ側の視点に立った対応が十分になされているとはいえない現状がある。というのも、一言でアボリジニといってもその生活形態は多様で、支援の対象として一元的には捉えられない側面があるからである。僻遠の伝統志向型コミュニティ（traditionally oriented communities）など、都市部から地理的分離の度合いが高い地域で生活するアボリジニはそれだけですでに大きなハンディを背負っているといえる。

　図6-3 はアボリジニの生活形態と地理的社会的分離の状況について示したものである。縦軸に「伝統的志向性」を配置し、横軸には「オーストラリア主流社会への社会的・地理的・経済的同化統合の度合い」を配置している。

　図6-3 を参考にしてアボリジニの生活形態を大別すれば、以下の4類型に特徴づけられよう。

○第1類型　伝統志向型コミュニティ：ある程度、オーストラリア主流社会との経済的な関係は維持しているが、地理的・社会的分離の度合いが大きい。Millingimbi, Murray Island など。

○第2類型　農村型コミュニティ（rural communities）：オーストラリア主流社会との地理的・社会的分離の度合いはかなり高いが、保護区での生活は第1類型のような伝統志向ではない。Lake Tyers など。

○第3類型　都市型コミュニティ（urban communities）：地理的にも経済的にも非先住民族社会に統合されているが、コミュニティ内の組織は社会的の分離の度合いが高い。Redfern, Glebe など。

○第4類型　都市分散型（urban dispersed）：社会的・経済的・地理的に非先住民族のオーストラリア社会に統合されている[31]。

　こうした類型のうち、第3類型と第4類型にアボリジニの多くが位置づくことはいうまでもないが、同時に彼/女らと都市のコミュニティや都市に散在化して生活し[32]、地理的にも経済的にも完全に非先住民族社会に

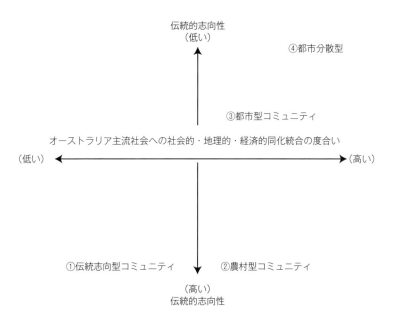

出所: Schools Council, *National Board of Employment, Education and Training, Aboriginal and Torres Strait Islander Education in the Early Years*, Project Paper No.4, Australian Government Publishing Service (AGPS), 1992, p.44. の図に基づいて修正・加筆したものである。

図6-3 アボリジニの社会的・地理的分布

表6-2 16歳から24歳のアボリジニおよびトレス海峡諸島系民族の地域別就学率（1986年および1991年）

		主要都市	その他の都市	農村地域	その他の地方の伝統的居住地
1986年	（数）	2,276	3,100	638	864
	（％）	19.3	16.9	10.4	11.8
1991年	（数）	4,066	4,271	708	1,325
	（％）	28.5	22.0	10.9	15.3

出所: Yunupingu, M. (ed.), *National Review of Education for Aboriginal and Torres Strait Islander Peoples*, A Discussion Paper, Australian Government Publishing Service, 1994, p.40.

第6章 アボリジニのコミュニティの問題状況をめぐる論点

取り込まれているディアスポラなアボリジニとでは当然、高等教育の機会の享受において自ずと不均衡が生じてこよう[33]。こうしたことから積極的に制度的な支援を享受し、専門的教育を受け、学位や資格を保持することとなるアボリジニがいる反面、制度の恩恵に与かることのないアボリジニも存在してしまうのである。このことは、表6-2の16歳から24歳のアボリジニおよびトレス海峡諸島系民族の地域別就学率の違いを見ても歴然としている。現段階において彼/女らに対する高等教育支援が都市のアボリジニの地位向上に寄与する可能性はあるものの、アボリジニ全体の生活水準の向上にどれだけ有益であるかの判断は非常に困難であるといわねばならず、むしろこうした支援策によってアボリジニ内部において貧富の「二極化」が一層進むのではないかという危惧さえも抱かせる。

 もちろん、数学等のスキルをはじめ問題解決スキルなど高いポテンシャルをもった学生をNSW州以外の地域も含めて広い地域から発掘しようとするNSW大学のような取り組みも存在する。アボリジニ支援室としての「ヌラ・ギリ学生センター」(Nura Gili Student Centre)は、2002年から毎年7月に西オーストラリア州や北部準州の遠隔地域の学生をも対象としたウインタースクールを開催し、飛行機代などの旅費と宿泊代に加えてユニフォーム代やディナー・観光などのホスピタリティも含めて全費用を負担するリクルート活動を行っている[34]。

 こうした取り組みを見てもアボリジニに対する高等教育支援が、多元的に取り組まれる必要性が強く求められてくるのである。一方で、仮に多くのアボリジニが高等教育へのアクセスの機会を享受できたとしても、これによってアボリジニが自己決定や自己管理の能力を先住民族としてのアイデンティティーを失うことなく培っていけるかどうかはわからないという課題も析出してこよう。単に英国系主流社会への同化を一層促進することになりはしないかという懸念である。こうした問題への対処の1つの方途として、個々の高等教育機関における意思決定の過程へアボリジニの参画をより一層促進していくことが肝要であり、それをどう具体化していくかが今後の最重要課題といえよう。

【文献】

（1） 『読売新聞』1995年9月18日（朝刊）
（2） Western, J., *Social Inequality in Australia Society*, Macmilian Australia, 1983, p.32.
（3） 1996年9月10日付の下院の国会議事録からハンソン発言の一部を抜粋した。
（4） *The West Australian* 3, Apr., 1993.
（5） Foster, L., *Australian Education: A Sociological Perspective*, Prentice-Hall, 1987, p.93.
（6） Ibid, p.93.
（7） McConnochie, K., Hollinsworth, D. and Pettman, J. (eds.), *Race and Racism in Australia*, Social Science Press, 1988, p.37.
（8） Thomson, N., *The Research Implications of Current Aboriginal Health Status*, Australian Institute of Health, 1992.
（9） Stevens, F., *Black Australia*, Alternative Publishing Co-operative Ltd, 1984, p. 208.
（10） *The Sydney Morning Herald*, 18, Jan., 1988. なお、1996年8月5日に筆者が訪問した西オーストラリア州の遠隔地域の East Kalgoorlie 初等学校は全校児童120人のうち7人を除きすべてがアボリジニで、彼/女らの目や耳の機能回復のためのトレーニングが施されていた。
（11） Thorne, N. and Kamilaroi (eds.), *Otitis Media and Aboriginal Children: A Handbook for Teachers and Communities*, Board of Studies NSW, North Sydney, 1994, pp. 2-15.
（12） National Board of Employment, Education and Traingin, *Meeting the Educational Needs of Aboriginal Adolescents*, Australian Government Publishing Service (AGPS), 1995, pp.3-4.
（13） Yunupingu, M. (ed.), *National Review of Education for Aboriginal and Torres Strait Islander Peoples*, Final Report, Australian Government Publishing Service (AGPS), 1995, pp.89-90.
（14） National Board of Employment, Education and Traingin, op.cit., pp.8-59.
（15） McConnochie, K., Hollinsworth, D. and Pettman, J. (eds.), op.cit., p. 38.
（16） Commonwealth of Australia, *Report of the Committee of Review of Aboriginal Employment and Training Programs*, Australian Government Publishing Service (AGPS), 1985, p.297.
（17） Bourk, C. and Bourke, E. (eds.), "the Status of Aboriginal Australians

1992", *Kaura Higher Education Journal*, Issue 3, 1992, p.21.
(18) Taylor, J., *Aboriginal Socioeconomic Change in the Northern Territory, 1986-91*, Discussion Paper No.40, Centre for Aboriginal Economic Policy Research (CAEPR), 1993, pp.1-15.
(19) Department of Employment, Education and Training, *A Guide for Aboriginal Student Support and Parent Awareness (ASSPA) Program Committees*, 1996, p.6.
(20) Commonwealth of Australia, *AEP Implementation Precedures*, Second Triennium 1993-1995, 1993, p.9.
(21) Department of Employment, Education and Training, *Student Information Book*, Information for Aboriginal and Torres Strait Islanders on ABSTUDY, ATAS, VEGAS, ASSPA, 1994, pp.28-32.
(22) Dawkins, J., *Higher Education: A Policy Discussion Paper*, Australian Government Publishing Service (AGPS), 1987, pp.21-23.
(23) National Advisory and Co-ordinating Committee on Multicultural Education, *Education in and for a Multicultural Society: Issues and Strategies for Policy Making*, Drerek Kelly and Sons, 1987, p.25.
(24) Department of Employment, Education and Training and National Board of Employment, Education and Training, *A Fair Chance for All*, Australian Government Publishing Service (AGPS), 1990, pp.3-21.
(25) この点に関し、米国でみられる逆差別の意識を学生たちが抱いているか、アボリジニ学生の在籍者の多い大学の1つであるクイーンズランド工科大学の1人のアジア系女子学生に尋ねたところ、彼女の回答は「このような特例措置がなければそれまでの教育が我々とは異なるので、アボリジニは大学には来られない」というのであった（1993年7月26日、於：クイーンズランド工科大学）。
(26) Higher Education Divison, "Diversity in Australian Higher Education Institutions, 1994", *Higher Education Series*, Report No.26, Department of Employment, Education and Training (DEET), 1996.
(27) Higher Education Council, *Equality, Diversity and Excellence*, National Board of Employment, Education and Training (NBEET), Australian Government Publishing Service (AGPS), 1996, pp.24-27.
(28) Hughes, P. (ed.), *Report of the Aboriginal Education Policy Task Force*, Australian Government Publishing Service (AGPS), pp.34-36.
(29) Department of Employment, Education and Training and National

Board of Employment, Education and Training, *A Fair Chance for All, National and Institutional Planning for Equity in Higher Education*, A Discussion Paper, Australian Government Publishing Service (AGPS), Feb., 1990, p.20.

(30) Department of Employment, Education and Training, *Higher Education Series, Aboriginal and Torres Strait Islander Students*, Report No.3, Apr., 1990.

(31) House of Representatives Select Committee on Aboriginal Education, *Aboriginal Education*, Australian Government Publishing Service (AGPS), 1995, pp.29-30.

(32) Schools Counicil, *National Board of Employment, Education and Training, Aboriginal and Torres Strait Islander Education in the Early Years*, Project Paper No.4, Australian Government Publishing Service (AGPS), 1992, p.44.

(33) House of Representatives Select Committee on Aboriginal Education, op. cit., pp.29-30.

(34) アカデミック・サポート・コーディネーターのロジャー（Roger, B. 仮名）に行った半構造化インタビューから（於：NSW大学「ヌラ・ギリ学生センター」（Nura Gili Student Centre）、2010年9月2日）。

第7章

アボリジニのコミュニティをめぐる諸課題と自己決定

　前章でも述べたようにアボリジニは健康・衛生上の問題など諸問題を抱えており、彼/女らの社会経済的地位に関する問題は、少なからずそうした問題に起因していると見るのが当を得ていよう。たとえば、アボリジニの平均年間所得は1991年の統計では1万1800豪ドルであるが、それは非アボリジニの平均年間所得である1万8013豪ドルの65%にすぎない。また両者の違いを同年齢層に占める失業率で比較してみると、15～24歳の非アボリジニ男性の場合は14.5%であるが、アボリジニ男性は25%であり、アボリジニ男性の失業率が高いことがわかる[1]。このように、アボリジニが労働市場の最下層を形成していることはいうまでもなく、こうした貧しい状態やそれによる生活保護への依存的状況から脱却するためには、アボリジニのコミュニティの経済的自立が必要不可欠である[2]ことはアボリジニ自身が認めるところである。問題はこれにとどまらず、アルコールや麻薬中毒など、前章でも触れたように保健医療をめぐる健康問題に加え、彼/女らの生活様式を考慮した住宅整備の問題[3]や、土地所有権問題に代表される法律をめぐる問題等がいわば目白押し状態で控えており、課題が山積している。たとえば、1992年、連邦最高裁が先住民族の土地所有権を認める画期的な判決を下したことは有名である。これがいわゆる「マボ判決」(Mabo decision)である。これは先住民族メリアム（Meriam people) の元首長などがトレス海峡にあるマレー諸島の土地権をめぐってクイーンズランド州政府を相手に行った請求訴訟[4]である。最高裁は、この土地に英国系移民入植開始の1788年以前から先住民族が住み、土地を所有していたことを公式の場で初めて認めたのである。これまでの無主地 (terra nullius) の論理は完全に覆されたのであった。このマボ判決を受けて、翌年には「先住民族土地所有権法」(Native Title Act 1993) が成立し、これにより先住民族に土地権の存在することが法律的に認められることとなった。このように、問題の解決や課題への取り組みに際しては、先住民族自らの手による状況の改善が強く切望される。つまり、こうした問題への取り組みは社会的・文化的自立を志向する彼/女らのコミュニティの課題でもあるわけで、これらの問題が先住民族自身の手で解決されることによってはじめて本当の意味での課題の達成となるであろう。先住民族として社会的にも文化的にも自立し、そして自らの民族的・文化的アイデンティティーを維持・継承・発展させていくためには、それに必要な専門的な知識や技術を習得すべく教育・訓練を受ける機会に接近することが強く求められてこよう。この点に関して、「アボリジニ教育政策特別委員会」(Aboriginal Education Policy Task Force) も「アボリジニは経済・社会情勢の変化や彼/女らのコミュニティの生活および文化的伝統への重圧に対処しなければならない重大な局面を迎えている。こうした難題に立ち向かうためには、高等教育機関の専門的な学科すべてにアボリジニの在籍者を増加させる必要がある。教育はもとより保健・法律・社会福祉や、商業・建築・地方自治などコミュニティの経済的発展に関わる領域において彼/女らに専門的な教育の必要性が求められる」[5]として、高等教育における専門的な知識や技術の獲得がアボリジニのコミュニティの発展に寄与する可能性を示唆している。確かに、既述のように高等教育改革の推進によって1988年以降、大学におけるアボリジニの就学者数は増加の一途を辿っている。それは1988年では2565人であった就学者が1993年には5578人と過去5年間で2倍以上に急増している[6]ことからも明らかであり、アボリジニの高学歴化が確実に進んでいることの表れでもある。しかしながら、図5-1や図6-2でも明らかなように、人文系学科や教育学などの伝統的な専攻学科以外の分野や大学院の課程で見ると、彼/女らの参入の比率は決

して高いとはいえない状況である。当然のことながら、法律・医学・保健など特定の専攻学科においてアボリジニの参加比率を非先住オーストラリア人と同等のレベルに到達する[7]まで促進することも喫緊の改善課題であり、そのことは、国家戦略として大学改革の優先事項に据えられている。このようにして、専門的知識や技術を修得したアボリジニが出生地に帰還し、コミュニティもしくは民族としての自立を自らの基本命題に置き、コミュニティへの貢献をなすというのが一般的な見方である。もちろん、コミュニティの側も専門的教育を受けたアボリジニに対してコミュニティの担い手として、また地域の指導者として活躍することを強く期待しているのである[8]。当然のことながら、アボリジニが高等教育を受けても、それが彼/女らの民族としての自立や、コミュニティ全体の生活および経済状況の改善・社会的地位の向上に資するものでなければ、彼/女らに対する差別や偏見は到底除去できないであろう。アボリジニとコミュニティの結びつきはそれだけ強いのである。

以上のようなアボリジニのコミュニティをめぐる諸課題をふまえて、本章ではアボリジニのコミュニティが抱える諸課題を解決する方途としてアボリジニの自己決定とそれを可能にする高等教育における専門職養成がどのように展開されているのかについて考察する。

第1節　先住民族コミュニティの自己決定を規定する法的枠組み

第1項　先住民族における自己決定

1995年12月、日本はこれまで懸案とされてきた「人種差別撤廃条約」をようやく批准した。これは146ケ国目の批准で、オーストラリアの同条約の批准から遅れること20有余年、国連での採択からは30年を経過していた。条約は、実質的に憲法以外の各国内法の上位に位置づくことから、これが一端発効すると、条約に反する法律があった場合、その法律が否定されることとなる。「日本国が締結した条約及び確立された国際法規は、これを誠実に遵守することを必要とする」と規定する日本国憲法第98条の第

2項の趣旨に照らして、「……（前略）……人種、皮膚の色、血統又は民族的若しくは種族的出身に基づく」（人種差別撤廃条約第1条）[9]差別法があった場合は、その法律の運用が問題となってこよう。さしあたって、日本ではアイヌ民族を日本国民に同化することを目的に制定されたとされる「北海道旧土人保護法」（1898年制定）などの差別法の撤廃が不可欠であった。また当然のこととして、先住民族としての自立を基本に据えた抜本的かつ総合的な制度確立のための差別撤廃法（アイヌ新法）を国内法として新たに整備する必然性が生じてきた。政府部内でも1996年4月に新たな立法措置（「アイヌ新法」の制定）を求める答申が提出され、5月には関係各省庁の局長クラスによる「アイヌ関連施策関係省庁連絡会議」を発足し、具体案を示す方向での検討作業が進められた[10]。

　このようにして成立した「アイヌ文化振興法」（「アイヌ文化の振興並びにアイヌの伝統等に関する知識の普及及び啓発に関する法律」の略称）は、日本におけるアイヌ民族の権利回復（復権）に向けての進捗状況を示す1つの指標と見ることができる。同法の条文を見る限り、伝統文化を維持し発展させるための「文化振興」という側面に限れば一定の評価は得られようが、先住権に内包される諸権利のすべてを射程に入れているわけではないことは自明の理である。ましてや、アイヌ民族の意思を反映する「自己決定権」の法的な根拠となるような条項すらないことも確認できよう。

　近年、先住民族の自決への権利（「自己決定」権[11]）は先住権の表現形態としてその重要性が認識されており、そうした権利保障の実現に向けて具体的にどのように働きかけていくのかは国際的にも重要な課題といえる。とくに多くの先住民族にとって、この自決権から派生する具体的な権利の1つとして社会的意思決定への参加、すなわち先住民族の関わる事項に関する意思決定過程への参加[12]・参画する権利の獲得への主張・行動は高揚化している。

　土地および資源に対する権利、政治的自決権といった先住権は国連などでも主張され論議されている権利[13]である。1984年に北海道ウタリ協会によって決議され、その制定が希求されてきた「アイヌ民族に関する法律」（非国家法）にはそうした権利の保障を示唆する内容の条文がいくつか含まれる。たとえば、同「法」の教育・文化の第4項における「大学教

育においては……（中略）……講座担当の教員については既存の諸規定にとらわれることなくそれぞれの分野におけるアイヌ民族の優れた人材を教授、助教授、講師等に登用し、アイヌ子弟の入学および受講について特例を設けてそれぞれの分野に専念し得るようにする」(14)という規定もその1つである。この条文の後段の前半部分には、アイヌ民族自らが「意思決定」に関わる専門家として養成されることの必要性を示唆する内容の文言が含まれており、アイヌ民族による「自己決定」を促す規定と解釈されよう。続く後半の文言は、「自己決定」を表現するための「大学入学におけるアイヌ民族の特別枠の確保」を志向しており、アファーマティブ・アクションにも相当し得る措置を求めたものといえよう。

これに対して、文化振興法は、このように「アイヌ民族に関する法律」で触れられていた「自己決定」への視点を欠いており、そこにはこうした権利の法的根拠となるような文言は全くといってよいほど含まれていない。文字どおりの文化振興法であり、アイヌ民族が当初、期待した民族法ではなかったといえよう。したがって、同法では当該集団であるアイヌ民族に影響を与えるような問題の意思決定にアイヌ民族自らが参加・参画する権利は認められるにいたっていない。アイヌ民族が自らの意思にしたがって自らの状況や方針を自由に決定できる権利を獲得することは自律的なアイヌ社会の形成にとって不可欠といわねばならない。そもそも、先住民族の「意思決定過程への参加」促進をめぐる法的保障の問題の重要性については、既述の「先住民族の権利に関する国際連合宣言」で、先住民族に関わる事項に関する意思決定への参画の権利保障として、以下の3つの条文が明文化されている(15)。

第3条　先住民族は、自己決定の権利を有する。この権利に基づき、先住民族は、自らの政治的地位を自由に決定し、ならびにその経済的、社会的および文化的発展を自由に追求する。

第18条　先住民族は、自身の手続きにしたがって自らが選んだ代表を通じて、自らの権利に影響を及ぼし得る事柄に関する意思決定への参加のみならず、先住民族固有の意思決定の仕組みを維持しかつ発展させる権利を有する。

第19条　国家は、先住民族に影響を及ぼし得る立法的または行政措置を採択し実施する前に、彼/女らの自由で事前の情報に基づく合意を得るため、その代表機関を通じて、当該の先住民族と誠実に協議し協力する。

　第18条をはじめとするこれらの諸規定は、具体的に司法や行政における意思決定の過程に先住民族の参画を促す必要性を示唆する内容の提案を行っていると解釈できよう。つまり、こうした条文からいえることは、先住民族の「自己決定」を規定する法的および制度的な枠組みや権利保障が先住民族政策の国際的な潮流の中で求められているということができよう。
　では、先住民族にとって「自己決定」とはどのような意味をもつのか、また、なぜそれが保障・促進されなければならないのか。「自己決定」の持つ意味について、近年、アボリジニに対する人権問題として浮上してきた親子強制隔離政策の問題の検討を通して、アボリジニの法曹養成がどうして必要なのか、その背景に迫ることにしたい。

第2節　アボリジニの人権をめぐる問題と同化政策としての親子強制隔離
──アボリジニのライフ・ヒストリーから

第1項　「盗まれた世代」の問題

　2000年のシドニーオリンピック・パラリンピックにおいて、オーストラリアの先住民族として初めて陸上女子400メートルに優勝したフリーマン（Freemam, C.）選手が聖火台灯火者に抜擢された。民族共生への祈りを世界に印象づける演出であった。フリーマンは五輪開催の2か月前、強化合宿先の英国でサンデー・テレグラフ紙（Sunday Telegraph）のインタビューに答えて、祖母アリス（Alice Sibley）が8歳のときに実母から引き離され、白人社会で強制的に育てられた「盗まれた世代」（stolen generation）の1人であることを告白し、この問題に対して公的謝罪の拒否の姿勢を貫いていた当時の連邦政府に対して憤りを感じざるを得ない旨の発言をした。フリーマンの発言は、彼女がこの問題に関してこれまで沈黙を保ってきただ

けに大きな波紋を呼び、国内ばかりかイギリスのメディアにも大きく取り上げられ、連日、各テレビ局はこのニュースを大きく報じていた[16]。

「盗まれた世代」もしくは「連れ去られた子どもたち」(stolen children) と呼ばれるこの種の問題は、1995年頃から急に浮上したきた問題で、アボリジニの子ども、なかでも混血児 ('half-caste' children) を親元から強制的に引き離し、施設や伝道所（mission）に収容したり、白人家庭に里子として出したりして[17]、「白人」社会への同化を目的とした教育が行われたのである。保護と福祉の大義名分の下に行われた事実上の親子強制隔離政策なのである。

リード（Read, P.）によれば、NSW州においてはこうした行為が1883年から1969年まで続けられていた[18]という。裏を返せば、労働党政府による自己決定政策への転換が図られ、アボリジニによる運営・決定が尊重される方向が打ち出される直前までこうした事実があったということである。

表7-1 は、「アボリジニ拘留死特別調査委員会」(Royal Commission into Aboriginal Deaths in Custody、以下RCADCと略記）の勧告を受けて、1994年3月にオーストラリア統計局（Australian Bureau of Statistics）がアボリジニおよびトレス海峡諸島系民族1万5700人に対して行ったインタビュー調査の結果を示したものである[19]。表7-1 によると、25歳以上の成人のうち実の親から引き離されたアボリジニは10％弱おり、そのうち非アボリジニの養父母もしくは里親の下で育てられた者が31.7％、伝道所に収容された者が30.7％、孤児院もしくは少年院に入れられた者が27.9％となっている。実の親から引き離されたアボリジニの子どもたちの主な収容先はほぼこの3つのカテゴリーに分類できよう。

また、表7-2 は連れ去られた時の年齢を示している。これによると、0歳児から15歳児まで幅広い年齢層の子どもが実の親から引き離されていることがわかる。とくに、連れ去られた子どもたちは、白人としてのものの考え方、行動、ふるまいを教え込まれた。当然、こうした英国文化を主要なエートスとする教育によって、子どもたちの自尊心やアイデンティティーが損なわれたことは想像に難くないであろう[20]。

では、以上の論点をふまえて、このような同化政策の一環として行われた親子強制隔離政策の態様を把握すると同時にそれが惹起する問題の方向

表7-1　25歳以上のアボリジニ・トレス海峡諸島系民族における親子強制隔離の比率と収容先（％）

	25-34	35-44	45-54	55+	計
連れ去られた者	8.6	12.0	10.6	10.8	10.3
養育者および収容施設					
血縁関係のないアボリジニ・トレス海峡諸島系民族	6.9	2.3	7.2	1.2	4.5
非アボリジニ・非トレス海峡諸島系民族の養父母もしくは里親	44.5	34.7	13.5	17.1	31.7
孤児院・少年院	24.7	40.3	23.8	14.4	27.9
伝道所	9.0	28.3	42.5	68.4	30.7
上記以外の者	13.8	8.5	19.2	1.6	10.8
回答なし	2.9	0.5	-	0.6	1.3
連れ去られなかった者	89.2	86.4	87.1	85.7	87.7
回答なし	2.2	1.6	2.3	3.5	2.0
合計	100.0	100.0	100.0	100.0	100.0

（注）養育者および収容施設の複数回答可
出所：McLennan, W., *Year Book Australia 1996*, No.78, Australian Bureau of Statistics, 1996, p.115.

表7-2　連れ去られた時の年齢

連れ去られたときの年齢	西オーストラリアアボリジニ法律相談所の相談者		調査における証言	
＜1歳	なし		83	22.4%
1―＜2歳			28	7.5%
0―＜2歳	57	11.8%		
2― 5歳	137	28.4%	97	26.1%
6―10歳	147	30.4%	86	23.2%
11―15歳	33	6.8%	34	9.2%
記録なし	109	22.6%	43	11.6%
合計	483	100%	371	100%

出所：Human Rights and Equal Opportunity Commission, *Bringing Them Home*, Report of the National Inquiry into the Separation of Aboriginal and Torres Strait Islander Children from Their Families. 1997, p.182.

性についてさまざまなアボリジニの証言の記録から検討することとする。

第2項　アボリジニの拘留死

　アボリジニの「盗まれた世代」の問題は、RCADCによる拘留中のアボリジニの原因不明の死亡をめぐる問題の調査の過程でも浮き彫りにされてきた。両者は一見、別の問題として捉えられがちだが、その内容において関わりのあることが明らかになっている。同委員会によると、1980年1月1日から1989年5月31日までに警察の留置所や刑務所、および少年鑑別所で死亡した99人のアボリジニのうち43人までもが子どものときにキリスト教宣教師や行政官によって実の親から引き離され[21]、伝道所や施設に収容されたり、白人家庭に里子として出された経験をもつものであったという。

　なかでも1989年4月11日に調査報告がなされたスミス(Smith, M.)のケースは、この問題を象徴する1つの事件でもある。

　スミスは1982年の12月29日午後1時25分、拘留中の刑務所のトイレの中で、目に画筆を突き刺し、悲鳴をあげていたところを発見された。救命措置を施したにもかかわらず、まもなく死亡したとされる。この事件の調査を担当したウーテン(Wootten, H.)判事は彼の死を自殺と断定し[22]たが、重要なのは、スミスの死の背景にある社会問題である。

　アボリジニが拘留中に死んだ場合、多くの場合、自殺か他殺かという疑問はつねに付きまとう。それは、拘留死がアボリジニに対する社会的偏見・抑圧の結果生じている可能性のあることが否定できないからである。しかし、それ以上に重要なことは、アボリジニの死の背景にある社会問題であり、アボリジニの拘留死の原因に共通する要因が何なのか、これらを含めてさらに掘り下げて考えてみる必要がある。そのように考えてみると、スミスの生育歴にもアボリジニ特有のある種の共通した特徴がみられる。彼の生育歴は次のとおりである。

　　「彼は1965年、11歳のときに温もりのある家庭環境から引き離され、彼自身のケアと保護という名の下にキンチェラ少年院(Kinchela Boys home)に収容された。その後、施設を退所後、彼はシドニーの見知ら

ぬ家庭で州の監視の下に置かれた。彼は、その家からマウント・ペナング訓練センター（Mt. Penang Training Centre）に通い、軍隊のように厳しく統率された訓練の日々を送った。スミス少年が、一日で唯一許されることは限られた時間内でのおしゃべりであった」

一方、ウーテン判事はスミスの親子の引き離しの理由について次のように述べている。

「スミスには健康状態が悪かったり、栄養失調であったり、虐待されていたり、不幸であったりというような痕跡は何も見られなかったが、他の子どもの自転車を盗んで乱暴に乗り回したりした。自制心の欠如を克服したり、教育上の改善を試みることが必要であったというのがより本質的な理由であった」と。

また、ウーテン判事は親から引き離された後のスミスの生活体験について次のような分析を行っている。

「スミスは相互尊重、協力、責任、イニシアティブ、自己表現および愛といったものではない、支配や服従、厳格な規律や従順、抑制や依存、屈辱や不安といったものに基礎を置く人間の生活のそのものについて教育を受けた。そこでは自分に対するいかなる権利や主張も認めないような規則を経験することとなり、そればかりか、彼の家族の存在すら無視されてきたのである。また、施設以外に彼の居場所はなく、社会は、自らの家族とともに成長し、コミュニティの中で生活の仕方を学ぶ機会をスミスから奪ってきたのである」と。

このようにして、スミスは家族やコミュニティとのつながりを断ち切られ、さらには、施設以外の社会に適応する能力さえも奪われたのである。州の監視下、8年間が経過したにもかかわらず、スミスは基本的な計算や読み書きもできない程、非識字の状態にあり、広い社会の中で生活するための技能を身につけられなかったのである。彼は19歳の時に家族との再会を

果たしたが、結局、うまく溶け込むことができず、その後、スミスは死にいたるまでの9年と8か月を刑務所内で過ごすことになる。その間、釈放の機会も幾度かあったのだが、結局、刑務所以外で友人を見つけることができなかったのである。

　スミスのケースは、何千人にも及ぶアボリジニの人びとの話の1つにしか過ぎない。彼/女らは、究極的形態のレイシズム、すなわち、英国文化は優れており、アボリジニの文化は劣っているのでアボリジニの文化は完全に破壊されねばならないという考え方を前提にした政府の政策にさらされていたのである。とくに、引き離された子どもたちは、白人としてのものの考え方、行動、ふるまいを教え込まれた。当然、こうした白人文化を主要なエートスとする教育によって、子どもたちの自尊心やアイデンティティーが損なわれた[23]のはもちろんのこと、彼らが生涯に負った精神的苦痛[24]は計り知れないのである。ここで重要なのは、逮捕・拘留されるアボリジニの多くが警官に逮捕される以前に親子隔離によって彼/女らの人権がすでに侵害されていたということであり、こうしたこととアボリジニの拘留死との相関関係の存在[25]が完全には否定できないということなのである。

第3項　親子強制隔離政策の実態とライフ・ヒストリー

　1910年から70年代にいたるまで白人の行政官やキリスト教宣教師によって幼いときに強制的に親元から引き離されたアボリジニの子どもたちの問題について、「人権および機会均等委員会」(Human Rights and Equal Opportunity Commission) が当事者の証言をもとに1997年にまとめた調査報告書がある。「彼/女らを家に連れ戻して」(*Bringing Them Home*) と題する報告書がそれで、89ページにもおよぶ膨大な量の「アボリジニおよびトレス海峡諸島系民族における親子隔離に関する国家的な調査報告書」(*Report of the National Inquiry into the Separation of Aboriginal and Torres Strait Islander Children from Their Families*) である。

　1995年、「人権および機会均等委員会」は司法長官の委託を受け、先住民族における親子隔離の実態に関する全国的な調査を開始した。同委員会は、全豪の主要都市や地方都市で広範な聞き取り調査を行い、とくに先住

民族団体や個人、州および準州政府の議員、教会、非政府機関、伝道所、そして政府の役人およびコミュニティの構成員から公的な証言を入手したとされる。また、強制隔離の施策による影響を受けた先住民族の人びとや子どもたちを育てた親からは口外できないような証言も得られている。とくに、親子隔離の実体験に関する調査については、全豪で535人の先住民族の文書上および口述上の証言が得られている[26]。

調査の結果、およそ1910年から1970年にかけて、先住民族の子どものうちの3人に1人から10人に1人ぐらいの割合でそうした行為が行われたということが判明した[27]。また、同調査によると、連れ去られた子どもたちのうちの52.2％が1つの施設もしくは複数の施設に入れられ、その他、14.3％が非先住民族の家庭に引き取られた。一方、施設から家庭へ引き取られた者あるいはその逆のケースの者が27.3％もいたことが確認されている。いずれにせよ、悲惨な生活状況であったと報告されている[28]。たとえば、聞き取り調査に応じたアボリジニのうち、施設で身体的虐待を受けたとされる者は19％にも及んでいる。さらに、表7-3でも示されているように、施設に収容された子どもでおよそ10人に1人、家庭に引き取られた男子で10人に1人、そして女子で10人に3人が性的虐待を受けたとされている[29]。

ニューサウスウェルズ州のジェニファー（Jennifer）と呼ばれる女性の

表7-3　証言による性的虐待の割合

場所	男子		女子	
	報告あり	報告なし	報告あり	報告なし
施設	10 (8.5%)	108 (91.5%)	19 (11.7%)	144 (88.3%)
里親	5 (10%)	45 (90%)	21 (29.6%)	50 (70.4%)
養親	1 (4.8%)	20 (95.2%)	6 (27.3%)	16 (72.7%)
職場	0 (―)	19 (100%)	4 (10.5%)	34 (89.5%)
合計	16 (7.7%)	192 (92.3%)	50 (17.0%)	244 (83.0%)

出所：Human Rights and Equal Opportunity Commission, *Bringing Them Home*, Report of the National Inquiry into the Separation of Aboriginal and Torres Strait Islander Children from Their Families. 1997, p.162.

第7章　アボリジニのコミュニティをめぐる諸課題と自己決定

体験はその一例である。

証言1　1952年11月のある朝早く、バーント・ブリッジ伝道所（Burnt Bridge Mission）のマネージャーが警官を連れて家にやって来ました。彼が母に「娘2人を連れて行き、クータムンドラ院（Cootamundra Home）に入れる」と話しているのが聞こえました。私たちは父にキスをし、別れを告げる暇さえありませんでした。父の悲しい表情は決して忘れません。父を見たのはそれが最期で、父は2年後に亡くなりました。

しばらくして、NSW州アボリジニ保護委員会（NSW Aborigines Protection Board）は私たち2人を施設からミセスSの家に里子に出しました。そこでの暮らしは最悪でした。11時過ぎまで就寝は許されず、学校にはいつも遅刻していました。その上、Sは私が宿題をするのさえ認めませんでした。13歳のとき、非常に辱められました。私は、何度も裸にされてベルトで縛られました。食事の支度や掃除、それにSの得意先の洗濯屋に出向くのも私の仕事で、私はよく働かされたうえに、辱めを受けたのです[30]。（原文訳ママ）

「盗まれた世代」をめぐる教育状況の劣悪さについてはよく指摘されるところであるが、上記の証言においてもそのことが推察できよう。とくに、伝道所や施設に収容されたアボリジニの子どもがほとんどもしくは全く教育を受けていないという証言が多く見られる。以下はその一例である。

証言2　親から離れることで教育が受けられると当局からいわれたが、施設では修道女から教育を受けることはなく、ネグレクトされた。

証言3　学校に行くためには伝道所に行く必要があるといわれたが、実際には、行かせてもらえなかった。

証言4　私はクラスで最もでき、全教科で一番になった。15歳で2年次に進んだが、それ以上の進学は認めてもらえなかった。頭がよくないというのが主な理由だった。私は学校をやめさせられ、

家事労働のため農場へ遣わされた[31]。

　以上のような証言は施設に収容されたアボリジニの子どもたちの教育アスピレーションを当時、踏みにじる行為が行われていた実態を示唆するものであるといえよう。

　メルボルンで1980年代の半ばに実施された3年間の長期におよぶ研究の結果によると、親元から引き離されて「白人」に育てられた過去をもつ20歳以上の成人の29.1％が、現在の自分の健康状態を「良くない」と回答しており、親子隔離の過去をもたないアボリジニの15.4％と比べて2倍近くに達する[32]ことがわかった。このことは、インタビューのアボリジニの多くが、元の家族から引き離され、ケアの十分でない伝道所もしくは養親の下で育てられたうえ、彼/女らの文化をも否定されたことによるトラウマから精神面や情緒面に今なお深い傷痕を残している[33]こととあながち無関係ではないといえよう。

　伝道所や「白人」の家庭でアボリジニの子どもに対して性的虐待が行われたことについては既述したが、それ以外でも伝道所で寝小便をしたときの罰として局部への電気ショックを何か月にもわたり受けたことや、裸で何時間も豚小屋に押し込められたときの恐怖の体験なども報告されている[34]。
（原文訳ママ）

　証言5　Zは母が13歳の時に生まれた子で、2歳のときに「白人」家庭に里子に出された。やがて、「白人」家庭の母国で成長したZは人種的虐待にさらされ、「黒んぼ」「黒人」といった侮辱的な言葉で呼ばれるようになった。そして、10歳になったとき、初めて育ての親から自分がアボリジニであることを聞かされた。彼は、これに対してネガティブな反応を示し、13歳になるときには酒を飲むようになり、絶えず学校で問題を起こすようにもなった。
　およそ1年後、オーストラリア（パース）に帰国した彼は実母とその家庭を訪ねるべく北部のアボリジニの居住区に向けて旅に出た。母や家族との再会を果たしたものの、生活様式や文化システムの違いから疎外感を感じずにはいられず、大いに落胆

したのであった。その後、パースに戻った彼は強盗をし、現在、服役中である。(原文訳ママ)

Ｚは白人社会に溶け込むことができなかったばかりか、アボリジニの人びととの交流も容易ではない状態であり、結果的にアボリジニのコミュニティにも溶け込むことができなかったのである[35]。

連れ去られた子どもたちの中には、Ｚの告白にもあるように、後に自分がアボリジニであることを知り実の母を捜し出したものの、結局、そこにも自分の居場所を見つけることができずアイデンティティーの喪失に悩み、その結果、反社会的な行為に走り投獄されるといった例が数多く存在する。犯罪を犯して収監されるアボリジニの比率は、親元で育ったアボリジニの比率の３倍に上る[36]といわれており、そこにはこうした背景が起因していると考えられる。

福祉の名を借りてこうした誘拐を正当化する行為は、最も早期に廃止された西オーストラリア州でも1960年代の後半まで存在していたという。では、なぜこうした警察官や福祉の行政官によるアボリジニの子どもたちの誘拐が公然と続けられたのであろうか。その目的は何であったのか。

アボリジニに対する親子隔離政策は混血のアボリジニの子どもを「白人」のコミュニティに溶け込ませようとする試みでもあったと考えられている。西オーストラリアのアボリジニ主任保護官のネビル(Neville)は「100年以内に純血のアボリジニは消えるだろう。しかしその一方で、ハーフ・カースト（混血）は毎年増えてきている。州政府や行政の考えは純血のアボリジニを隔離の状態におき、ハーフ・カーストを『白人』人口に吸収するということであった。60年前には６万人以上もいた純血の先住民族が今や２万人に過ぎない。いずれ１人もいなくなるだろう」[37]と述べている。彼の指摘は当時のこうした政策意図を如実に示しているといえよう。

第４項　同化政策とアイデンティティー・クライシス

以上の考察により、アボリジニの子どもを親から引き離し、「白人」社会で強制的に育てるという親子強制隔離政策は同化（assimilation）を進めるための手段として大きな意味をもっていたことがわかる。こうした政策

によって、「母語で話すことを禁じられ、トライブに関することをも話すことが許されなかった」[38] アボリジニの子どもたちはやがて母語を失い、さらには彼/女らの文化をも失い、トライブの言語・文化の伝承は断絶することになったのである。

　一方、このような先住民族の子ども略奪という非道な過去の行為や政策について世論はどのように捉えているのであろうか。1997年5月23日から25日にかけて2065人を対象に全国的規模で行われたAGBマックネァ世論調査（AGB-McNair poll）によると[39]、回答者の65％が「過去の子ども略奪という行為が惹起した不幸に対する公式の承認と謝罪が必要」という「人権および機会均等委員会」の勧告に賛意を示していることが判明した。その一方で、政府の考えを代弁してアボリジニ問題担当大臣（Aboriginal Affairs Minister）で上院議員のヘロン（Herron, J.）は、「我々は過去に戻ることはできないし、起きてしまったことを元には戻せない」と述べ、同委員会の報告書においては「法律上の問題の分析において不備な点が見られる」としたうえで、政府に補償金を支払う考えのないことを明らかにした。その後も彼は、「強制連行されたアボリジニの子どもたちはわずか10％にしか過ぎず、『盗まれた世代』があったとは断言できない」[40] という見解を公式の場で示しており、この問題に対する政府の考えに何ら変化のないことを印象づけた。

　しかしながら、それから8年後、第42回連邦議会においてラッド（Rudd, K. M.）連邦政府首相が先住民族に対して行われてきた親子強制隔離政策を含めた過去の不当な行いについて公式に謝罪を行う動議を提出した。とくに歴代の首相の中で彼の演説が目を引く点は、先住民族に対する謝罪の言葉の多さであり、前政権下で積み残された課題でもある家族やコミュニティから引き離されたアボリジニやトレス海峡諸島系民族の「盗まれた世代」の人びとやその子孫、また家族の被った精神的苦痛や苦悩・屈辱に対し首相として初めて謝罪を行い、とりわけ「今後、我々は、寿命、教育水準、経済機会における格差を縮める、すべてのオーストラリア人、先住民族、非先住民族による決定を採用してゆく」[41] という所信表明演説は、格差是正とアボリジニによる「自己決定」を示唆する注目すべき公約といえるであろう。

そもそも、親子強制隔離政策は「人権および機会均等委員会」の報告書でも指摘されているように[42]、「集団罪の防止及び処罰に関する条約（ジェノサイド条約）」の第2条の「特定の集団の子どもたちを他の集団へ強制的に移す」という強制連行の行為に該当する。オーストラリア政府は1949年にはこの条約を批准し、51年には発効しているのである。また、親子強制隔離政策は「先住民族は、独自の民族として自由、平和および安全のうちに生活する集団的権利を有し、集団からの別の集団への子どもの強制的引き離しを含む、集団殺戮行為または他のあらゆる暴力行為にさらされてはならない」[43]という2007年に宣布された「先住民族の権利に関する国際連合宣言」の第7条第2項にも明らかに背反するといえよう。

現在、引き離された子どもたちの生まれた場所や家族とのつながりなどのルーツさがしを援助し、親や家族と再会させようという家族統合計画（Link-Up）が各地で展開している。

クイーンズランド州ではこうした計画が1984年から始められており、再会前から再会後にいたる手厚い支援やカウンセリングが提供されている。しかし、次の言葉には、このプログラムによって家族との再会を果たしたとしても、決して消し去ることのできない、アボリジニたちの受けた心の傷がいかに深いかが読み取れよう。

「私たちはこのプログラムによって帰れるかもしれないが、二度と子ども時代を体験することはできない。私たちは母や父、兄弟姉妹、おじ、おば、それにコミュニティの人たちと再会できるかもしれないが、彼らの愛情や保護なしで過ごした私たちの20年、30年、もしくは40年といった長きにわたった歳月を取り戻すことはできないし、引き離されたときに味わった深い悲しみも拭い去ることはできない。私たちアボリジニが元の家に戻ったとしても、これによってアボリジニ排除の場として機能してきた伝道所の監督者から受けた私たちの心もしくは身体の痛みや傷を消し去ることはできない」[44]

こうした言説から、なぜ彼/女らが「盗まれた世代」あるいは「失われた世代」と呼ばれているのかが推察されよう。また、こうした親子の再会

を果たすアボリジニが今後ますます増えていくことが予想されるが、既述の証言や告白にもあるように、後々まで彼らは精神障がいなどで苦しんでいるのである。実際に、何千ものアボリジニの成人が親子隔離強制政策が惹起したと思われるトラウマで悩み苦しんでいるのである。また一方では、子どもを連れ去られた父母もまた子を連れ去られたことに対する罪悪感や自責の念にさいなまれている[45]のである。

今後は、家族統合計画の一環として両者に対してカウンセリングを含めて、どう支援を行っていくかが重要な課題となってこよう。

いずれにしても過去のアボリジニに対する人権侵害は、拭いきれない事実であり、これらのことからも、アボリジニの人権問題に対して高等教育の視点からどのような取り組みが考えられるのか検討することは喫緊の課題といえよう。

第3節　アボリジニの自己決定と意思決定過程への参加・参画

前節で見てきたように、1788年の英国人の入植開始から1970年代初期までの過去200年余りの時期を総括して一言でいうならば、入植後行われた虐殺や強制移住・隔離といった政策、およびその後の連邦国家形成の下での不当な同化・統合政策によってアボリジニの自決権が著しく奪われた時期であったといえよう。

アボリジニに対する政策に変化の兆しが見え始めるのは、1970年代に入って労働党が政権の座に就いた頃からである。既述のように、1973年、オーストラリアの政党集団にあって比較的ラディカルな色彩の濃い労働党政権は、これまでの同化主義から脱却して経済や社会や政治における失われた自決権をアボリジニに復権回復させることを政策の基本目標に据えた[46]「自己決定」（self-detemination）政策への転換を図ったのである。

1975年の連邦アボリジニ問題省（Dept. of Aboriginal Affairs）——1990年にその規模は縮小され、アボリジニ・トレス海峡諸島系民族委員会（Aboriginal and Torres Strait Islander Commission, 以下ATSICと略記）に改組された——の創設は、こうした「自己決定」の理念を具現化しようとし

たものといえ、設置当初、この組織の出現によって先住民族の要求を反映した施策が展開されるものと期待された。とくに ATSIC は 20 名の構成委員のうち 17 名までもがアボリジニおよびトレス海峡諸島系民族の代表で占められており、連邦政府の政策的枠組みにおけるアボリジニの自己決定のための自律的なシステムとして重要な役割を担うことになった[47]。その ATSIC が他のグループと共に関わった活動のなかでも、既述の「国家アボリジニ・トレス海峡諸島系民族支援教育政策」(National Aboriginal and Torres Strait Islander Education Policy, 1990) の策定[48]は 90 年代の国家による先住民族政策の教育面における制度的な権利保障の方向を示すものとして重要である。とくに注目すべき点は、その政策目標の中でアボリジナル・アイデンティティーの強化に加えて、アボリジニの意思決定と並んで自己決定を重要なものとして位置づけ、それを達成する[49]ことの必要性についての勧告が確認できることである。つまり、「自己決定」を基礎においた教育施策の展開が見られるのである。このように「自己決定」の理念は 1973 年より爾後、連邦政府によるアボリジニに対する政策の基本に据えられ、政権の移行にあってもその基本的理念は大きく後退することはなく、90 年代へと引き継がれていったのである。

　以上の認識にたって考えると、オーストラリアでいう先住民族の自己決定とは、アボリジニの人びとの生活や運命に影響を及ぼし得る政府の政策や計画の策定・実施もしくはその変更にあたって、アボリジニ自らの意思による決定を尊重するという考えに基づいて用いられている[50]といえよう。むしろ、その意味するところは「意思決定機構への参画」であり、オーストラリアで自己決定への権利といったとき、意思決定への権利[51]を示唆していると考えられよう。

　しかし近年、こうしたアボリジニの「自己決定」を尊重した政策の形骸化を指摘する声も一部にはある。たとえば彼/女らの法的地位の向上にこうした政策が実際に機能しているのかといった疑問が浮上してきている。前節でも述べたように、親子強制隔離政策のように、アボリジニに対する人権的課題が山積していることがこうした危惧の裏づけとなろう。本節では、こうしたアボリジニに対する人権侵害の問題をふまえて、まず、実際にアボリジニに関わる法の執行の過程においてアボリジニがオーストラリ

アでどのように処遇されてきたのか、次に、彼/女らの意思や要求を反映させ得る自己決定権が認められているのかどうか、といった問題に焦点を当てて考察する。

第1項　法的マイノリティとしてのアボリジニ

　1980、90年代のアボリジニに関する最大の人権的課題は拘留中のアボリジニの原因不明の死亡をめぐる問題である。判事や弁護士で構成されるRCADCの報告によると、1980年1月1日から1989年5月31日までに99人のアボリジニの不審死が警察の留置所や刑務所および「少年」鑑別所で確認されている。死因は公式の発表では自殺とされるが、直接の原因は首吊りによるとされる者が一番多く99人中30人で、以下、頭部外傷などによるとされる者23人、薬物乱用による者9人がその主な内訳である。

　問題なのは、こうした死が刑務所にいるときより警察に拘禁されているときに多く発生している点であり、その数も99人中63人[52]と顕著なことである（表7-4参照）。

　1986年の統計ではアボリジニの収監率は、全豪で非アボリジニの27倍と高率で、西オーストラリア州にいたってはそれが42.9倍[53]にも及ぶとされる。こうした不審死が警察や看守による暴行や虐待によるものだという疑惑[54]は否定できないのである。

　表7-5は、州内のアボリジニと他のエスニック集団の少年・少女の犯罪における検挙・逮捕・起訴・拘留の各項目別の頻度差について南オーストラリア州が1979年から84年にかけて行った調査の分析の結果を示したものである。表では、検挙・逮捕・起訴・拘留の頻度差が各エスニック集団の州内の若者人口比に対する倍率の違いで示されている。アボリジニの検挙・逮捕・起訴・拘留の件数は、他のエスニック集団と比較して突出していることがわかる。見方を変えれば、それは刑事司法面でのアボリジニの処遇が必ずしも公平ではないことの証左ともいえよう。

　アボリジニの拘留死の問題はとくに彼/女らの検挙・拘留の比率自体が高いことに根があるといわれる。アボリジニは非アボリジニと比べて軽犯罪で検挙・拘留にいたる傾向が強い。前述の99人の拘留理由を見ると、泥酔・酩酊など飲酒による素行不良等、アルコール関連の容疑だけでも43件も

表7-4 拘留死したアボリジニの拘留理由と属性

拘留死の州別分布	
NSW	15
VIC	3
Qld	27
WA	32
SA	12
TAS	1
NT	9
ACT	0
総計	99

死亡年齢	
0-14	1
15-19	12
20-24	14
25-29	23
30-34	18
35-39	6
40-44	13
45-49	2
50-54	2
55-59	5
60+	3

職業	
失業者	27
労働者	24
飼育業者	14
農業従事者	12
年金受給者	8
学生	3
運転手	2
家事	1
牧師	1
羊毛業者	1
商人	1
庭師	1
管理業	1
不明	3

学歴階層	
未就学	8
初等学校中退	20
初等学校修了	12
中等学校中退	50
中等学校修了	2
TAFE（技術・継続教育）中退	2
TAFE修了	1
不明	4

拘置所	
警察	63
刑務所	33
少年鑑別所	3

拘留理由	
殺人	4
暴行	9
性犯罪	8
家宅侵入	7
窃盗（車）	3
窃盗	3
器物破損	4
裁判手続き	5
泥酔	27
他の秩序違反	9
飲酒運転	8
無罪（酩酊）	8
無罪（その他）	4

Horton, D.（ed.）, *Encyclopaedia of Aboriginal Australia*, Vol. 2, Australian Institite of Aboriginal and Torres Strait Islander Studies, 1994. p. 1278.

あり、それ以外でも路上で寝ていたり、不適当な言葉を使ったなどの秩序違反が9件で（表7-4参照）[55]、非アボリジニなら拘留にいたらず容認される些細な犯罪でもアボリジニの場合は拘留される傾向にある。とくに、彼らの飲酒行為そのものは「白人」が持ち込んだアルコールという負の文化の側面を継承しており、アルコール依存者の増加はアボリジニのコミュニティにとっても深刻な問題となっている。

マレー（Murray, E. J.）の事件も泥酔→逮捕→拘留死の１つのケースである。彼は1981年6月12日、21歳のときNSW州の北部のウィ・ワー（Wee Waa）という小さな町のホテルで酔っ払って大声を出しているところを警察に連行された。その直後、マレーはウィ・ワーの警察の留置所内で首を吊って死んでいるのを発見され、彼の遺体から多量のアルコールが検出された[56]のである。問題は、マレーが酩酊者の収容施設（Sobering Up

表7-5　南オーストラリア州の少年・少女審判におけるアボリジニと他のエスニック集団の比較（出生地別）(1979年6月～84年7月)

出生地	南オーストラリア全体に占める人口比率（10-17歳）％	検挙	逮捕	起訴	拘留
オーストラリア（アボリジニ）	1.2	6.5	19.1	11.6	23.4
オーストラリア（白人）	86.5	*-1.1	-1.3	-1.3	-1.8
イギリス	8.2	1.1	1.0	1.1	-1.3
ギリシア	0.2	1.5	1.5	1.5	2.5
イタリア	0.4	-1.3	-1.3	-1.3	0.0
他のヨーロッパ諸国	1.2	1.0	1.2	1.1	-1.2
アジア	1.1	-2.7	-5.5	-5.5	-2.7
その他	1.2	1.5	1.2	1.4	1.2
総計	100.0 数180,340	数36,363	数6,969	数11,603	数574

注：*10-17歳の各エスニック集団の検挙・逮捕・起訴・拘留の各項目における比率が各エスニック集団の若者人口州内全体に占める比率より低い場合は倍率を「―」（マイナス）で表示した。

出所：Gale, F., Bailey-Harris, R. and Wundersitz, J., *Aboriginal Youth and the Criminal Justice System: the Injustice of Justice?*, Cambridge University Press, 1990, p.33.

表7-6　泥酔、浮浪などの軽犯罪におけるアボリジニの保釈の状態(1981年1月1日～6月30日)

	アデレード市				市外				総計	
	アボリジニ		その他		アボリジニ		その他			
	数	%	数	%	数	%	数	%	数	%
保釈	285	76.0	1,271	88.2	157	21.0	371	72.2	2,090	67.8
拘留	90	24.0	170	11.8	588	79.0	145	27.8	993	32.2
総計	375	100.0	1,441	100.0	745	100.0	522	100.0	3,083	100.0

出所：南オーストラリア犯罪統計局（SA Office of Crime Statistics）の調査報告より（*Aboriginal Law Bulletin.* No.5, 1982, p.14.）。

Shelter) やアボリジニのためのアルコール中毒治療機関（Bennelong's Haven) に運ばれなかったことと、逮捕後「アボリジニ法律相談所」（Aboriginal Legal Service) への連絡もとらず、警察署に拘留されたことなどから警察に対する疑惑が否定できないということである。

アボリジニの拘留件数の多さの問題は彼/女らの貧困化の実態とも連動している。南オーストラリア犯罪統計局（SA Office of Crime Statistics）が1981年1月から6月にかけて行った調査（表7-6参照）によると、泥酔・浮浪・暴言を吐くなどの容疑で保釈金を払えず警察の留置所に拘留されるアボリジニの比率が非アボリジニの場合と比べて際立って高い。こうした統計は失業率の高いアボリジニのコミュニティと非アボリジニ社会との経済的な格差の大きさを如実に反映しているといえ[57]、それは見方を変えれば、経済的な理由により保釈金や罰金を払えないアボリジニが少なくないということを意味している。

第2項　法の執行過程におけるアボリジニの自己決定

アボリジニの拘留死をめぐる問題の論点を整理すれば、彼/女らの社会的背景が非アボリジニと比べて逮捕・拘留されやすいという状態にあるということ、また、アボリジニが人権侵害など警察官や看守による法律的に不当な扱いを受けている可能性が高いということの2点に焦約できよう。いずれにせよ、アボリジニが法的にマージナルな存在として、法の執行過程において不当に処遇されてきたことは否定できない。

しかし、問題はこうした逮捕や拘留をめぐる問題に留まらない。より本質的な問題として、アボリジニが法廷内で不利な立場に立つ場合が多いということが指摘できよう。法廷内では第一に、英国系の価値観・倫理観が色濃く反映されており、文化的背景の異なるアボリジニの価値観は排斥される傾向にある。第二に、公判手続きにおいて、先住民族言語専門の法廷通訳人が求められないことによって起こる言葉の違いによる問題や難解な法廷言語（court language）の理解[58]という言語上の問題が大きく立ちはだかっているのである。これらの問題について検討してきたRCADC（ジョンソン判事）は、裁判所にはアボリジニに恐怖心を抱かせるような雰囲気があったり、また、公判の全過程に彼/女らに対する権利の侵害や人種差別的な考え方が蔓延していると指摘し、先住民族の被告のための適切な通訳サービスの提供や法廷通訳人および法曹への先住民族の任用、さらには裁判官や裁判所の職員全員に対する異文化理解促進のための研修の必要性を勧告した[59]。このうち、通訳についていえば、オーストラリアは、「その理解する言語で速やかにかつ詳細にその罪の性質及び理由を告げられること」[60]（第14条の3〈a〉）と規定する「市民的及び政治的権利に関する国際規約」（国際人権規約B規約）に批准しており、1994年よりアボリジニ語の通訳養成プログラムが西オーストラリア州の「技術・継続教育カレッジ」（College of Technical and Further Education、p.92の図4-1参照）を中心に実験的に行われている[61]。しかし、先住民族諸語の数が150にも及ぶことによる通訳人養成の難しさも指摘された。アボリジニ語の法廷通訳人レスター（Lester, Y.）の指摘にもあるように、アボリジニ語と法廷言語双方に精通している専門の司法通訳の適任者を選定するのは至難の業ともいえよう[62]。それに、たとえ専門の法廷通訳人を通じて十分にコミュニケーションが取れたとしても、非アボリジニの法曹が文化的背景の異なるアボリジニの価値観や慣習に理解を示さないならば、問題の本質の解決にはならないといえよう。オーストラリア国立大学（Australia National University）が1991年後半から92年にかけて行った調査の結果がそのことを裏書きしている。つまり、「オーストラリア法に背反するアボリジニの慣習があった場合、彼/女らの慣習を斟酌するか」という質問に対して回答した271人の法曹のうちの40.6％しか賛意を示さなかったというのであ

る[63]。こうした調査結果の背景には、当時、アボリジニの弁護士が全豪でもわずか30人[64]という、法曹界におけるアボリジニ不在が少なからず起因していると考えられよう。NSW州青年弁護士会の前会長のトレムバース（Trembath, O.）は1993年に開催された「判決内容の決定へのアボリジニの参加を考える」というフォーラムでこの問題に触れ、「アボリジニはアボリジニの仲間による裁判を受ける権利がある」[65]として、アボリジニの司法参加の必要性について言及している。とくに、土地権問題をはじめ、政府の同化政策の一環として1970年代の初めまで続けられてきた親子強制隔離や人権侵害の問題など、アボリジニに関わる法律問題はその内容から見て彼/女ら自身でなければ解決できない側面が多々あるといえよう。

　人権侵害の問題等、法律をめぐる問題の解決やそうした課題への取り組みは、先住民族として社会的・文化的自立を志向するアボリジニのコミュニティにとっても重要な課題である。このことは、アボリジニ学生の法学を学ぶ動機を見てもわかる。アボリジニの学生は、他の学生とは異なる目的や抱負をもって法学部に入学してくるという。彼/女らの志望動機の多くは個人のためというよりむしろコミュニティの利益のためと考えた方がより適切であろう。したがって、コミュニティを代表して法律関係の教育を受けているのだという自覚と責任感を強くもっている者も多いとされる所以はここにある[66]。

　1997年4月に全豪のアボリジニの法学部生150人に対して行われた調査によると、回答者50人のうち76.7％が法学を学ぶ理由として「アボリジニのコミュニティに貢献するため」と答えている。一方、これとは対照的に非アボリジニの法学部新入生に対して行われた1995年の調査では「地域社会への貢献」をその動機にあげた者は8.1％に過ぎなかった。注目すべきは、1997年の調査でアボリジニの回答者の93％までもが「高収入を得るため」という質問項目を選ばなかったことである[67]。この点については、メルボルン大学の法学部講師（1993年現在）でクーリー連絡委員（Koorie Liaison Officer）も兼務するハンター（Hunter, R.）が当を得た証言を行っている。すなわち、彼女は、「自己実現のため、あるいは社会的公正の問題に取り組むために法学を専攻する他の学生たちとは異なり、アボリジニの学生はコミュニティの救済のためであり、彼/女らは絶えずコミュニティ

の期待という重圧にさらされている」[68]と指摘している。法律を学んで得た知識をアボリジニの人びとへの圧迫に対してどう役立て行使するのか、そしてそれをいかに運用し、コミュニティの利益にいかに結び付けるかといったところに彼/女らの学習意図がある[69]といえよう。この分野において、コミュニティの期待に応えるべく、より高い問題意識をもって勉学に取り組んでいるアボリジニの学生の真摯な態度がうかがえる。こうした状況は法学部に限らず、彼/女らの参加が多いとされる教育学の分野をはじめ、商業や社会福祉、保健といった専攻領域においても同じことがいえよう。

実際、社会的な不利益を訴える手段としてアボリジニのコミュニティが法律を行使し、土地権問題などを法廷で争うケースが増えてきている。それゆえに、アボリジニとのコミュニケーションが十分に図れ、アボリジニの側に立って彼/女らのコミュニティの権利を主張できる弁護士、すなわちアボリジニの実務法曹による問題解決の必要性が求められる。日本でも同様にこうした主張は、萱野志朗らアイヌ民族にも見受けられる[70]。こうした考え方は、先住民族に影響を与えるような法律上の解決およびその意思決定に彼/女ら自身が参画できる権利をもつという「自己決定」の保障の論理からも導き出されよう。

次節では先住民族アボリジニの「自己決定」とその理念に基づく法曹養成改革の展開に焦点を当てて考察し、日本のアイヌ民族の自己決定問題を考える視点を探ることとする。具体的には、彼/女らが置かれている状況の改善をめざす試みの1つとして、司法界におけるアボリジニの参加・参画を促すために、大学において法学教育の機会の拡大がいかに図られているのか、といった視点からの考察である。

第4節　アボリジニの自己決定と法曹養成

第1項　機会の平等化に向けた取り組み

法曹界へのアボリジニの参画を促す必要性が求められる状況下において、アボリジニで初めて法廷弁護士（barrister）の資格を得たオーシェイン

(O'shane, P.)のように、アボリジニの権利獲得のために働く法曹をアボリジニの中から輩出しようという試みが見られる。そうした試みは、法の執行過程におけるアボリジニの「自己決定」を促進するうえで重要な意味をもつと思われるが、他方でそれはアボリジニに対して大学における法学教育の機会をいかに提供していくかといった高等教育の課題とも深く関わってくるのである。

　オーストラリアでは、法曹養成に特化した専門職法学教育が各大学の法学部で行われている。大学の法学教育は日本の場合と異なり、大多数の学生が法曹になることを前提としており、その課程を修了し法学士（LL. B.）の資格を取得した者に晴れて法曹への道が開かれる仕組みになっている。とくに法学部は医学部と並びその威信が高く、入学資格を得るのは容易ではないとされる。その上、表4-1 (p.92)に見られるようにアボリジニの場合、大学入学資格の条件となる第12学年（Year12, 17歳）における就学率が比較的に低く、他のオーストラリア人との教育的背景が多分に異なる彼/女らにとって法学部への入学は疎か、大学入学さえ難しいのが現状なのである。1987年度における大学入学者全体の法学部に占める割合が2.9%であったのに対して、アボリジニの入学者の法学部占有率はそれより1％低かった[71]ことからも法学部入学の困難な状況がうかがえよう。法学部におけるアボリジニの在籍率をどのように高めていくのか、高等教育における均等化をめざす連邦政府にとっても喫緊の課題なのである。

　1990年、連邦政府はアボリジニと非アボリジニのこうした不均衡の是正を図るべく、アボリジニへの高等教育支援策の必要性を勧告した。さきにも述べたが、「万人に公平な機会を」（*A Fair Chance for All*）という報告書はそうした支援策の枠組みを示したものである。この報告書は、高等教育における「公正の達成」という国家目標の下、各大学が目標達成のために取り組むべき課題として、アボリジニなどマイノリティ学生の入学から在学中にいたる具体的な支援のあり方について例示しているのであった。大学側はこのように連邦政府が示した支援計画（案）を受けて、アボリジニ学生を受け入れるための具体的な計画の策定に取り組んだのであった。

　現在、一部の大学で導入されている「法学専攻進学準備教育」（Pre-Law Program）も、基本的には連邦政府の提示した既述の「専門課程進学準備

コース」(Bridging Course) と呼ばれる大学入学のための予備教育コースをモデルに開設されたものである。しかし、このプログラムは法学部に入学希望のアボリジニ学生を支援するために設けられた短期間の集中コースであり、その点では既存の特別入学の措置や専門課程進学準備コースとは若干異なる形態の法学部独自の学習支援システムとなっている。そして、このコースを修了した段階で、法学部が求めている学力に到達していたならば、専攻への正規入学が許可される仕組みとなっている。当初、この種の支援システムを提供している大学は、西オーストラリア大学、ノーザンテリトリー大学、マードック大学、グリフィス大学、NSW大学、モナシュ大学、ジェームズクック大学の7校でしかなかった。しかも、各校が提供するコースの内容は一様ではなく、その実施期間等においてもそれぞれ独自の取り組みが見られる。たとえば、NSW大学では、他大学でも採用されているオールタナティブなリクルート・プロセスを提供している。つまり、HSC (Higher School Certificate) という大学入学資格試験や特別入学選考 (special entry) 以外の方法として、「法学専攻進学準備教育」の4－5週間のインテンシブなプログラムが位置づいている。そのプログラムに参加し、学部が求める学力に到達すれば、コースへの正規入学を許可する仕組みが構築されている。また、不合格と判定された場合でも「科目等履修生」(Enabling Program) として登録するなど、再チャレンジの可能性も開かれている。2010年には、このプログラムで8人が法学部に入学し、5人が科目等履修生として登録している[72]。また、グリフィス大学法学部は高等教育公正助成による補助金(1万8千豪ドル)を得て、同コースを開設しているが、1996年度の場合には、夏季休業期間中の1月8日から2月8日を利用して入学希望のアボリジニ学生を対象に5週間集中の進学準備教育を行っている。その内容は次のとおりである[73]。

1週目…自己紹介→「法とは何か」という論題でのブレインストーミングやディスカッション→レポート提出。
2週目…オーストラリアにおける英国の法制度の展開とその施行、および判例の解釈についての学習→法廷の見学→レポート提出。
3週目…判例法および国際法の学習→レポート提出。
4週目…契約法の学習→レポート提出→筆記試験。

5週目…時間割の作成→チューターやカウンセラーとの面談→口頭発表→レポート提出。

NSW大学やグリフィス大学のような「法学専攻進学準備教育」は、アボリジニの権利回復のために働く法曹をアボリジニの中から輩出しようとする意図から進められたが、先住民族の「自己決定」を促進するうえで大いに意義があるといえよう。

一方、高等教育審議会（Higher Education Council）の調査によると、アボリジニの法学部入学者の数は、既述の報告書「万人に公平な機会を」の発表の翌年から1995年の間に158.3％も増加している。支援システム導入による効果が着実に現れていると見るべきであろう。しかしながら、審議会は非アボリジニの学生と比べてアボリジニの学生の学習の達成度が低いことを指摘しており、2000年に向けて取り組むべき最優先課題に設定した[74]。

第2項　結果の平等化に向けた取り組み

これまでの考察により、法学部におけるアボリジニの入学者の比率は顕著な伸びを示していることがわかった。しかしながら、入学を認められた学生のほとんどが難なく卒業にこぎ着けると言う訳ではない。入学後は他の学生と同等な学習レベルを求められるからである。ハンター等の調査によれば[75]、メルボルン大学では1989年から92年までに14人のアボリジニ学生が法学部に入学しているが、成業の見込みがあると認められる者が6人いたものの、1人は志し半ばで退学し、2人は入学を留保せざるを得なかったのである。残る5人については科目の取り消しおよび不合格により留年していることがわかっている。また、92年度に科目登録をしたのは12人であるが、11月の試験で全科目に合格したのはそのうちのたった4人であり、その後2人が追試を受け年度内に合格したものの、残る6人は再履修を余儀なくされている。

アボリジニの法学部生の科目合格率が非アボリジニのそれと比べ25％から29％も低いことは高等教育審議会の調査でも明白である。さらに、そうした傾向は特別入学制度により入学した学生に顕著であり[76]、彼/女らの入学後の成績不振が指摘されている。このことは、法学部開設の

1972年よりアボリジニ学生の受け入れ実績があるNSW大学でさえ、変わりはない。同大学の法学部では1972年から88年までに48名のアボリジニ学生が入学しているが、このうち15人しか卒業していないのである。

　アボリジニ学生の多くが高い問題意識をもって入学していることはさきにも述べたとおりであるが、とりわけNSW大学に入学する学生の多くは、それまでにアボリジニ法律相談所など法律に関係する職場で仕事をしてきて、自分たちに何が求められているのか、非常によく理解している。しかしながら、こうした背景が法学部を卒業することに関して有利になるというわけではなく、法律を学ぶにあたって必要な知識や技術がとくに彼/女らに備わっているということにはならない。それどころか、アボリジニ学生の多くがアカデミックな面での理解力に乏しく、また批判的な識字力が欠如していたり、授業中に自らの意見を述べたり、文章で表現したりすることに困難がともなうとされる。とくに、特別入学や進学準備教育のシステムを通じて法学部に入学したアボリジニ学生ほど時間配分の仕方が苦手であり、また、ノートを取ったり、専門書を読んだり、文章を要約したりすることや、予習をしたり、文書や会話でコミュニケーションをとるといったアカデミックな面での技能のレベルが低く、法律を学んでいくのに十分な学習の基礎が身についていない[77]とさえいわれる。したがって、入学後のアボリジニの法学部生の研究・学習活動を促進し、法学士取得に向けての支援をどう保障していくのかが重要な課題となってくるのである。

　NSW大学では、「先住民族学生のための法学部支援計画」(Law Faculty Support Scheme for Indigenous Students) が1989年より始められている。法学部における先住民族の卒業者の数を増やすことがその計画の主な狙いである。具体的には、不法行為法等の初年度開講の必修科目などを通して専門的な法律の学習に必要な技能や方法論についての理解を深めることを目的とし、チューターによる個別指導等 (tutorials) を中心としたアカデミックな面での支援が展開されている。これは、アボリジニ学生が法学関係の科目の単位を履修できるようにするために開発されたプログラムといってよいだろう。こうした個別指導のプログラムは通常、先住民族の学生の受講が集中する特定の科目の開講時に導入されているが、個々の学生やグループの要望に応じて付加的に提供される場合もある。たとえば教材に概

念的に難しい内容が含まれている場合や、また内容的に変化が見られる場合などには、とくにそうした個別指導の必要性が求められる。

　チューターは法学分野の専門知識が豊富で、授業担当者との連絡を密にとりつつ、これまでの学生としての経験やその成果を生かしながら個々のアボリジニ学生の指導に当たる。注目すべきは、そうした指導が技能や知識および能力において多様な先住民族の学生の要求に応じて作成されたシラバスに沿って行われている点である。ときにはチューターは、コンピューターに不慣れな学生に対してその使用方法を教授したり、また、法学の筆記試験に自信がもてない学生に対しては事前に試験準備のための講習会を開き、その場に法学の講師や学習支援センターからアドバイザーを招き[78]、アボリジニ学生の学習支援に当たらせるなど連絡・調整的な役割も担っている。とくに新入生に対しては、アカデミックな面での支援はもちろんのこと、学生生活の私的な面にまで及ぶ広範囲な支援が提供されている。この点に関して、実際に支援システムの恩恵を享受したアボリジニ学生の1人は[79]、「もしこのようなシステムがなくチューターもいなかったら、入学早々荷造りをし、コミュニティに帰郷していただろうし、また彼/女らのそうした支援がなければ、法学士取得のために大学に入学しなかったであろう。それというのも、チューターは私が問題や課題を抱えたときは、いつでも相談に乗ってくれ不安を取り除いてくれる存在であった」として、在学中の支援システムの重要性を示唆する内容の証言をしている。

　NSW大学では1989年に在学中のアボリジニ学生に対する支援計画が始められて以来、こうした取り組みによる成果は徐々に現れてきた。とりわけ、支援計画の目標の1つであるアボリジニの法学部卒業生を増やすことについては僅かながらではあるが増加傾向にあり、目標を達成しつつあるといってよかろう。1992年から95年には新たに12人のアボリジニの法学士が誕生しており、その成果が計り知れよう。また、法学関係の科目の履修率にしてもアボリジニ学生の合格科目は1989年には平均2.9科目であったのが94年の時点では平均3.3科目へと上昇しているのである。その反面で、不合格科目の割合は89年には32.5%であったのが94年には6.3%と激減しているのである[80]。

第3項　アボリジニの法曹養成の課題

　以上、本章では先住民族が置かれている状況の改善をめざすための１つの方途として、先住民族の「自己決定」の促進に求める視点の重要性について提起し、それが実際にオーストラリアで進められた大学改革の中でどう具体化してきたかを考察した。具体的には、まず、先住民族にとって「自己決定」がなぜ必要であるのか、また、それが先住民族に関わる事項に関する意思決定過程への参加・参画の権利とどう結び付くのか、といった点について主として先住民族問題に対する政策的な乖離について日豪の温度差をふまえて論じた。次に、オーストラリアの先住民族アボリジニの拘留死問題の検討を通して、法の執行における意思決定へアボリジニの参加をどう促していけばよいかを考察した。最後に、アボリジニの司法参加を促進するための大学の法曹養成システムの開放について、入学時および在学中の学習支援システムの導入・展開など、具体的に大学開放の方向性について明らかにした。

　以上のような視座にたって考察を進めた結果、アボリジニがオーストラリア社会において法的にマージナルな存在——法的マイノリティ——として位置づくことが確認された。これは、刑事司法面におけるアボリジニ理解の低さから生じる検挙・拘留の頻度の高さや彼/女らに対する不公平な処遇に起因しているのであった。

　その一方で、法の執行における意思決定のプロセスにアボリジニの視点を取り入れることによって、彼/女らの冤罪防止に努めようとする取り組みも見られる。すなわち、法曹界へのアボリジニの参加を促すことにより、実務法曹集団に占めるアボリジニの比率を高めようとする積極的な是正策であり、それは大学における法曹養成システムのアボリジニへの開放という方法で具体的に展開していた。こうした方法は、今日の日本の法曹養成制度改革の論議には見られない視点であり、アイヌ民族の自己決定を促す制度的保障の整備の問題とあわせ、喫緊に検討すべき課題といえよう。

　また、こうしたアボリジニの法曹養成を促進するための支援は、「法学専攻進学準備教育」など法学部入学前はもちろんのこと、在学中にまで及ぶもので、とくに在学中のアボリジニに対する学習支援システムは、結果

の平等化の促進を視野に入れた試みであるという点で特筆に値しよう。しかしその一方で課題が多いのも事実である。つまり、全豪の大学がこうしたシステムを導入している訳ではないことや学内におけるアボリジニに対する差別や偏見が根強いこと、そして教授・学習方法に文化的な違いがあり、文化的に不適切なカリキュラムおよび教材が見られること、また、ヨーロッパ的な学習環境の中で彼/女らが孤立感や疎外感を抱くといったことなど、未解決の問題も少なくない。これらアボリジニ学生の研究・学習活動を阻害する要因をいかに取り除いていくかが今後の課題といえよう。

　いずれにせよ、このようなオーストラリアにおけるアボリジニの法曹養成のための大学開放の取り組みは、さまざまな問題を含みながらも、法の執行過程における先住民族の「自己決定」の尊重という点で重要である。

　ところで、本章の第2節第1項で取り上げた政府の同化政策の一環として1970年代初めまで続けられた親子強制隔離もこうしたアボリジニの自己決定に関わる部分での問題である。親子強制隔離の問題は、アボリジニの子どもが親元から引き離され、施設や伝道所もしくは「白人」家庭で育てられ、「白人」社会を主要なエートスとする教育が施された結果、彼/女らの自尊心や、アイデンティティーが損なわれたという重大な問題である。しかも問題なのは、親子強制隔離の問題と第2節の第2項で指摘した不審な拘留死や不当な逮捕・拘留の問題が連動していたという事実である。つまり、逮捕・拘留されたアボリジニの多くがそれ以前に、親子強制隔離政策によって彼/女らの人権が侵害されていたということであり、また彼らの文化を否定されたことによるトラウマから精神面や情緒面において大きな傷痕を負っていたという問題である。そうしたことから考えても、アボリジニが関係する問題の解決やその意思決定にアボリジニ自身が参画できる権利が保障されなければならないであろう。その意味で、アボリジニなどマイノリティの「自己決定」の保障・促進という視点から、特定のマイノリティ集団の生活や運命に影響を及ぼし得る問題の「意思決定」に関わる専門家を当事者であるマイノリティの中から養成・輩出することは重要な課題となってくるといえよう。

【文献】

（1） Department of Employment, Education and Training, *National Review of Education for Aboriginal and Torres Strait Islander People: Discussion paper*, Australian Government Publishing Service (AGPS), 1994, pp.17-41.

（2） Queensland University of Technology, Gurruna-Mura, Aboriginal & Torres Strait Islander Unit.

（3） Royal Commission into Aboriginal Deaths in Custody, *National Report: Overview and Recommendations*, Australian Government Publishing Service (AGPS), 1991, pp.45-47.

（4） *Herald Sun*, Tuesday, 8th., Jun., 1993.

（5） Hughes, P. (ed.), *Report of the Aboriginal Education Policy Task Force*, Australian Government Publishing Service (AGPS), pp. 34-36.

（6） Department of Employment, Education and Training, op. cit., p.34.

（7） Department of Employment, Education and Training and National Board of Employment, Education and Training, op. cit., p.20.

（8） Pattison, S., Coordinating the Aboriginal Tertiary Support Unit, *Koorie Educational Trends in Northern Victoria*, 1992, p.9.

（9） *International Convention on the Elimination of All Forms of Racial Discrimination*（https://www.mofa.go.jp/mofaj/gaiko/jinshu/conv_j.html、2019年1月27日閲覧）。

（10）『読売新聞』1996年8月20日（火）朝刊。

（11）「自決の権利」は、国際人権規約（B規約）においても規定されており、日本もその締約国である。なお、「自決権」には民族としての分離・独立を意味するものもあるが、本節では内部的な自治・自律に基づく広義の「自己決定」権の意味で使用することを断っておく。

（12） 柳下み咲「国際機関における先住民族問題への取組み」国立国会図書館調査立法考査局編『外国の立法』第32巻2・3号、1993年、pp.8-9.

（13） 常本照樹「アメリカ合衆国における先住民の現状と法制度」ウタリ問題懇話会編『アイヌ民族に関する新法問題について―資料編―』1988年、p.39.

（14） 参考資料「アイヌ民族に関する法律（北海道ウタリ協会案）」ウタリ問題懇話会『アイヌ民族に関する新法問題について―資料編―』）1993年、p.3.

（15） United Nations, General Assembly, 61/295, *United Nations Declaration on the Right of Indigenous Peoples*, 2 Oct., 2007, p.5. 訳出にあたっては、上村英明『アイヌ民族の視点から見た「先住民族の権利に関する国際連合宣言」の解説と利用法』市民外交センター、2008年、pp.23－42を土台に若干の

修正を行った。(http://www.unhcr.org/refworld/docid//471355a82.html, 2010年1月12日閲覧)。

(16) *The Australian*, Jul., 17, 2000. なお、フリーマンの祖母は8歳のときに親から引き離され、パーム島 (Palm Island) に送られた。その後、彼女は母語 (dialect) や母文化を失い、実母ドラ (Dora) とのつながりも断たれたとされる。一方、公式謝罪を頑なに拒み続けるハワード (Howard, J.) 首相は2000年5月28日、警察の発表で推定15万以上の人びとが参加したといわれるシドニー・ハーバーブリッジを徒歩で渡る「和解行進」(Reconciliation Walk) にも参加しなかった (*The Sydney Morning Herald*, May, 29, 2000)。ちょうどその頃、筆者はオーストラリアのラ・トローブ大学で在外研究中であった。

(17) Aboriginal and Torres Strait Islander Commission, *As a Matter of Fact*, Answering the Myth and Misconceptions about Indigenous Australia, 1998, p.11.

(18) Read, P., *The Stolen Generations: the Removal of Aboriginal Children in New South Wales 1883 to 1969*, New South Wales Ministry of Aboriginal Affairs, Occasional Paper No.1, p.9. 引き離された子どもの数についての調査報告はないが、リードによれば推定10万人にのぼるとされ、6人中1人の割合で引き離されたという。

(19) Madden, R., *National Aboriginal and Torres Strait Islander Survey 1994*, Detailed Findings, Australian Bureau of Statistics, Australian Government Publishing Service (AGPS), 1995, p.ⅱ.

(20) Cunneen, C. and Libesman, T. (ed.), *Indigenous People and the Law in Australia*, Butterworths, 1995, p.44-45.

(21) *Aboriginal Deaths in Custody*, Overview of the Response by Governments to the Royal Commission, Australian Government Publishing Service (AGPS), 1992, p.4.

(22) Cunneen, C. and Libesman, T. (eds.), op. cit., p.44.

(23) Ibid., pp.44-45.

(24) Council for Aboriginal Reconciliation, *Walking Together*, No.15, 1996, p.8.

(25) たとえば、1回以上逮捕されたアボリジニの比率を見ると、子どものとき引き離されたアボリジニが21.8％で、そうした過去をもたないアボリジニの10.6％に比べて倍以上高いことが判明している。(Madden, R., op. cit., p.62.)

(26) Human Rights and Equal Opportunity Commission, *Bringing Them*

Home, Report of the National Inquity into the Separation of Aboriginal and Torres Strait Islander Children from Their Families, 1997, pp.18-21.
(27) Ibid., p.37.
(28) Ibid., p.153.
(29) Ibid., pp.162-163. なお、性的虐待については伝道所でも行われたという証言がある。2歳のときに生みの親から引き離され、15歳まで伝道所に入れられた女の子が、施設の職員の10代の息子に5歳から8歳までひどい性的虐待を受けた。この件について彼女は誰にも話すことができなかったという。それどころか今日でさえなお、彼女は自分自身に対する嫌悪感を抱いているという。(Buti, T., "Aboriginal Children: They Took the Children Away,"*Aboriginal Law Bulletin*, Vol. 3, No. 72, 1995, p.35.)
(30) Ibid., pp.53-55.
(31) Ibid., pp.170-171.
(32) Ibid., pp.13-15.
(33) Buti, T., "Aboriginal Children:They Took the Children Away," *Aboriginal Law Bulletin*, Vol. 3, No. 72, 1995, p.35.
(34) McRae, H., Nettheim, G. and Beacroft, L. (eds.) *Indigenous Legal Issues*, Commentary and Materials, LBC Information Services, 1997, p.408.
(35) Buti, T., op. cit., pp.35-36.「黒人ぼ」は侮蔑的な表現であるが、原語に忠実に翻訳した。
(36) Human Rights and Equal Opportunity Commission, op. cit., p.13.
(37) Buti, T., op. cit., p.35.
(38) Human Rights and Equal Opportunity Commission, op. cit., p.201.
(39) *The Australian*, May, 27, 1997.
(40) *The Australian*, July, 17, 2000.
(41) *The Australian*, February, 13, 2008.
(42) Human Rights and Equal Opportunity Commission, op. cit., p.270.
(43) United Nations, op. cit., p.5.
(44) Human Rights and Equal Opportunity Commission, *Bringing Them Home*, A Guide to the Findings and Recommendations of the National Inquiry into the Separation of Aboriginal and Torres Strait Islander Children from thier Families, 1997, p.3.
(45) National Aboriginal and Islander Children's Day, Naidoc Week, August 4th, 1990, p.3.
(46) McRae, H., Nettheim, G., Beacroft, L. and Mcnamara, L. (eds.),

Indigenous Legal Issue, Commentary and Materials, LBC Information Services, 1997, p.53.

(47) Ibid., p.222. なお、ATSIC に関しては、鎌田真弓「ATSIC──オーストラリア先住民族自治の試み」オーストラリア学会編『オーストラリア研究』第11号、1998年を参照されたい。

(48) Dept. of Employment, Education and Training, *AEP Implementation Precedures*, National Aboriginal and Torres Strait Islander Education Policy, Second Triennium 1993-1995, Commonwealth of Australia, 1993, p.3.

(49) Department of Employment, Education and Training, *AESIP Implementation*, Report to the Parliament of the Commonwealth of Australia, 1992.

(50) この概念の検討にあたっては、Royal Commission into Aboriginal Deaths in Custody, *National Report*, Overview and Recommendations, Australian Government Publishing Service（AGPS）, 1991, p. 73. を参考にした。

(51) MaRae, H., Nettheim, G., Beacroft, L. and Mcnamara, L. (eds.), op. cit., p.223. なお、この問題との関連で日本におけるマイノリティの処遇および彼/女らの政策決定への参加の問題について、朝倉征夫他「社会教育におけるマイノリティ──異文化集団の処遇を中心に」『日本社会教育学会紀要』No.36、日本社会教育学会、2000年を参照されたい。

(52) Royal Commission into Aboriginal Deaths in Custody, op. cit., p.4.

(53) Horton, D. (ed.), *Encyclopaedia of Aboriginal Australa*, vol. 2, Australian Institute of Aboriginal and Torres Strait Islander Studies, 1994, p.1284.

(54) Commonwealth of Australia, *Aboriginal Deaths in Custody*, Overview of the Response by Governments to the Royal Commission, Australian Government Publishing Service（AGPS）, 1992, p.5.

(55) Horton, D. (ed.), op. cit., p.1284. 高検挙率については、アボリジニ地区における警察官過剰の問題との関連性が指摘されている。たとえば、人口の80％がアボリジニとされるＮＳＷ州西部のウィルカーニア（Wilcannia）の町では、対警察官比が州全体の1対432に対して1対77であり、警官が過剰な状態にある。(McRae, H., Nettheim, G., Beacroft, L.and McNamara, L. (eds.), op.cit., p.356.

(56) Royal Commission into Aboriginal Death in Custody, *Report of the Inquiry into the Death of Edward James Murray*, Australian Government

Publishing Service（AGPS），1989, pp.1-26.
(57) *Aboriginal Law Bulletin*, No.5, 1982, pp.14-15.
(58) McRae, H, Nettheim, G., Beacroft, L. and McNamara, L.（eds.）, op. cit., p.366.
(59) Ibid., p.378.
(60) 解説教育六法編修委員会編『解説教育六法2004』平成16年度版、三省堂、2004年、p.65.
(60) Human Rights and Equal Opportunity Commission, op. cit., p.13.
(61) *Communities News*, No.2, Aboriginal Affairs Dept., Jul., 1996.
(62) Fletcher, C.,（ed.）, *Aboriginal Self-detemination in Australia*, Aboriginal Studies Press, 1994, p.372.
(63) Ibid., pp.99-104.
(64) Trembath, O., "Judgment by Peers," *Law Society Journal*, Vol. 31, No. 5, Law Society of New South Wales, 1993, p.45.
(65) Ibid., p.44.
(66) Hunter, R., Murray, G. & Cannon, T.（eds.）, *Aboriginal and Torres Strait Islander Students in the Melbourne University Law School: Maintaining Access; Ensuring Success*, Report arising from the National Conference on Establishing a Pre-Law Program for Aborigines and Torres Strait Islanders, Cairns, Feb., 15-19, 1993. p. 5.
(67) Dolman, K., "Indigenous Lawyers: Success or Sacrifice?", *Indigenous Law Bulletin*, Vol. 4, No. 4, 1997, pp. 4-5. 1994年に同様の調査がカナダのブリティッシュ・コロンビア州の先住民族の法学士に対して行われたが、「コミュニティへの貢献」が83％と高く、アボリジニに対する調査と同じような傾向が見られた。
(68) *Uni News*, University of Melbourne, 28, May, 1993, p.5.
(69) 中央クイーンズランド大学（Central Queensland University）においてアボリジニ男性で初めて法学士を取得したウィリアムズ（Williams, K.）もアボリジニの人権問題への関心から法学部を志望したという（*Job and Course Info Guide*, 7th ed., p.7.）。
(70) 『先住民族の10年News』第37号、先住民族の10年市民連絡会、1997年、p.5.
(71) Dawkins, J.S., *Higher Education: A Policy Discussion Paper*, Australian Government Publishing Service（AGPS），1987, p.102.
(72) NSW大学「ヌラ・ギリ学生センター」（Nura Gili Student Centre）のアカデミック・サポート・コーディネーターのロジャー、B.（Roger, B. 仮名）

への半構造化インタビューで得られた回答。なお、インタビュイーの名前は仮名とする。(2010年9月2日、於:「ヌラ・ギリ学生センター」学生センター)。

(73) Douglas, H., "Indigenous Pre-Law Program: the Griffith University Experience, *Aboriginal Law Bulletin*, Vol. 3., No. 83, 1996, pp. 8-10.

(74) Higher Education Council, *Equality Diversity and Excellence: Advancing the National Higher Education Equity Framework*, Australian Government Publishing Service (AGPS), 1996, pp. 25-27.

(75) Hunter, R., Murray, G. and Canno T. (eds.), op. cit., p.6.

(76) Higher Education Council, op. cit., p. 25.

(77) Penfold, C., *Support for Indigenous Students in the Faculty of Law, 1989-1995: Report to the Dean of Law*, University of New South Wales, Faculty of Law, 1996, pp. 1-5.

(78) Ibid., pp. 2-8. なお、連邦政府の雇用・教育・訓練・若者問題省(Department of Employment, Education, Training and Youth Affairs)はアボリジニ個別指導促進計画(Aboriginal Tutorial Assistance Scheme)の下、1週間で1科目につき2時間を限度に個別指導に対する財政的支援を行っている。通常、チューターには法学部の非アボリジニの上級生もしくは法曹養成校(College of Law)で実務研修を受けている卒業生が選ばれる。(Penfold, C., *Indidenous Students' Perceptions of What Contributes to Successful Law Studies*, p.18.)。

(79) Penfold, C., *Indigenous Students' Perceptions of What Contributes to Successful Law Studies*, pp.16-17.

(80) Penfold, C., 文献(77)前掲、pp. 8-9.

＊なお、第7章第2節は拙著「先住民族アボリジニの自己決定と大学開放」早稲田大学オーストラリア研究所編『オーストラリアのマイノリティ研究』オセアニア出版社、2003年、pp.169-187に補筆・修正を行ったものである。

第4部
先住民族の主体形成と
高等教育の再構築

第8章

オーストラリア先住民族の主体形成と脱植民地化の高等教育体系の構築

第1節　先住民族コミュニティの担い手養成と先住民族の法曹養成システムの陥穽

　第4章から第8章までアボリジニに対する高等教育および就労の支援について見てきたが、入学時の優遇措置から在学中の学習支援、卒業後、先住民族指定職（優先雇用枠）に就くまでの就労支援にいたるまで、オーストラリアでは、結果の平等を志向する視点から先住民族のエンパワーメントを促す制度的な仕組みが構築されている。こうした文脈をふまえて、1988年の高等教育改革以後のアボリジニの教員養成および法曹養成などの専門職養成の取り組みとその特徴について言及し、そのなかで、先住民族枠「被差別少数者特別推薦入学制度」（沖縄人および奄美諸島出身者を含む）を導入した四国学院大学や、入学後の修学支援とアイヌ文化の担い手としての指導者養成に取り組む札幌大学などの主として私立大学を中心とした日本型プロジェクトとの違いを示し[1]、オーストラリアの取り組みが先進性の高い国家レベルの施策であることを明らかにした。その施策の成果として考えれば、先住民族の担い手養成の推進や指定職採用（優先雇用枠）の導入が進められた1995年から10年間で先住民族人口が25万人も増加したことは特筆に値しよう。アファーマティブ・アクションの導入によ

り、先住民族であるアボリジニの存在をポジティブに捉える自己肯定感や自尊感情が醸成され、先住民族としての自己認識が高揚したと考えられよう。しかしながらその一方で、前述したように、メインストリームの学校における英語の教育を通して英国系社会への同化が促進されたという、アボリジニの本質主義者が唱える、いわば「盗まれた世代」（隔離同化政策）のディスコースが存在することも確かであろう。

　前章で述べてきたことからも明らかなように、政府の同化政策の一環として進められていた親子強制隔離政策が惹起した人権侵害問題等への取り組みを考えると、法の執行過程における担い手養成は、先住民族として社会的・文化的自立を志向するアボリジニにとって重要な政策課題である。NSW大学やグリフィス大学の取り組みで見てきたような「法学専攻進学準備教育」は、アボリジニの権利回復のために働く法曹をアボリジニの中から輩出しようとする意図から進められ、先住民族の「自己決定」を促進するうえで大いに意義があるといえよう。

　しかしながら、以下のような言説をふまえると、アボリジニのための法曹養成システムにも新たな課題が見えてくる。本節ではそうした課題とは何かについて2010年4月10日に配信されたBBC放送カルチャー・ドキュメンタリー[2]における諸言説をふまえて検討したい。

　BBC放送のカルチャー・ドキュメンタリーでは、暴力的な犯罪を減らすため、オーストラリアの司法制度は過去のアボリジナルの掟、つまりトライブの首長によって行われていた古来の裁判・懲罰の制度、いわゆるブッシュ・ロウ（Bush Law）から何を学ぶことができるかという調査報告を行っている。それによると、伝統的な裁き方を今なお続ける北部準州（Northern Territory）の「ワールピリ・トライブ」（Warlpiri tribe）のコミュニティであるラジャマヌ（Lajamanu, 人口700人）では、先住民族の法曹養成システムの導入を肯定的に捉えているとは考えられない彼/女らの独特の主張が読み取れる。

　以下のラジャマヌ・コミュニティの主張では、コミュニティ内でアボリジニの暴力や犯罪が少ない理由に加えて、自らのコミュニティをモデルケースとする問題解決の方法が如実に示されている。

第8章　オーストラリア先住民族の主体形成と脱植民地化の高等教育体系の構築

「ラジャマヌの人間のルーツはオーストラリアに住む多くの先住のトライブの1つ、ワールピリ・トライブです。ラジャマヌ・コミュニティは北部準州のアボリジニ・コミュニティ全体のなかで最も犯罪率の低いコミュニティの1つです。私たちのコミュニティで暴力や犯罪が少ないのは、アボリジニの『掟』の厳しさと、それを皆が尊重しているからです。たいていの若者は物わかりがよく、あれやこれはしてはいけないといえば、ちゃんということを聞きます。ヤパ（筆者注：先住民族）の掟は今でも強固で、コミュニティには掟と秩序を後ろ盾とした首長たちがいます。

　アボリジニ・コミュニティにおける犯罪・暴力増加の問題を解決する方法は、政府がアボリジニの掟や言語・文化の実践を法的に認めるしかないと考えます。私たちは『白人』の法によって罰せられても、『白人』は私たちの掟によって罰せられることはありません。この違いはなんでしょう。『白人』は捕まらずに去ってしまうのです。私たちの慣習法および文化が『白人』社会の法律と制度を通じて認められることを望みます。私たちが見たいと願うのは、ヤパが私たちの掟や慣習、権利により罰せられることです。ヤパが私たちの罰、トライブの罰を受けてから、連れて行かれて『白人』社会の法律によって裁かれればよいのです。トライブの罰が与えられる前に『白人』社会の法律が入り込み、加害者を連れ去ってしまうと、暴力は加熱するのです」

　また、本ドキュメンタリーにおいて、同コミュニティの首長ジョンソン（Jonson, M. J.）が、上記のコミュニティの主張を補足し、以下のような示唆に富む解説を加えている[3]。

「アボリジニの掟は、人が悪いことをしたときに罰するためばかりのものではありません。私たちが何かをするとき、いつも私たちの中心にあるものです。それは私たちと共にあり、生まれてから死ぬまで、生活の手引きとなるのです。今ではアボリジニの掟は歴史の一部に過ぎないと思っている人もいます。それは間違いです。それは私たちの歴史であり、物語であり、裁判制度なのです。オーストラリアの将来にとって最大のカギの1つなのです」

ワールプリの刑事司法制度は包括的な法律一式で、最も重大なものから軽犯罪までを扱う。ジョンソンは、そうした裁判制度を「ヤワル・マヌ」と称し、このような不文律な法制度の中に重要な価値を見いだしている。つまり、浅野が提起する、「法における国家法と非国家法の併存を認める」[(4)]いわゆる法多元主義に近い考え方を示唆しているといえよう。

　さらに、彼は続けて当時の首相ラッド（Rad, K）に以下のようなメッセージを送っている。

　　「現在、オーストラリアの首相であるあなたに、我々の掟と文化、慣行を支援・奨励し、強化していただきたい。私たちはあなたがたの文化により泥沼にはめられました。あなたがたの文化はあまりに重く私たちにのしかかっています。あなたの支援・手助けが必要です。お願いですから、何か行動を起こしてください」

　上記のジョンソンの語りが示唆することは、先住民族にとって不合理な法的処遇が今なお行われていることは否めず、法曹養成のカリキュラムが英国系社会のルールによって維持されている限り、メインストリームにおける先住民族の法曹養成の拡充が問題の根本的な解決にはいたらないということである。

　そうした中、ジョンソンは本ドキュメンタリーにおいて合理的な提案をしている。すなわち、「あなたたちが半分歩み寄り、私たちが半分歩み寄る。そして力を合わせる。あなたたちの考えと私たちの考え。それらを1つにするのです」と述べている[(5)]。この言葉は、後述する「アボリジニと非アボリジニの両者による双方向の教育」（Both Education）に近い概念であるが、そこにはポストコロニアルにおける先住民族の主体形成のあり方に向けてのヒントが隠されているように思われる。

　彼の言葉と既述の「先住民族の権利宣言」を重ねれば、国家には、「先住民族と連携および協力し」て、双方向性の「特別な措置」を講じる仕組みの構築の必要性が求められるということであろう。次節では、上述のジョンソンの言説をふまえて、モナシュ大学におけるアボリジニの主体形成を

めざす教員養成とはどのようなものか、具体的な取り組みについて考察したい。

第2節　アボリジニ主体の専門職養成としての教員養成

　本章では、前節における問題提起をふまえて、専門職養成の1つとしての教員養成に注目し、モナシュ大学ではアボリジニ主体の教員養成システムがどのようにして構築されているのか、質的研究の方法を交えながら考察し、日本におけるアイヌ民族主体の教員養成プログラム構築の可能性について示唆を得たい。

　先住民族を自立した主体として位置づけ、先住民族と非先住民族との対等の関係性の構築をめざす札幌大学のウレシパ・プロジェクト（第2章で詳述）の取り組みは、先住民族の主権を回復する試みの1つとして貴重な先駆的モデルとなり得る。

　しかしながらその一方で、1984年に社団法人北海道ウタリ協会総会でアイヌ新法として希求し、可決された既述の「アイヌ民族に関する法律」（非国家法）の第4項の「…〈前略〉…講座担当の教員については既存の諸規定にとらわれることなくそれぞれの分野における<u>アイヌ民族のすぐれた人材を教授、助教授、講師等に登用し</u>、…〈後略〉…」[6]（下線部は筆者）という規定がプロジェクトに反映されていないという問題や、続く第5項の「アイヌ語、アイヌ文化の研究、維持を主目的とする国立研究施設を設置する。これには、<u>アイヌ民族が研究者として主体的に参加する</u>。従来の研究はアイヌ民族の意思が反映されないままに一方的に行われ、アイヌ民族をいわゆる研究対象としているところに基本的過誤があったのであり、こうした研究のあり方は変革されなければならない」（下線部は筆者）という根本の問題については、課題の克服にはいたっておらず、今後の検討課題といえよう。

　それは、ウレシパ教育を行う主体が和人であり、とりわけ教授組織の主体にアイヌ民族が参加していない点からも推察されよう。当事者としてのアイヌ民族自身が主体となるアイヌのコミュニティの担い手養成が肝要であることは自明であり、ウレシパにおいてもそうした担い手養成の一環と

してアイヌ民族の研究者の養成も今後期待されるが、いずれにせよアイヌの担い手を養成する指導者としての研究者の養成は最重要課題であろう。アイヌのコタンのリーダーとなる担い手の養成の必要性については、既述の北海道環境生活部が2013年に行った「北海道アイヌ生活実態調査」による分析結果からも明らかなように、アイヌの指導者の養成は、これまでもアイヌ・コミュニティの喫緊の課題とされてきたからである。

　本章では、そうした点をふまえて、先住民族アボリジニを主体とした教授陣によるアボリジニの担い手養成に取り組むオーストラリアのモナシュ大学の先住民族主体の専門職養成・能力開発の仕組みについて考察し、日本におけるアイヌ民族の主体形成に向けての課題を提示したい。

　さきにも述べたように、オーストラリアの大学における先住民族支援の歴史は、政策的には1988年の高等教育改革における教員養成をはじめとする先住民族へのアファーマティブ・アクションの歴史と重なる。モナシュ大学（Monash University）においてもそのルーツは古く、大学創設時に遡り、1964年のアボリジニ問題研究センター（The Centre for Research into Aboriginal Affairs）の設置や1984年創設の入学支援を目的とするアボリジニおよびトレス海峡諸島系民族のための「架橋コース」（Bridging Course）としての「アボリジニのためのモナシュ・オリエンテーション計画」（Monash Orientation Scheme for Aborigines）を起源とする。現在の「ユレンディ先住民族支援室」（Yulendj Indigenous Engagement Unit）の設置へとつながる先住民族支援の素地は、その当時にできたと考えるべきであろう。今日、その規模の違いはあるにせよ、オーストラリアの大学の多くが先住民族支援のプログラムを有していることは周知の事実であるが、モナシュ大学の取り組みは、先住民族の主体性を尊重する教員養成の仕組みの構築をめざす点において他大学のプログラムとは一線を画する。その理由を示す言説が「オーストラリアの教育における公正とアクセス」（Equity and Access in Australian Education）をメーンテーマとする「モナシュ大学教育学部創立50周年記念カンファレンス」（2014年10月31日）におけるスピーチの一端に垣間見られる。2014年の教育学部創立50周年を祝う基調講演のキーノート・スピーチにアフリカ系アメリカ人の女性教授を招聘し、その問題提起に対するレスポンスに学部を代表してオーストラリア先住民族にルー

ツをもつ専任講師のアンダーソン（Anderson, P. J.）を大抜擢した。次のローラン（Loughran, J.）学部長によるカンファレンス開催に臨む挨拶は先住民族主体の教育システム構築の必要性とその意義を裏づける。

「教育学部を代表して、アンダーソン博士がレスポンスしてくださいます。それには、特別な理由があります。ワシントン（Washington, T. G.）教授の話をお聞きになったように、そしてその話が実は何を意味しているのかをよく考えてみると、ある意味、アメリカがまったく別世界であるように思えてくるでしょう。なんて素晴らしい話だ、誰かがそのような難題を引き受け、取り組み、それをチャンスに変え、成功させたという素晴らしいことだと、皆さんはおっしゃるでしょう。そこで私たちは、ここオーストラリアで私たちが何をするのかということを考えなくてはいけません。私たちが直面している課題は何なのか、どうやってそれらに対処すべきなのでしょうか。アンダーソン博士が本学部を代表して、私たちが取り組んでいる先住民族教育についてお話ししてくださいます。それは私たちにとって新しい世界であり、新しい試みです。とてつもない挑戦であり、博士はそれをチャンスに変えようとしているお一人です」[7]（下線部筆者）

上述の語りの文脈から、先住民族主体の教員養成システムの構築を企図した大学の変革に向けてのローラン（Loughran, J.）学部長の強い決意がうかがえよう。彼が意図するところは、先住民族主体の教員養成の仕組みの構築を企図する教育制度・教育機関の確立であろう。その根拠として、この声明（宣言）の翌年には、アンダーソンがモナシュ大学先住民族諮問委員会（Monash University Indigenous Advisory Council, IAC）の副議長として同委員会の意思決定に関わっており、彼は学長および上級管理職に対して先住民族の教育におけるアクセス・参加・学習成果および先住民族の研究・雇用に関するプログラムについて助言もしくは地域の先住民族コミュニティの意見を具申する立場にある。アボリジニが大学教育の意思決定に関わることは、第5章で示した連邦政府の高等教育支援策により大学における教育上の意思決定過程へのアボリジニの参加・参画を促すメカニズム

が働いていることからも、今日、珍しくはないが、大学講師になって間もない彼が、2015年現在、アボリジニの教授を含めて18人（内アボリジニの委員9人と推定）で構成される諮問委員のなかで、大学の諮問委員会の副議長[8]というポストに就くことは異例のことというほかないであろう。

しかしながら、こうしたアンダーソンの昇進に対して彼の指導教官（supervisor）でもあったエリザベス（Elizabeth, 仮名）は次のような懸念を抱く。

「オーストラリではアボリジニが教官として学部に所属することは難しく（センター所属のアボリジニの教官が多い）、アンダーソンのような教育学部に属する教官は全豪の大学で1人か2人しかいない。それだけに、大きなプロジェクト・リーダーとして引っぱられる可能性があるなど、学部の外に出されてしまい周辺化されてしまうというメカニズムが働くという問題も起こり得る。彼は上級講師（Senior Lecturer）への昇格も早く、サクセスフルであるが、昇進の理由はアボリジニであると思われてしまうなど、彼に対する妬みもなくはないであろう」[9]と。

以下では、こうした言説をふまえて、1つに、モナシュ大学の教員養成において先住民族が主体となる教授・学習の組織化がどのように図られているのか。2つに、そうしたプログラムに先住民族の教授・学習観（Indigenous perspectives on teaching and learning）がどのようにして組み込まれているのか。モナシュ大学の教育学部の授業における参与観察を通してアボリジニが主体となる教授・学習の組織化およびアボリジニ理解の教授・学習方法の開発の可能性と課題を探ることにする。

モナシュ大学教育学部2015年1学期の授業（EDF2031- Indigenous perspectives on teaching and learning-S1・2015）の単元ガイドによれば[10]、授業の狙いは「ナショナル・カリキュラム」（*Australian Curriculum*）および「国家教職スタンダード」（*Australian Professional Standards for Teachers*）に照らして、「アボリジニおよびトレス海峡諸島系民族や彼/女らの歴史、文化的アイデンティティー、言語的背景に対して幅広い理解と認識およびリスペクトに努め」、アボリジニおよびトレス海峡諸島系民族の生徒の教育にそれ

がいかに有効であるかを認識させることであるとされる。そこでは、先住の伝統的なコミュニティに出自をもつ学習者に関わり、どのように彼/女らの学習成果をあげ、そしてアボリジニおよびトレス海峡諸島系民族と非先住オーストラリア人との和解を促進するパートナーシップをいかに構築していくのか、そのための技能や見識を養うことの重要性が示されている。モナシュ大学では、教師の専門職性の開発を最重点項目にあげており、そのことは、マ・リーア（Ma Rhea, Z.）と、アンダーソンおよびB・アトキンソン（Atkinson, B.）のアボリジニ研究者2人を加えた共同研究プロジェクトの成果報告書として「アボリジニおよびトレス海峡諸島系民族における教育改善──国家教職スタンダード重点分野1.4 および2.4」（*Improving Teaching in Aboriginal and Torres Strait Islander Education: National Professional Standards for Teachers, Standards Focus Areas 1.4 and 2.4*: 2012, 9, September）を上梓したことでも認識できるようにその刊行意図は明白である。本報告書は、アボリジニを共同研究者として位置づけ、研究上の情報交換や意見交換等の討議に先住民族の研究者が参画しており、可能な限り先住民族主体の研究の手法に近づけた点で先駆的な研究成果物といえよう。

　さらにいえば、筆者も、Visiting Scholar としてモナシュ大学を訪問した2015年に、同大学の研究者と本研究成果の一部でもあるが、国際的発信を企図した国際共同編集書籍（Maeda, K, Ma Rhea, Z., Anderson, P. J. and Chizu, S.（eds.）*Post-Imperial Perspectives on Indigenous Education: Lessons from Japan and Australia*, New York and London: Routledge）を刊行する共同研究プロジェクトを立ち上げており、ここでも編者もしくは分担執筆者として参加するアボリジニの研究者の理解・協力を得ながら研究を進めるという手法を用いている。

　なお、筆者は、在豪中の2015年5月から9月までモナシュ大学教育学部1・2学期の授業「先住民族の教授・学習観」（EDF2031- Indigenous perspectives on teaching and learning-S1・S2 2015）・同大学院2学期の授業「専門職的実践における先住民族観」（EDF5657- Indigenous perspectives in professional practices-S2 2015）において参与観察の機会を得た。また、2015年の9月以降、現在までMonash Affiliate として関わる中で、モナシュ学習システム（Moodle）へのアクセスの機会を得て、非教授スタッフとし

て継続的に上記の授業へのアプローチを行っている。次節では、そうした授業における参与観察やモナシュ学習システムへのアクセスとモナシュ大学への数度にわたる訪問観察調査を通して入手したデータに基づいて得られた知見を提示したい。

第3節　モナシュ大学教育学部の授業におけるアボリジニ主体の教授および研究の組織化

オーストラリアにおいて先住民族が主体となる教授の組織化およびアボリジニの主体性を尊重する教員養成の取り組みを検討するにあたっては、先住民族に出自をもつH・アトキンソン（Atkinson, H.）教授によるプレゼンテーションが示唆的である。2011年3月3日に開催された「先住の伝統的な民族の教育――メインストリームの学校教育に焦点を当てて」（*The Education of Indigenous and Traditional Peoples: A Focus on Mainstream Schooling*）と題する先住民族教育セミナー[11]において先住民族の教員養成の必要性について説いた彼のディスコースは、以下の文脈から容易に推察されよう。

「教育を受けた学生たちは、いつか教壇に立ち、母校に戻って先住民族の生徒を教える日が来るでしょう。それが、私たちの理想です。もしそれが、先住民族言語を教えることができる先住民族の教員であれば、あえて先住民族言語を学ぶ必要はないわけです。そして何よりも先住民族の教員は、彼/女ら自身のコミュニティや生徒から尊敬されるでしょう。そのことが多くの問題を解決することにもつながるのです」

上記のH・アトキンソンの語りは、先住民族の児童・生徒の教育にとって先住民族に出自をもつ教員の養成がいかに重要であるかを示唆する言説であるといえよう。先住民族教師による先住民族児童・生徒に対する先住民族言語の教育が先住民族児童・生徒の主体形成につながることは先行する先住民族研究においても明らかにされているが、H・アトキンソンと同様の主張は、ラ・トローブ大学のヌガーンギ・バゴラ先住民族センター（Ngarn-gi Bagora Indigenous Centre）の先住民族スタッフのケリー（Kelly, C.,

仮名）の以下の語りにおいても見受けられる[12]。

　「私のいとこの1人は先住民族生徒が多いとされる地方の学校の校長をしています。そのため、非先住民族生徒の両親からの先住民族教育に対する反対は少ないと想像できます。先住民族教員の数が多ければ多いほど、<u>先住民族生徒は先住民族教員と共感できる傾向があると推測します</u>。また、先住民族教育も先住民族教員によって行われたほうが、現実味があります」（下線部は筆者）

彼女は同民族による教育の必要性を「共感」という言葉で結んでいる。しかし一方で、このような考え方に対して否定的な反応を示す保護者が少なくないのも事実であり、そのことを裏づける博士候補生であった頃のアンダーソンの次のような証言がある。彼は保護者の理解が得られない状況を次のように述べている[13]。

　「私は、他の教員養成プログラムで仕事をした経験があります。モナシュ大学の魅力の1つが、修士や博士などあらゆるレベルの教育課程を擁する教育学部にあります。オーストラリアはとても人種差別が激しい国なので、このプログラムは先住民族の教員たちに非先住民族の子どもたちを教える自信を与えると考えています。私には、アボリジニでメインストリームの学校で教えている友達が多くいるのですが、保護者たちはなぜアボリジニが自分たちの子どもたちを教えているのかと校長などに不満をぶつけるようです。アボリジニの教員が教員資格をもっているのか、どこで学位を取得したのかなどと聞くのです……。先住民族の教員は保護者や校長と闘わなくてはならないため、本来の仕事に集中することが困難になってしまいます。教員をめざすアボリジニを私たちの学科で受け入れるのは実はとても大変なことなのです」

また、教員養成に関わる先住民族の教授に対してもネガティブな反応があることも拭いきれない。H・アトキンソンと行っている共同研究プロジェクトのパートナーである准教授（現教授）のマ・リーアは、次のような指

摘をする[14]。

「我々大学の教員は、先住民族のために提案されたプログラムに対して多大な精神的な負担を強いられます。その理由の１つとして、学部の試験でH・アトキンソンが採点することで学生がストレスにみまわれるのです。そしてある時、えぇー、本当にあなたが採点するの、と嘆くのです。思うに、もしも試験がなければ、彼/女らはこれまでアトキンソンの授業を真剣に受けなかったでしょう。アンダーソンに関しても同様です。彼は、学生のストラテジック・プランニングについての試験を採点します。ところが、『彼がストラテジック・プランニングの何を知っているのでしょう、彼はアボリジニですよ』といわれます。彼がアボリジニというだけで、まるで彼がアボリジニに関することにのみ意見をもっているように考えられがちです。このような理由から先住民族の教員には人種差別や多大な精神的な負担が伴うのです。高等教育の課程でさえ起こり得るのです。しかも、こうした人びとは教養のない人びとではなく、教養のある人びとなのです。やっかいなのは、そうした人びとは優秀なのですが、信じられないほどの人種差別主義者であり、しかも教養のある中流階層出身者であるのです。しかし、これは我々が直面しなくてはならない仕事なのです。避けることはできません」

マ・リーアの語りから推察されることは、大学において、制度的な差別の解消に向けての取り組みや担い手養成の基盤となる先住民族に対する社会参画促進策の制度化が進められる一方で、先住民族との良好な関係の構築が困難な実態が浮かび上がる。

また、マ・リーアはさらに続けて次のようにも述べている。先住民族との関係性の構築のためにモナシュ大学で実施されている「先住民族と非先住民族の両者による双方向の教育」（Both Education）の有効性について指摘しているのである。

「私たちのクラスでは、先住民族と非先住民族の両者による教育を行っ

ています。マーク、ジョージ、グレンと私たちは協力してクラスを教えています。1人で教えるより、複数で教えた方が効果的です。私たちはこの方法もしくは『先住民族と非先住民族の両者による双方向の教育』をモデル化し、先住民族と非先住民族の相互理解を深めることでリサーチ・パートナーの関係を発展させることを狙いにしています」

　いずれにせよ、H・アトキンソンの問題提起は、彼の他大学への転籍という状況の変化はあるものの、その教授・学習理念は現教授のマ・リーア（当時上級講師）と上級講師に昇進したアンダーソン（当時専任講師）に引き継がれ、アンダーソンを主任（Chief Examiner）とするコーディネーター2人を含む5人の講師で構成される教員組織による教授・学習の組織化が進められている。授業は、基本的に1週間で1時間の講義と講義の後に行われる1時間のチュートリアルな指導で構成されており、チュートリアルの指導は当時5人の講師が交替で担当し、その前の講義にはその後のチュートリアルにコミットする教員および助言者としてアボリジニの博士候補生のB・アトキンソンが参加し、当事者としてのアボリジニの研究者との連携による授業に取り組んでいる。ところで、そうした一連の授業で筆者が参与観察を行っていることはさきにも述べたが、ブルーバーカー（Brubaker, N.）が担任するチュートリアルのクラスの学生に対して、非教授スタッフとしての筆者は、2015年5月29日、本授業終了後に先住民族に対する彼/女らの意識の変化を問う半構造化インタビューを行っている。インタビューに答えた学生からは、授業をポジティブに評価する以下のようなコメントが寄せられ[15]、本授業の履修において先住民族に対する彼/女らの認識の変化が読み取れよう。

　「学級における教授方法の問題についてより深く考えるようになりました」
　「学級に先住民族の子どもがいる場合の教育の方法を考えるうえで良い素材を提供してくれました。文献購読や討議、ユーチューブ・ビデオを通して本コースから多くの事柄を理解できたのは明らかです」
　「先住民族に対するリスペクトの必要性に気づきました」

「この国で何が起こったのか、またアボリジニの人びとに対して何が行われたのか、オーストラリアの歴史について一般的な認識が得られました」

　「私は Aboriginal という言葉を初めて知るようになったとき、実際のところ、aboriginal, indigenous と local における概念の違いについて正確に区別することができませんでした。私は同じ概念であると思っていましたが、こうした言葉にはかなりの違いがあることを知りました」

　また、本単元における学習の成果を問う半構造化インタビューにおいても、以下のように今後の学級経営に資する面で本単元が効果的であるとの意見が示された[16]。

　「これまで学校にはアボリジニ児童はいなかったので、アボリジニの歴史や政策、文化全般については関わってきませんでしたが、(アボリジニについて) かなり多くの認識が得られました。…〈中略〉…こうした点で、本当に (授業に臨む) 心構えができたと思います」

　「本授業の教科書はかなり役に立つと思います。アボリジニ観や実践方法、識見について多くのことが学べます。…〈中略〉…より深い知識を得るために 1 年間こうした単元の学習をするのはよいかもしれません」

　学生たちによる回答は、既述の「アボリジニおよびトレス海峡諸島系民族や彼／女らの歴史、文化的アイデンティティー、言語的背景に対して幅広い理解と認識およびリスペクトに努めること」[17]（下線部は筆者）とする授業の単元ガイドの文脈に鑑みて、本授業が、将来自らが担うであろうアボリジニおよびトレス海峡諸島系民族の児童・生徒に対する教育にいかに有効であるかを示す証左といえよう。
　また、筆者は 2016 年 8 月 25 日に訪問した際に行ったフリーア（Freer, J.）の初等教育学士取得コース（Bachelor of Primary Education）の 2 年生に対するチュートリアルの授業で参与観察を行ったが[18]、そこでは前者の授業とは異なるアクティブ・ラーニングの授業への取り組み、すなわち学生との相互作用を通じて、お互いに影響し合うダイアローグの学習の過程が

形成されていた。

　まず、フリーアはクラスで教育実習の事後指導として学生が実習で培った経験知の共有化を図ることから出発し、アボリジニの子どもと向き合う教師の態度や教授方法について重要な意味づけを行っている。

　フリーアの指名に答えたグラント（Grant, 仮名）は教育実習を振り返り、以下のような厳しい意見を述べている。

　「おそらく、1つ少し足りなかったことはそれです。先生がある日不在で、わたしは教育資料にあるアクティビティを指導するように頼まれましたが、それはひどいものでした。それは、奥地にある自然の食べ物に関するもので、本当に誠実な内容でないように見えました。『アボリジニの』などの簡単な言葉も頭文字が大文字になっていないとか、そのような感じで。私はそれは良くないと感じ、教えたくありませんでした。まさに、馬鹿げていました」

　一方、グラントの考えに対してフリーアは、「けっこうです。それが、我々があなたたちにできるようになってほしいと思っていることの1つです。<u>リソースを評価する自信をつけ始めてほしいと思っているのです。なぜなら、良いリソースで始めれば、良い授業がとてもやりやすいからです。くだらないリソースで行き詰ってしまえば、あなたは、くだらないものしか教えられなくなります</u>」（下線部は筆者）と述べて、グラントの授業での対応の仕方を肯定的に捉え、授業におけるリソースの質を見きわめる力量を教師として培う必要が肝要であることを示唆する発言をしている。さらにフリーアは「今日の先生方はとても忙しい──<u>そこにピカピカの新人のあなたたちがよりよい視野をもってやってくるのですから。学校にはすでに問題があって、先生方は気が付いていないだけかもしれません。</u>よくできましたね。教育実習の経験をシェアしたい人、他にいませんか。誰かほかに、実際に授業をしなくてはならなかった人は？　オーケー。話してください。教えるのに十分なだけの教材がありましたか」（下線部は筆者）として、学校の教師の気づきの重要性についても指摘する。

　グラントの考えに対するフリーアの見解は、「このコースが果たすべき

本当の役割とは何かであり、アボリジニの人びとに対してどのようにリスペクトをもって接するか、そしてどのように教材の質を評価し、そのリスペクトを確かなものにするシラバスをどのように作成するかについて学ぶことです」（下線部は筆者）という語りに集約されるが、もう1つのアボリジニの人びとに対するリスペクトを育む教育空間の環境づくりをする必要性を以下のように指摘する。

「みなさんの多くは同質なグループをもっています。私は能力別学級で育ちました。私は1つの能力で集められた小学校のクラスにいました。この方が、教師にとって非常にやりやすかったのです。私の兄はわたしと同じ年でしたが、同じ能力別学級にはいませんでした。1つしかグループがなかったら、明らかにその方が簡単です。ですから、私はあなたたち全員が直面している課題を認識しています。複数の民族性、複数の能力、複数の言語……それらを引き受けることは非常に困難です。しかし、あなたは文化的に安全な環境を生み出さなくてはなりません。あなたはまた、学業の達成を奨励する環境も創造したいのでしょう。ですから、あなたがそうするのに役立つことの1つは、誰があなたの目の前にいるのかを理解することであり、それがこの単元（unit）の目的です。しかし、アボリジニやトレス海峡諸島系民族の子どもがクラスにあまりいないかもしれません。もしあなたが彼/女らを理解し、彼/女らにとって文化的に安全で歓迎する環境を生みだしたら、クラスの他の子どもたちにそういった人びとに対するリスペクトを教えることになります。…〈中略〉…それが、私たちのオーストラリア先住民族に対する考え方です。ですから、あなたのクラスの中に先住民族の子どもがいると気づかなくても、彼/女らはそこにいるかもしれないということを知っていたほうがよいのです。その点で配慮が無駄にならないように。それはとても重要なことです」（下線部は筆者）

以上考察してきて、フリーアの授業を通していえることは、アボリジニの児童・生徒と向き合う教員養成の意味の重要さである。彼女は、「先住民族の権利宣言」の「…〈前略〉…異なるものとして尊重される権利を有

する…〈後略〉…[19]」という宣言文の趣旨に照らして、①アボリジニにとって適切な教材かどうかを精査する、②アボリジニをリスペクトする、③ステレオタイプ的な見方に依存しない環境、すなわちアボリジニの児童・生徒を受け入れる教室環境を整備する、としてインクルーシブな教員養成の必要性を指摘する。アボリジニ教師教育学会会長のアンダーソンによれば、初等・中等の教員養成のための教育実習は、アボリジニのコミュニティが多い遠隔地域での実習が望ましく、実際、モナシュ大学をはじめ、西オーストラリア州の大学では遠隔地域での教育実習を推奨している。こうした背景には、教師としてアボリジニ児童・生徒の教育に携わるには、少なくとも上記のような3つの考え方を教員実習に臨む心構えとして内面化する必要があることが示唆される。

　上記の3つの考え方のなかでも、彼女の説く教室環境の整備とは何を意味するのであろうか。安全でアボリジニの子どもを歓迎するスペースをどのようにしてつくるのか。

　本授業の後半における以下の彼女の言葉からはその意味が読み取れよう[20]。

「アボリジニの子どもたちは、他の子どもたちと同じように反応できるのに、その後ろに隠れているのだと。彼/女らが宿題をしなかったり、怠けたり、何であれ、そういうときは、教師としてのあなたにとってはとてもやりにくいです。なぜなら、アボリジニの子どもを名前で呼ぶと、恥ずかしがらせることになるかもしれないからです。しかし、一方で、教室のなかでは雰囲気をつくって、『私はみなさんがときどき授業に貢献してくれることを期待しています。ですから文化やその他のものの陰に隠れたりしないでください。いつか、あなたに手を挙げてもらいたいです』といいましょう。で、彼/女らがここでいっているのは、私たちは手を挙げ、授業に貢献するということです。そこにはなんの恥じることもありません。この雰囲気をあなたの教室でつくり、単に彼/女らの名前を呼ぶことは止めましょう。それはまだ文化的に微妙なことだからです。では、どのように名前を呼ばずに授業に参加させることができるのでしょうか。彼/女らを招き入れるのです。つねに彼/女らに手を挙げ

るよう招き、間違っても恥ずかしいなどということはないようにするのです。あなたが教師として、その可能性を生みだすことが非常に重要です。いいですね？」（下線部は筆者）

　フリーアの語りからは、アボリジニの子どもが学校に行きたくなるような、インクルーシブで魅力ある学習環境の構築の必要性が読み取れよう。フリーアは、本授業を通してアボリジニをリスペクトすることを期待される唯一安全で歓迎する場を生みだす学習施設が学校であるとし、アボリジニのクラスが文化的により豊かであればあるほど、彼/女らが安心でき、侮辱されることなく、彼/女らの学習ニーズが満たされる、魅力的で行きたくなるような文化的にインクルーシブな教育実習モデルを構築する必要があると指摘する。

　一方で、以下の学生の意見に対する彼女の語りからは、学習環境の整備にあたってアボリジニによる自己決定を尊重することの重要性が示唆される。

ジョージ（George, 仮名）
　「彼/女らはまさに、変化を起こす必要があるので、教育を受けて家族やコミュニティをより良くし、そして自分を生かすために学校に行っているのだということを肝に銘じていると述べているだけだと思います。彼/女らは、変化が起きなくてはならないといっているだけなのです」

フリーア
　「もう一度、あなたたちに言葉使いの話をします。これは態度に関することです。『彼/女ら自身をよりよくする』、これはまさに植民地的ないい方です。言語で表す方法です。あなたのいっていることを私は理解していますし、それに異議を唱えるわけではありません。しかし、彼/女らが『お年寄りや家族、コミュニティに誇りをもたせる』ということについて話すとき……その昔、教室がまったく安全でなかったとき、彼/女らが自分たちを良くしたやり方は、自身の文化から自分を切り離すことでした。今、彼/女らのお年寄りや家族、コミュニティに誇りをも

第8章　オーストラリア先住民族の主体形成と脱植民地化の高等教育体系の構築

たせているものは、彼/女らが今でもそのコミュニティの誇りあるメンバーであり、教師が教えなくてはならないものを進んで学んでいるということなのです。これは非常に突然な変化です。昨年、スリランカとインド、パキスタンから1つのグループがきました。そのなかの中産階級の官僚の一人が、『彼/女らは自分たちを良くしたいとは思わないのですか』と尋ね、私は『「良くする」というのは本当に含みのある言葉です。ここでは、どういう意味に使っているのでしょうか。彼/女らは、私たちが提供しなくてはならないスキルを学びたいと思っています。<u>それを使って何をするかは彼/女らが決めることです</u>』と答えました。ですから、この特殊な言葉にはよく気をつけてください。<u>主流の制度に乗っかるためのスキルを彼/女らに提供するのが、私たちの仕事です。</u>彼/女らは今では、『オーケー。ぼくたちは喜んで時間通りに登校し、静かにして、腰かけてこの勉強をする』といっています。<u>彼/女らがそれを使って何をするか、それによって彼/女らの生活が良くなるかどうかは、あまり私たちがいうことではありません。</u>しかし、少なくとも、彼/女らは望めば、この社会で使うスキルとツールをもつことになります。いいですか。だから、ご意見は有り難う。でも、そのちょっとした批判はひっこめて。<u>それは非常に微妙な、私たちの言葉の使い方の問題です。基本的に、私たちは多くのかたちで植民地時代の言葉を使っており、私たちをつまずかせ、内的な思考プロセスを中断するようなキーワードに気づかなくてはなりません。</u>ね？　そうして、私たちの口から、ちょっと違うかたちで出るようにするのです。それによって、文化的に安全な教室をつくることができるのです。いいですね？」（下線部は筆者）

フリーアは、アボリジニの子どもと向き合う教師の言葉使いの問題を指摘し、今日でも教師等が陥穽にはまる植民地支配の枠組みについて再考を促している。

アボリジニの教育については、これまで欧米中心の世界観に基づく概念枠組みを前提に議論がされてきた。一方、モナシュ大学の教員養成の取り組みによって、先住民族と非先住民族の相互理解を深めることの重要性が明らかにされたのも事実であろう。以上のようなモナシュ大学の取り組

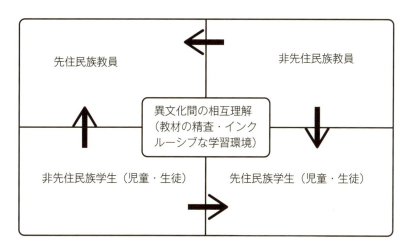

図8-1　モナシュ・モデル──先住民族と非先住民族の民族間の相互理解を促進する双方向の教授・学習モデル

出所：Indigenous Education Seminarにおけるマ・リーアのプレゼンテーション（2011年3月3日、於：モナシュ大学教育学部）およびフレーアの教育実習モデルに基づき筆者が作成。
　→矢印はリスペクトの方向

　みを総括し、モナシュ大学教育学部の本単元が意図する方向とアボリジニのアンダーソンを主体とする授業の取り組みを重ね合わせて可視化すれば、以下のような図示が可能であろう。
　モナシュ・モデル「アボリジニと非アボリジニの両者による双方向の教育」は教授（当時上級講師）のマ・リーア等の発想・提案によるものであるが、教員養成を軸として、先住民族と非先住民族の両者が問題を共有し、共に解決するという相互の関係性の構築をめざす試みであるとされる（図8-1参照）。すなわち、さきにも述べたように先住民族教員と非先住民族教員がチームティーチングを通して先住民族コミュニティとの連携・協働の仕組みを構築し、そしてそれを基盤にして先住民族理解につなげていく。先住民族と非先住民族の民族間の相互理解を促進することはいうに及ばず、先住民族のリサーチパートナーをも育成していくことを求めていこうとする試みであろう。実際、こうしたプログラムにより、アンダーソンやB・アトキンソンなどのアボリジニの研究者も育っていった。とりわ

け、先住民族の研究者と非先住民族の研究者が連携・協働を図りながら協力し、先住民族の研究者を育てるという仕組の構築、先住民族を研究主体として尊重する先住民族の研究者（アボリジニの博士候補生を含む）との共同研究の推進および研究成果の共同発表のプロセスを重視するモナシュ大学の取り組みは、今後の先住民族教育研究に多大な示唆を与えることになるであろう。しかしながらその一方で、課題もなくはない。モナシュ大学のような全豪の Top 10 University にランクされる大学では、第3章第1節第2項において日本の大学開放の課題としても提起したように、「大学教育にふさわしい一定の教育水準を確保する観点から」[20]の実施が望まれるという意見も根強いなど、日本の大学開放の課題と重なる点も看過できない。事実、モナシュ大学の「ユレンディ先住民族支援室」（Yulendi Indigenous Engagement Unit）のアボリジニに出自をもつ支援スタッフのアーロン（Aaron, 仮名）は「これは課題の1つです。公平性の問題と、アボリジニの学生やその他の不利な背景をもつ学生にも機会を生みだそうという努力との間には葛藤があります。また、モナシュは超エリート大学です。そのため、そこには多くの葛藤があります。もし不利な背景をもつ学生の入学を認めたら、大学のレベルを下げてしまうだろうとか、そういう認識を人びとはもっています。本学は卓越性を維持していかなくてはならない。もし、公平性が行き過ぎると、その卓越性が保てなくなるという感覚があります。それは真実ではありません。ばかばかしいことです！」[21]として、大学教育の質保証とアボリジニへの大学開放の課題について述べている。大学の専門性・教育水準を担保することと、大学教育を先住民族学生等に広く開放していくことは相反する面も見られるが、こうした問題にどう対応していくか、またいかに止揚していくか、先住民族などのマイノリティへの開放も含めて今後の検討すべき課題であるといえよう。

【文献】

（1） Maeda, K. and Okano, K. H.（ed）(2013),"Connecting Indigenous Ainu, University and Local Industry in Japan: *The Urespa Project*", *The International Education Journal: Comparative Perspectives*, The Australia and New Zealand Comparative and International Education Society. 2013,

12（1），pp. 45-60. を参照されたい。
（２） Aboriginal Bush Law；My Country Australia - BBC Culture Documentary , recorded 10. 04. 2010 & The Forgotten Generation - BBC News America Is Bush Law the answer?（http://www.youtube.com/watch?v= sEWFKE59JFw&feature=related，2014年５月４日閲覧）
（３） Ibid.
（４） 浅野有紀『法多元主義──交錯する国家法と非国家法』弘文堂、2018年、p.ⅱ.
（５） 文献（２）前掲。
（６） 参考資料「アイヌ民族に関する法律（北海道ウタリ協会案）」ウタリ問題懇話会『アイヌ民族に関する新法問題について─資料編─』1993、p.3.
（７） Faculty of Education, Monash University 2014 Conference, Celebrating 50 Years, 31 October 2014, 於：Park Hyatt Hotel. Merbourneへの招待参加における講演内容の記録から。
（８） モナシュ大学先住民族諮問委員会（Monash University Indigenous Advisory Council, IAC）にオブザーバーとして参加した時に配付された内部資料から（2015年５月14日14時開催、於：Faculty of Education, Monash University, Clayton Campus）。
（９） モナシュ大学教育学部の準教授エリザベス（Elizabeth，仮名）に行った半構造化インタビューから（2016年８月25日12時～12時30分、於モナシュ大学教育学部エリザベス研究室）
（10） Faculty of Education, Monash University,EDF2031, Indigenous perspectives on teaching and learning, Unit guide, Semester 1, 2015, pp.2-7.
（11） Indigenous Education SeminarにおけるＨ・アトキンソン（Atkinson, H.）のプレゼンテーションから（2011年３月３日、於：Faculty of Education, Monash University, Clayton Campus）
（12） 2010年８月24日にヌガーンギ・バゴラ先住民族センター（Ngarn-gi Bagora Indigenous Centre）の先住民族スタッフであるケリー（Kelly，仮名）に行った自由な語りを中心とする半構造化インタビューから（2010年８月24日、於：ヌガーンギ・バゴラ先住民族センター）。インタビュイーの名前は仮名とする。なお、インタビューは、同大学の岡野かおり教授同席の下で約１時間行った。ICレコーダーで録音することと、録音した記録についてはプライバシーに十分配慮した上で論文執筆に用いる予定があることについて許可を得た。

(13) 文献 (11) の Indigenous Education Seminar に基づくアンダーソンへの比較的自由な語りを中心とする半構造化インタビューから（2011年3月3日、於：モナシュ大学教育学部）。
(14) 文献 (11) の Indigenous Education Seminar におけるマ・リーアのプレゼンテーションから（2011年3月3日、於：モナシュ大学教育学部）。
(15) ブルーバーカー（Brubaker, N.）のチュートリアル・クラスで参与観察に取り組む筆者が行った半構造化インタビューから（2015年5月29日11時～12時、於：Faculty of Education, Monash University,Peninsula Campus A4/16教室）。
(16) 同前。
(17) Faculty of Education,op.cit.,p.2.
(18) フリーア（Freer, J.）の初等教育学士取得コース（Bachelor of Primary Education）の2年生に対するチュートリアルの授業における参与観察から（2016年8月25日11時～12時、於：Faculty of Education, Monash University, Peninsula Campus, A3/14教室）。
(19) United Nations, General Assembly, 61/295, *United Nations Declaration on the Right of Indigenous Peoples*, 2 Oct., 2007, p.1.（https://www.un.org/esa/socdev/unpfii/documents/DRIPS_en.pdf　2019年2月11日閲覧）。上村英明『アイヌ民族の視点から見た「先住民族の権利に関する国際連合宣言」の解説と利用法』市民外交センター2008年、p.23 を参考に訳出。
(20) 大学審議会「大学教育の改善について」（答申）、1991年2月8日、p.22.
(21) ユレンディ先住民族支援室（Yulendi Indigenous Engagement Unit）のアーロン（Aaron, 仮名）への半構造化インタビューから（2015年8月19日11時30分～、於モナシュ大学ユレンディ先住民族支援室）

結

　本書では、オーストラリアの大学における先住民族アボリジニの主体形成を意図した能力開発・専門職養成の教育システムの構築の方法について日本との比較の観点から明らかにしてきた。その際、比較分析の指標として先住民族の「教育権」を国際的に認めた「先住民族の権利に関する国際連合宣言」という国連システムを考察の規範的枠組みにして、オーストラリアにおける先住民族への大学開放の意義と組織化のメカニズムについて考察を行った。

　先住民族の主体形成を意図した大学開放を公教育制度、具体的には高等教育制度の枠組みの中でどのように再構築していくか、国連やILOなどの国際機関や国際法の動向分析を視野に入れつつ、オーストラリアの先導的取り組みに注目しながら、アイヌ民族支援の高等教育の仕組みの構築およびその可能性について考察してきた。考察の結果、オーストラリアの先住民族アボリジニへの大学開放の取り組みは、日本の高等教育改革の方向を占う試金石ともなり得るものでもあり、日本社会が抱える先住民族問題の解決に向けた優れたシステムであった。

　以下で、本書で示した8つの柱に従って各章における考察の結果および考察で得た知見ならびに今後の課題について示しておこう。

　まず第1章は、本書における問題提起や考察の枠組みについての検証にあたる部分であり、先住民族の主体形成に関わる国際的なコンテクストと日本の政策動向に焦点を当てて論を展開した。

　具体的には、「先住民族の権利に関する国連宣言」（2007年）という国連システムを考察の規範的枠組みにして、本課題に関する「先住民族の権利宣言」の各条項について若干の考察を試みた。そこには先住民族（子どもを含む）の自己決定権の保障を始めとして、先住民族と非先住民族の異文化間の相互理解を促進するための学習機会の提供に関する規定など多文化教育の考え方に基づく条文が多く盛り込まれていた。とりわけ、第14条第2項の「…〈前略〉…差別のないあらゆる段階と形態の教育への権利を有する」という条文は、直接的な言及は避けているが、序でも述べたように

経済的な理由等により進学を断念せざるを得ない先住民族の若者に高等教育機関へアクセスの機会を保障するアファーマティブ・アクションの可能性を含意する内容の規定といっても過言ではないであろう。本規定を軸にして、教育条項ではないが、第3条の「自己決定権」や第18条の「意思決定への参画の権利」の各条項の文脈も視野に入れれば、先住民族のエンパワーメントの可能性を広げるアファーマティブ・アクションにつながる規定を提示しているといえよう。

　次に日本の近年の政策動向として注目できるのは、上記の国連の「先住民族の権利宣言」を受けて翌年の衆参両院本会議において「アイヌの人びとを日本列島北部周辺、とりわけ北海道に先住し、独自の言語、宗教や文化の独自性を有する先住民族として認める」決議を全会一致で採択したことである。アイヌ民族が先住民族であることを公式に認めたのである。そしてそのほぼ1か月後に政府はこの国会決議を受けて内閣官房長官の下に、「アイヌ政策のあり方に関する有識者懇談会（以下、懇談会）」を設置し、教育支援を含めた総合的な施策の確立に向けて調査・検討に乗り出した。とくにアイヌ民族政策の今後の方向性を示す政策提言として大きな期待が寄せられた2009年の「懇談会」の答申内容については、高等教育政策上の課題と今後の取り組みに焦点を当てて検討した。今回の提言（報告書）をめぐるこれまでの議論から推察する限りにおいてアイヌ民族による評価は厳しいといわざるを得ず、本書の検討課題であるアイヌ民族の高等教育問題については、教職員への研修の機会の充実に留めているにすぎない。

　また、懇談会を発展的に継承した「アイヌ政策推進会議」の作業部会である「北海道外アイヌの生活実態調査」作業部会は、北海道外に住むアイヌ民族の生活実態調査の結果について報告し、道内のアイヌも含めて、収入や教育面などで全国平均と比べて大きな格差が存在している実態を明らかにした。しかしながら、こうした懇談会や推進会議の両報告書では、アイヌ民族に対する高等教育支援のあり方について全く触れておらず、未だにアイヌ民族の大学進学支援にむけての具体的政策立案への道筋は示されていないといってよいだろう。

　次いで第2章では、「先住民族の権利宣言」という国連システムの構築を考察の枠組みにして、日本の先住民族としてのアイヌ民族の自己肯定感

の促進や彼/女らのエンパワーメントの可能性を広げるための高等教育支援の組織化をめざして、アイヌ民族と和人がどのように連携していけばよいのか、日本における高等教育におけるアイヌ民族学習支援システムの構築に向けた1つの取り組みとしてウレシパ・プロジェクトを事例にして考察を行った。後述するオーストラリアとは異なり、日本の場合、その数は多くないが、私立大学が先行する形でアイヌ民族学生支援に取り組む傾向が見られる。その代表的な例が札幌大学のウレシパ・プロジェクトであろう。この特別選考は、一部の大学で行われていた先住民族優先枠のようにマジョリティがマイノリティを支援するという取り組みではなく、アイヌ民族の経済的背景を考慮し、修学支援の拡充を視野に入れた奨学金の給付という点に最大の特徴がある。

ウレシパでは、「支援側の和人」と「非支援側のアイヌ」というマジョリティがマイノリティを支援するという従来の植民地主義的な関係性を払拭し、アイヌ民族を主体としたアイヌ文化学習活動の展開を通してアイヌと和人が相互につながる。そして、そのことが先住民族としての主体的な学びの形成の基礎となる自己肯定感を高め、大学での学びや主体的に学習に参加する態度としてのエンパワーメントの可能性を広げるという。このような脱植民地主義的な発想がウレシパである。

また、何よりもアイヌ民族学生も和人学生も同じ土俵で学び合う、伝え合う、育て合うという「ウレシパ」の基本理念がこのプロジェクトの根幹に据えられていることであろう。とりわけ、アイヌ文化の学びを通してアイヌ民族と和人が相互につながり、連帯する場が広がってきたことは特筆に値しよう。

加えて、アイヌ民族のエンパワーメント形成の可能性を阻む学内における差別や疎外・孤立化によりドロップアウトする傾向の高い先住民族の学生に対して入学後の支援が必要なのは自明の理である。とくにウレシパ学習会におけるアイヌ文化学習活動を通して形成される自己肯定感やアイヌ民族としての自己覚醒が、学習へのモチベーションを高め、さらに大学における学習課題に主体的に取り組む意欲につながるというのである。

しかしながらその一方で、ウレシパ教育を行う主体が和人であり、教授組織の主体にアイヌ民族が参加していない点が課題として指摘されよう。

後述するオーストラリアのアボリジニの先行事例にみるように、アイヌ民族自身が主体となるアイヌのコミュニティの担い手養成が肝要であることは明らかであるが、今後、そうしたアイヌの担い手を養成する指導者としての教育者や研究者の養成は急務であるといえよう。

　第3章では、ほぼ同時期に高等教育改革を行った日本とオーストラリアの両国を比較の対象にしてその特徴の違いについて浮き彫りにしている。第1節の日本の「大学改革と大学開放」においては、大学審議会による2月8日答申「大学教育の改善について」で提言された「学習機会の多様化に関する事項」の検討を通して、生涯学習振興のための大学開放の方向性を考察し、それと同時に改革の方向における問題点を探った。その結果、そこでは2つの問題点を筆者は指摘したのであった。まず1つは、コース登録制・科目登録制の導入に際して起こり得る問題の指摘である。すなわち、大学教育における正規の課程へのパートタイム学生の受け入れ促進が大学の教育水準の低下と専門性の喪失を一層助長するのではないかという危惧であった。敷衍すれば、能力・適性に対し、必ずしも同一基準で選別されていないさまざまなタイプの受講生を対象に授業を行った場合、授業担当者が大学教育にふさわしい専門性の高い講義内容を扱うことが実質的に困難になる事態が起こり得るのではないかということである。そうしたことから、大学教育にふさわしい教育水準を維持していくためには、学習内容の質的保障の問題をどう考えたらよいのかといった課題を提起したのであった。

　もう1つは、昼夜開講制の導入など大学への社会人等の受け入れ促進における問題であり、それが大学における学習機会の格差の拡大・再生産を助長しかねない危険性をはらんでいると指摘したのである。すなわち、*education more education* の原理の作用による学習機会の格差拡大・再生産である。つまり、学習成果が高い者ほど、より学習機会への接近が活発になる傾向が見られ、その結果として高等教育経験のある社会人等（マジョリティ）がこうした制度の恩恵に浴する可能性が高くなり、それゆえにマイノリティの大学への道が閉ざされるのではないかという指摘である。

　第1節における考察を受けて、第2節では、オーストラリアでの大学開放の取り組みにおける日本との温度差を指摘し、相違点を明らかにしたの

であった。オーストラリアは、同年齢層の大学進学率が38％（1992年現在）とされることでも明らかなように、高等教育改革により、ようやくトロウの説くエリート型の段階から大衆型の段階への移行に向けて歩み始めたばかりであるが、すでにユニバーサル・アクセス段階において認められる状況を随所に見ることができた。そこには日本とは異なった新しい展開が見られた。一定年齢層の若者のみを対象とする段階から、不利益を被っている人びとに対して平等・公正の視点から大学教育の可能性をどう広げていくのかというユニバーサル化の段階がめざす議論への発展が見られるからである。このことは、今後の日本における大学開放のあり方を模索するうえで、試金石となることは疑いを得ないであろう。日本に目を転じた場合、確かに、大学入試に次々と新機軸が打ち出されてきてはいるが、民族的・文化的マイノリティに位置づくと判断される人びとへの配慮は含まれていない場合が多い。それゆえ、被差別部落出身者や在日韓国・朝鮮人、アイヌ民族、沖縄人および奄美諸島出身者、その他、現代日本における被差別少数者、身体障がい者などを対象にした特別推薦選考を導入している四国学院大学[1]に代表されるような大学開放の取り組みは、むしろ日本においては稀有で、先導的事例として注目に値する。ただ、こうした制度も今のところ押しなべて、入学者選考時の制度的配慮の域を出ておらず、受け入れ後の彼らの研究・学習活動に困難な障壁が生じたときに、その研究・学習活動を促進するために意識的、組織的にとられる措置については全く論議をされていないといった状態である。

　オーストラリアの事例は、さまざまな構成員を含んで成り立つ多文化社会であるという前提の下、朝倉が主張する「マイノリティが差別や偏見による社会的不利益を被ることなしにマジョリティと同等の権利を実現する」[2]ための制度的保障をどう整備・確立していくかといった課題に向けての先進的対応を提示しており、この点できわめて示唆に富んでいた。とくに、オーストラリアにおける先住民族、女性、非英語系移民、障がい者、僻遠地域出身者、社会的経済的被不利益層への大学開放を扱った第2節は、同時ににマイノリティの意思決定過程への参加・参画を促進するうえでの重要な視点を提起している。

　第4章では、まず、高等教育へのアクセスにおいて先住民族アボリジニ

がいかに不利益を被っているか、主としてアボリジニの問題状況の把握に努めた。第二に、それをふまえてオーストラリアにおいて人種・民族的属性に起因する高等教育における不均衡の是正の方策として、各高等教育機関において具体的にどのような支援プログラムが展開されているのか、プログラムの特徴を明らかにすることを試みた。アボリジニへの大学開放の組織化という視点からいえば、アファーマティブ・アクションの仕組みとその効果である。とくに本章では、連邦政府による具体的なアボリジニ支援策の枠組みおよび実施例について示しているが、ここではいかにして education more education の原理を抑制する働きが見られるか、また、大学の教育水準の低下防止のために、具体的にどのような支援措置が講じられているかなど、主としてアボリジニ学生支援のための条件整備の問題に焦点を当てて考察を行った。これらの支援措置は、アボリジニのみならず、広くマイノリティ学生にも適用できる処方箋にもなり得るといえよう。

　本章では、第3章で提示された問題解決の1つの方途として、マイノリティの受け入れ促進にともなって今後起こり得ると予想される大学の教育水準の低下ならびに学習機会の格差拡大の問題への対応について直接的には論じることができなかったが、大学への先住民族の受け入れを一層促進するためには、受け入れ側の支援体制の整備と社会環境の整備の両方を並行して進めて行く必要があることがわかった。すなわち、入学資格の弾力化など入口における問題もさることながら、入学後の彼らの研究・学習活動への支援、さらには卒業後の就職等の受け皿をどう保証していくのかといった課題への対応である。具体的には、専門課程進学準備コース等による基礎学力向上の方策や、教育水準の低下を招かないための補習授業の導入、学習支援室の設置など研究・学習活動に対する支援体制の整備、さらには育児などさまざまな事情を抱えた先住民族の成人学生に配慮した特段のサービスの提供などである。先住民族の受け入れ促進にともなって起こり得る大学の教育水準の低下などの克服に向けてこのような条件整備のあり方は、日本の大学開放によって生じるであろう学生間の学力格差拡大の問題の派生を防ぐ一つの方途となり得よう。

　そして本章の最後には、支援プログラムの実施・運営に関わってどのようなことが表面化してきているのか、プログラム展開の陰に潜む問題を捉

えることにした。

　オーストラリア大学の先住民族支援において何よりも重要なことは、支援プログラムがアボリジニのコミュニティと綿密な協議のうえに開発され、運用される必要があるということである。そのためには、支援室のスタッフはいうに及ばず、高等教育機関の事務官・教官・研究員などにもアボリジニのスタッフを積極的に登用し、アボリジニの高等教育機関における意思決定への参加・参画を促進することが肝要とされる。そうすることによって、アボリジニのコミュニティの要望、価値観および教育観を反映した支援方策を生み出すことができるとされる。

　いずれにしても、このように連邦政府主導によるアボリジニに対する支援戦略の提唱に見られるように、さまざまな問題・課題を内包しつつも高等教育における社会的公正の促進を大学改革の優先事項に据えているオーストラリアの取り組みは、今後の日本の大学開放のあり方を考えるうえで、先導的事列を示すものとして注目に値しよう。

　第5章では、クイーンズランド工科大学（QUT）におけるアボリジニ高等教育支援の実例およびにアボリジニ学生に対する意識調査の検証の結果もふまえながら、QUTにおけるアボリジニ高等教育支援の枠組みと実態について検討を試みてきた。QUTにおいてアボリジニ学生の参加率が他大学と比べて相対的に高いとされる背景には、同校における支援室の先住民支援の機能ならびに13人という支援室のスタッフの充実が指摘できよう。そのことはアボリジニ学生を対象に行った意識調査からも裏打ちされる。とくに、彼/女らスタッフによる支援が、アボリジニに対する教育面での援助ばかりではなく、大学生活全般にわたっての援助に及んでおり、さらに非アボリジニの学生や他の教官・スタッフ等に対してはアボリジニの文化観について理解を求めていくという重要な役割を担っているということも強調しておく必要があろう。

　このようなQUTにおけるアボリジニ支援であるが、アボリジニ学生の意識調査を見る限りにおいて新たな問題が派生してきていることも否めない。アボリジニが高等教育機関で学ぶことの意義として大学卒業後コミュニティの担い手としての活躍が期待されてきたが、本調査結果により見えてきた課題として、コミュニティ全体の発展に寄与するよりも個人の成功

に重きを置くアボリジニが出現してきているということが明らかになった。このことは、コミュニティとの結びつきが強い彼/女らの文化や言語をも否定することになりかねないといえ、コミュニティに対するアボリジニの意識の変化の一端が読み取れるのである。

そもそもアボリジニの教育達成水準をマジョリティの水準にまで引き上げようという発想そのものが同化を目的とした補償教育以外の何ものでもなく、安易な高等教育の機会の提供は、アボリジニのアイデンティティーの否定につながりかねない危険性をはらんでいるとの批判があるのも事実である。とくに、アボリジニの場合、英国系文化の教育装置として学校教育が利用されてきたという歴史的な経緯があることから、たとえ高等教育の享受によってアボリジニがミドルクラスへの上昇的移動の機会を得たとしても、その代償として伝統的な文化や価値・習慣といった彼/女らのアイデンティティーの根幹に関わる部分での意識の希薄化や喪失は避けられないであろう。メインストリームの学習活動に専念すればするほど、コミュニティとのつながりを切っていくことを求められるのであり、その結果、自己の帰属すべき世界をめぐって深刻なアイデンティティーの葛藤にみまわれることになるという警鐘を鳴らす識者もいる。社会参画促進策の死角ともいえる部分であろう。

第6章では、平等な要因に基づく階層とエスニシティが重なりあっていることに着目して、エスニシティがこの国の階層構造の再生産にどう関わり、またオーストラリアで最も不利益を被っているマイノリティ集団とみなされる先住民族がそうした階層システムの中にいかにして組み込まれているのかを考察の対象に据えた。

そこで、アボリジニとそれ以外のグループとの階層間格差の原因究明に努めることにした。この考察にあたっては、マッコノキーの「貧困の循環」説を理論的枠組みに据え、とくに教育・健康問題の相互関係から構造的にアボリジニにおける文化的再生産の問題にアプローチする手法をとった。そしてこの考察を通して、アボリジニの経済的困窮度の高さはいうに及ばず、彼らの健康状態の悪さが学業における長期欠席や早期退学を誘発し、その結果としての教育の欠如が失業率を増加させ、生活環境はさらに悪化するにいたるという貧困の再生産のプロセスを確認した。

アボリジニがこうした貧困な状態から脱却し、アボリジニと非アボリジニとの階層間格差を是正するための1つの方途として、アボリジニの教育達成に求める視点の重要性について示し、それが実際にオーストラリアで進められている高等教育改革の中で具体化していることを考察した。そこでは、高等教育へのアクセス・参加・結果においてアボリジニと非アボリジニ間のバランスをどう保っていくのか、また、そのための制度をいかに整備していくかを重要な課題として提起し、高等教育がアボリジニの社会階層上の地位達成に与える効果を期待したのであった。しかしながら、こうした制度が必ずしもアボリジニ側の視点に立って構築されているとはいえず、制度の恩恵に与かることのない僻遠地域のアボリジニの存在は無視できない。アボリジニといってもその生活形態は多様で、支援の対象として一元的には捉えられない側面があり、都市で生活し、制度的な支援を享受し、専門的教育を受け、学位や資格を保持することとなるアボリジニと、制度の恩恵に浴さない僻遠地域のアボリジニとの「二極化」の現象が進むのではないかという危惧もなくはない。高等教育支援が都市のアボリジニの地位向上に寄与する可能性はあるのものの、アボリジニ全体の生活水準の向上にどれだけ有益であるかの判断は非常に困難であろう。アボリジニに対する高等教育支援が、多元的に取り組まれる必要性が強く求められているといえよう。

　第7章では、先住民族が置かれている状況の改善をめざすための1つの方途として、先住民族の「自己決定」の促進に求める視点の重要性について提起し、それが実際にオーストラリアで進められた大学改革の中でどう具体化してきたかを考察した。入学時および在学中の学習支援システムの導入も含めて、アボリジニの司法参加を促進するための大学における法曹養成システムのアボリジニへの開放という方法で具体的に展開していた。

　アボリジニにとって自らの社会経済的地位に関する問題や、アルコール・麻薬中毒などの健康・衛生上の問題に加えて、土地所有権に代表される法律をめぐる問題への取り組みは、先住民族として社会的・文化的自立を志向する彼/女らのコミュニティにとって重要な課題であり、これらの問題はアボリジニ自らの手で解決されることによってはじめて本当の意味での課題の達成となるのである。これが、いわゆるアボリジニの「自己決定」

の尊重であり、生活や運命に影響を及ぼし得る政府の政策や計画の策定もしくはその変更にあたって、アボリジニ自らの意思による決定を尊重するという考え方である。とくに、法の執行過程におけるアボリジニの自己決定は重要な問題である。主として、本章の第1節で取り上げた政府の同化政策の一環として1970年代の初めまで続けられたアボリジニの親子強制隔離の問題や、第2節のアボリジニの不審な拘留死の問題は、いずれも自己決定に関わる部分での問題提起である。なかでも、親子強制隔離の問題は、アボリジニの子どもが親元から引き離され、施設や伝道所もしくは白人家庭で育てられ、白人文化を主要なエートスとする教育を施された結果、彼らの自尊心や、アイデンティティーが損なわれたという重大な問題でもある。いずれにせよ、これらは共にアボリジニが人権侵害など法律的に不当な扱いを受けている可能性が高いことを示す例証であろう。また、ここで重要なのは、親子強制隔離の問題と不審な拘留死や拘留件数の多さの問題が連動しているということなのである。つまり、1980年代に原因不明で拘留死したアボリジニの多く（99人中43人）が白人の行政官や宣教師によって家族から引き離された経験をもっており、さらには犯罪を犯して拘留されたアボリジニの比率が親元で育ったアボリジニの実に3倍にのぼっていたという調査結果が「アボリジニ拘留死特別調査委員会」や「人権および機会均等委員会」の報告で明らかにされた。つまり、逮捕・拘留されたアボリジニの多くがそれ以前に、親子隔離によって彼/女らの人権が侵害されていたということであり、彼/女らの文化を否定されたことによるトラウマから精神面や情緒面において大きな傷痕を負っていたという問題である。このように、アボリジニの人権問題など法律に関わる問題はその複雑な内容から彼/女ら自身でなければ解決できない側面を多く含んでいる。裏を返せば、アボリジニが関係する法律上の問題の解決およびその意思決定にアボリジニ自身が参画できる権利が保障されなければならないということであろう。そのためには、アボリジニ自身が必要な法律上の専門的知識や技術を習得できるよう教育・訓練を受ける機会の保障が求められてくるのであり、延いては彼/女らの高等教育における法律上の専門的な知識・技術の獲得がアボリジニの権利回復および彼らのコミュニティの救済・発展に寄与するのである。

第8章では、まず先住民族のコミュニティの発展に資するアボリジニ法曹養成の基盤となる社会参画促進策の制度化が先住民族によってどのように意味づけられ、語られているのかを質的分析の手法から検証を行った。伝統的志向性の高いアボリジニ・コミュニティの首長の語りから見えてくるのは、旧宗主国のルールに基づく概念枠組みを前提に構築された法律だけが罷り通り、自らのコミュニティの不文律が認められないという苛立ちであった。メインストリームにおける先住民族の法曹養成の拡充が問題の根本的な解決にはいたらないことの証左であろう。と同時に、先住民族と非先住民族のより相互理解を深めることの重要性が示唆された言説であるといえよう。

　ポストコロニアルの視点に立ち「先住民族の権利宣言」の趣旨をふまえて考えれば、アボリジニの法曹養成にあたって「先住民族と連携および協力し」て、双方向性の「特別な措置」を講じる仕組みの構築の必要性が求められるということであろう。

　本章では、質的研究の方法を交えながら、先住民族アボリジニを主体とする教授陣によるモナシュ大学における先住民族主体の教員養成システム構築のメカニズムについて考察し、日本における先住民族アイヌ主体の教育支援のプログラム構築の可能性と課題について知見を得た。

　モナシュ大学の取り組みは、前節で問題提起された法曹養成ではなく、専門職養成の1つである教員養成を軸として、先住民族との双方向の「学び合い」によるアボリジニを主体とした教授・学習方法が展開されている。敷衍して述べれば、アボリジニの教員をオムニバス形式の講義やチュートリアルの授業の主体として位置づけ、先住民族と非先住民族の両者が先住民族問題を共有し、共にその問題を解決するという相互の関係性の構築や先住民族コミュニティとの連携・協働の仕組みの構築をめざす試みであるとされる。こうしたプログラムを法曹養成のカリキュラムにも適用すれば、アボリジニ・コミュニティとの法をめぐる問題の解決の糸口を見いだせるかもしれない。また、このプログラムのもう1つの特徴は、先住民族のリサーチパートナーの育成にも資する点であろう。実際、こうしたプログラムにより、アンダーソンやB・アトキンソンなどのアボリジニの研究者も育っていった。とりわけ、先住民族の研究者と非先住民族の研究者が連携・

結

協働を視野に入れて、先住民族を研究主体として尊重するアボリジニの研究者（アボリジニの大学院生を含む）との共同研究の推進および研究成果の共同発表のプロセスを重視するモナシュ大学の取り組みは筆舌に尽くしがたい。

既述の札幌大学が提起したウレシパ・プロジェクトは、日本においてアイヌ民族の主体形成を意図した特徴的かつ先進的なプログラムであるが、ウレシパ教育を行う主体が和人であり、教授組織の主体にアイヌ民族が参加していない点からすれば、先住民族自身が主体となって先住民族の担い手や研究者の養成に取り組むモナシュ・モデルは恰好の参考事例となり得るかもしれない。

先住民族のコミュニティの利益に貢献する担い手養成を考える際に重要なのは、先住民族の教育権を国際的に認めた「先住民族の権利宣言」の意図を十分に認識し、先住民族と非先住民族の民族間の連携・協働を通して先住民族のエンパワーメントを可能にするプログラムがいかにして構築できるかであろう。

今後は、こうしたモナシュ大学の取り組みが全豪レベルで展開されることが喫緊の課題であるが、いずれにせよ、モナシュ・モデルが先住民族研究のあり方を先住民族主体の視点から捉え直す必要性を提起するものとして多大の示唆を与えることは明らかであろう。

最後に、本書全体を俯瞰し、筆者の若干の管見を述べて稿を閉じたい。高等教育改革が進められる1980年代後半から今日までオーストラリアでは、先住民族アボリジニの主体形成を意図した大学開放が、政策・方針決定へ参画を促すというアファーマティブ・アクションの視点にたって組織されており、非アボリジニとの民族的属性に起因する教育上の機会の不均衡を是正するためのさまざまなプログラムが策定・実施されていた。一方、日本でも1991年の大学設置基準の改正により、これまでの大学への規制が緩和され、大学の自由裁量の枠の拡大により大学教育への多様なアクセスが可能となり、一般入試とは異なった視点からの潜在的能力の発掘が行えるようになった。しかし、先住民族問題に関して今もって入口段階での議論に終始する日本では、先住民族アイヌに対して平等・公正の視点から大学教育の可能性を広げていくという、トロウが予測した「集団としての達

成水準の均等化」を視野に入れた「ユニバーサル型」の大学開放をめざす議論への発展は見られなかった。オーストラリアの場合、アボリジニの高学歴化による上昇的移動によって惹起されるアイデンティティーの希薄化や喪失といった問題が懸念されるが、モナシュ大学のように先住民族独自の価値体系を授業科目に組み込んだり、「国家教職スタンダード」に照らして「アボリジニおよびトレス海峡諸島系民族における教授法の改善」などアボリジニの視点を組み入れた教師の専門職性の開発や教材開発を行うことにより、彼/女らのアイデンティティーの葛藤を抑制する教育的な取り組みの可能性を探っている大学があるのも事実である。

　いずれにせよ、今後、アイヌ民族に配慮した高等教育体系の構築を考えるうえでオーストラリアの取り組みは貴重な視座となり得るであろう。

【文献】

（１）　1995年度・四国学院大学・学生募集要項入試ガイド』pp.37-38. より引用。
（２）　朝倉征夫 他「大学改革と大学開放に関する研究」『早稲田教育評論』第8巻第1号、早稲田大学教育総合研究室、1994年、p.59.

あとがき

　本書は、日本学術振興会2016～2018年度科学研究費補助金基盤研究C（一般）の交付を受けて実施した「豪州の大学における先住民族主体の専門職養成・能力開発システムの構築に関する研究」（課題番号16K04573）（研究代表者：前田耕司）の成果の一部である。

　私の研究の原点は、早稲田大学入学と同時に履修した朝倉征夫早稲田大学名誉教授の「教育学原論」の講義科目にある。先生がその授業の冒頭で話された「教育は人を幸せにする」という言葉は、今でも私の脳裏に焼き付いている。以来、私はこの言葉を胸に秘め、マイノリティ教育の研究に勤しむことになる。私の研究はマイノリティ教育研究で一貫しているわけであるが、とりわけ最初の10数年間は恩師である先生の研究の影響を強く受けている。2年間の英国における在外研究を終えられ、4年次の後期の「社会教育研究」の授業で語られた先生の cultural deprivation の講義は圧巻であった。これが契機となり、比較的に私の境遇に近い英国の労働者階級の教育課題について私の眼は向けられていくことになる。それから、10数年後、研究に行き詰まっていた私に多文化教育への扉を開いていただいたのも朝倉先生である。先生が主宰された多文化教育研究会（多文化教育に関するさきがけともいえる研究会である）にお誘いいただき、主に英国の労働者階級出身者で植民地化が進められたオーストラリアの成人移民の識字教育の研究に新たな活路を見いだすことができた。多文化教育研究会の旗揚げを東京女子大学で行った際に、白熱した議論の末、終電に間に合わなかったというエピソードは今でも鮮明に覚えている。その後も朝倉先生には、博士論文の主査としてご指導をいただくなど、多大なご支援を賜り今でも深謝の気持ちに変わりはない。

　先住民族教育研究への関心は、Visiting Research Fellow としてのメルボルン大学に滞在した1993年にさかのぼる。研究室も提供され非常に充実した半年間であった。当初は、オーストラリアにおける成人移民の識字

教育の研究に取り組むための渡豪であったが、国連の定めた「世界の先住民（族）の国際年」とも重なり、オーストラリアは「無主地」（テラ・ヌリウス）だったという従来の考え方を覆す連邦裁判所の裁定を受け、在豪中の1993年に先住権原法（Native Title Act）が成立するという画期的な出来事に遭遇した。オーストラリアンなどの新聞各紙が連日、この問題を大きく報じていたのを記憶している。そうした中で、移民の識字問題から先住民族の教育課題へと私の関心も移っていった。とりわけ、メルボルン大学内にある先住民族支援室の機能に関心を持つようになり、1か月をかけてビクトリア州を起点に、ニューサウスウェールズ州、クイーンズランド州、ノーザンテリトリー、サウスオーストラリア州とオーストラリアを左回りにほぼ半周し、州内の各大学の先住民族支援室で聞き取り調査を行った。多少古くはなるが、支援室のあり方そのものには大きな変化は見られない点から、本書ではこの時に入手したデータも援用している。

　また、オーストラリアの先住民族教育の研究においては数多くの方々のお世話になった。先住民族の方々はいうまでもないが、とくに次のお二人には多大なご教示をいただいた。

　2015年の特別研究期間取得の際に、Visiting Scholar として迎え入れてくださったモナシュ大学の Zane Diamond（2019年改名）教授には殊の外お世話になった。私が滞在中、学内のビジター用レジデンスの手配や研究室の使用、ITアカウントの付与等の研究環境の便宜を図ることにご尽力いただいた。また、The Australia and New Zealand Comparative and International Education Society（ANZCIES）の *International Education Journal* への寄稿の機会をはじめ、先生が共同会長を務める The Oceania Comparative and International Education Society（OCIES）の研究大会にも招へいを賜り、Fellowship and Network Grant まで頂戴するなど、特段の配慮をいただいた。現在進行中の国際共同編集書籍（*Post-Imperial Perspectives on Indigenous Education: Lessons from Japan and Australia*, New York and London: Routledge）出版のプロジェクトでも編者の1人に加えていただくなど、私が頼りにするモナシュ大学の「スーパーバイザー」である。

　もうお1人の西オーストラリア州教育省の Ms. Patricia Konigsberg には、公私にわたりお世話になった。西オーストラリア教育省主催のセミナーで

あとがき

は、アボリジナル英語の教授法の権威であるエディスコーワン大学のIan Malcolm名誉教授との共同講演の機会を与えてくださった。また、研究資金が枯渇したときには、パース郊外の閑静な住宅地に佇むご自宅に泊めていただき、そこを拠点にしたアボリジナル英語教育関連施設への訪問観察調査は、私にとって貴重な経験知となっている。こうした西オーストラリア州における先住民族語教育への取り組みについての研究成果は、本書の枠組みを超えるため、割愛せざるを得なかったことを付記しておきたい。

　いずれにせよ、朝倉先生をはじめ多くの方々の支えがなければ本書を上梓することは叶わなかったであろう。

　なお、本書の出版にあたっては、Australia-Japan Foundation（AJF）からPublication Awardをいただいた。ここに記して感謝の意を表したい。

　最後に、原稿の執筆が遅々として進まない私にご寛容な対応をしてくださった明石書店の大江道雅社長、並びに本書の編集をご担当いただいた清水聰氏に心からお礼を申し上げたい。

2019年5月30日

前田耕司

索 引

アルファベット

A

ABSTUDY 140, 148
A Fair Chance for All 78, 79, 88, 93, 108, 141, 148, 176

かな

あ

アイデンティティー 3, 4, 10, 11, 25, 26, 40, 50, 54, 103, 104, 105, 115, 122, 126, 127, 138, 143, 146, 151, 156, 160, 164, 168, 182, 197, 203, 220, 222, 225
アイヌ政策推進会議 14, 15, 27, 38, 46, 47, 48, 49, 62, 214
アイヌ政策のあり方に関する有識者懇談会 36, 37, 44, 214
アイヌ文化活動アドバイザー 17, 21
アイヌ文化の振興並びにアイヌの伝統等に関する知識の普及及び啓発に関する法律 8, 21, 29, 36, 153
アイヌ民族に関する法律 20, 21, 23, 28, 39, 40, 42, 44, 52, 63, 153, 154, 183, 194, 211
アイヌ民族：歴史と現在――未来を生きるために 37
アイヌ民族を先住民族とすることを求める国会決議 23
アファーマティブ・アクション 3, 14, 23, 24, 33, 34, 35, 40, 41, 46, 51, 74, 75, 84, 85, 139, 142, 154, 190, 195, 214, 218, 224
アボリジニおよびトレス海峡諸島系民族 25, 78, 91, 112, 115, 118, 119, 123, 132, 137, 138, 145, 146, 156, 160, 168, 195, 197, 198, 203, 225
アボリジニおよびトレス海峡諸島系民族における親子隔離に関する国家的な調査報告書 160
アボリジニ学生支援室 62, 93, 99

アボリジニ拘留死特別調査委員会 35, 77, 156, 222
アボリジニ・コミュニティ 4, 24, 102, 139, 192, 223
アボリジニ雇用開発政策 139
アボリジニ主体の教員養成システム 194
アボリジニと非アボリジニの両者による双方向の教育 193, 202, 209
アボリジニ法律相談所 157, 172, 179

い

意思決定 4, 15, 33, 41, 73, 77, 94, 106, 107, 146, 153, 154, 155, 167, 168, 175, 181, 182, 196, 214, 217, 219, 222
異文化間の相互理解 11, 33, 34, 35, 40, 54, 103, 120, 213

う

ウレシパ 2, 18, 34, 42, 45, 46, 50, 51, 52, 53, 55, 56, 57, 58, 59, 60, 61, 62, 63, 64, 66, 194, 215, 224
ウレシパクラブ 57, 58, 59, 60, 61, 63, 64
ウレシパ・プロジェクト 2, 42, 45, 50, 51, 53, 55, 56, 57, 61, 62, 63, 66, 194, 215, 224

え

エンパワーメント 2, 17, 18, 22, 33, 34, 35, 45, 50, 51, 54, 55, 56, 57, 60, 61, 190, 214, 215, 224

お

沖縄・琉球民族 8
親子強制隔離政策 4, 155, 156, 160, 164, 165, 166, 168, 182, 191

か

架橋コース 195
学習機会の多様化に関する事項 71, 72, 216

彼／女らを家に連れ戻して 160

き

技術・継続教育カレッジ 173

こ

公正な多文化主義 9, 10, 11, 82
国立アイヌ文化博物館 17
国立民族共生公園 17
国家アボリジニ・トレス海峡諸島系民族支援教育政策 90, 91, 126, 140, 168
国家教職スタンダード 197, 198, 225
コミュニティの担い手養成 5, 24, 52, 190, 194, 216, 231

さ

札幌大学 2, 18, 34, 42, 45, 46, 50, 51, 53, 55, 56, 58, 59, 62, 63, 66, 75, 190, 194, 215, 224

し

四国学院大学 42, 44, 46, 51, 75, 190, 217, 225
自己決定 4, 12, 13, 15, 16, 17, 22, 23, 32, 33, 35, 41, 77, 91, 105, 114, 131, 142, 144, 146, 150, 152, 153, 154, 155, 156, 165, 167, 168, 169, 172, 175, 176, 178, 181, 182, 183, 188, 191, 207, 213, 214, 221, 222
自己肯定感 18, 45, 50, 51, 55, 60, 64, 191, 214, 215
社会的公正 10, 11, 70, 76, 79, 82, 84, 85, 90, 174, 219
主体形成 1, 2, 5, 7, 12, 13, 14, 18, 24, 31, 45, 77, 189, 190, 193, 195, 199, 213, 224, 231
人権および機会均等委員会 160, 165, 222

せ

先住民族支援室 17, 19, 24, 195, 210, 212, 227, 231
先住民族主体の教員養成 19, 196, 223
先住民族の権利に関する国際連合宣言 7, 27, 43, 63, 87, 154, 166, 183, 212, 213
専門課程進学準備コース 93, 94, 96, 98, 99, 176, 177, 218

そ

育て合い 18, 45, 55, 60, 64

た

大学開放 1, 3, 4, 7, 9, 10, 12, 13, 27, 42, 46, 64, 65, 66, 67, 68, 69, 70, 71, 72, 73, 74, 75, 76, 77, 79, 82, 83, 85, 86, 87, 88, 90, 127, 181, 182, 188, 210, 213, 216, 217, 218, 219, 224, 225, 231
大学教育へのアクセスの多様化 68, 70
大学教育の改善について 13, 67, 72, 77, 86, 212, 216
大学審議会 3, 13, 66, 67, 70, 71, 72, 74, 77, 86, 212, 216
脱植民地主義 21, 23, 51, 215
多文化主義 7, 8, 9, 10, 11, 81, 82, 123, 132, 133

と

特別入学 70, 86, 93, 94, 97, 99, 100, 119, 121, 177, 178, 179
トロウ 14, 27, 66, 74, 76, 86, 87, 93, 108, 217, 224

に

二風谷ダム建設差し止め訴訟 20

ぬ

ヌガーンギ・バゴラ先住民族センター 101, 102, 105, 110, 199, 211
盗まれた世代 4, 155, 156, 158, 162, 165, 166, 191

ひ

非国家法 20, 39, 153, 193, 194, 211
貧困の循環 4, 134, 136, 138, 220

ふ

ブッシュ・ロウ 191

へ

平成5年 北海道ウタリ生活実態調査報告書 41

ほ

法学専攻進学準備教育 176, 177, 178, 181, 191
法学部支援計画 179
法曹養成 4, 5, 17, 22, 155, 175, 176, 181, 182, 188, 190, 191, 193, 221, 223
法多元主義 193, 211
ポストコロニアル 23, 24, 50, 193, 223
北海道アイヌ協会 20, 59
北海道ウタリ協会 20, 28, 39, 44, 52, 63, 153, 183, 194, 211
北海道外アイヌの生活実態調査 14, 38, 46, 47, 48, 49, 50, 214
北海道旧土人保護法 21, 39, 153
本田優子 51, 56, 57, 59, 62, 63, 64

ま

マイノリティ 4, 8, 9, 10, 11, 12, 13, 36, 51, 55, 68, 69, 70, 73, 74, 75, 76, 77, 79, 81, 82, 83, 93, 113, 134, 169, 176, 181, 182, 186, 188, 210, 215, 216, 217, 218, 220, 226

み

民族共生の象徴となる空間 17, 38
民族自決権 20, 35, 36

も

モナシュ・モデル 209, 224

ゆ

ユニバーサル・アクセス 3, 66, 74, 93, 217, 231
ユニバーサル型 3, 14, 15, 66, 74, 75, 76, 225, 231
ユレンディ先住民族支援室 195, 210, 212, 231

ら

ラジャマヌ・コミュニティ 191, 192, 231
ラ・トローブ大学 17, 24, 101, 102, 105, 107, 110, 119, 142, 184, 199, 231

わ

ワールビリ・トライブ 191, 192, 231
和人 2, 8, 18, 45, 51, 52, 55, 56, 57, 194, 215, 224, 231

恵存
みな合沙里様
二〇一五年十月三十一日
前田耕司

著者紹介

前田耕司（まえだ　こうじ）早稲田大学教育学部・大学院教育学研究科教授
国士舘大学文学部専任講師・助教授などを経て現職。博士（教育学）早稲田大学。専門は多文化教育。日本国際教育学会会長、日本学習社会学会会長、日本社会教育学会常任理事、藤沢市生涯学習大学副学長、藤沢市社会教育委員・議長、神奈川県社会教育委員連絡協議会理事・副会長、Monash University Visiting Scholar などを歴任。現在、千代田区生涯学習推進委員および社会教育委員・副会長、昭島市総合基本計画審議会委員・副会長、Monash University Affiliate などを兼務。近著に *Nonformal Education and Civil Society in Japan*（coauthorship, Routledge, 2016）、「オーストラリアの先住民族コミュニティの担い手養成における社会教育的課題」『日本社会教育学会年報』第 58 集（東洋館出版社、2014 年）など。

オーストラリア先住民族の主体形成と大学開放

2019 年 8 月 15 日　初版第 1 刷発行

著　者　　前　田　耕　司
発行者　　大　江　道　雅
発行所　　株式会社 明石書店
　　　　　〒 101-0021　東京都千代田区外神田 6-9-5
　　　　　電　話　03（5818）1171
　　　　　Ｆ Ａ Ｘ　03（5818）1174
　　　　　振　替　00100-7-24505
　　　　　http://www.akashi.co.jp

装　　丁　明石書店デザイン室
印刷・製本　モリモト印刷株式会社

（定価はカバーに表示してあります）　　　ISBN978-4-7503-4843-8

JCOPY 〈出版者著作権管理機構 委託出版物〉
本書の無断複製は著作権法上での例外を除き禁じられています。複製される場合は、そのつど事前に、出版者著作権管理機構（電話 03-5244-5088、FAX 03-5244-5089、e-mail: info@jcopy.or.jp）の許諾を得てください。

スタディツアーの理論と実践
オーストラリア先住民との対話から学ぶフォーラム型ツアー

友永雄吾 [著]

◎A5判／並製／192頁　◎2,200円

自治体・大学における海外研修・スタディツアーを実施運営してきた著者が、ゲストとホストの「交流」に焦点を当て、間に立つ人びとを含めた三者の〈出会い・関わり・交流と変容〉の場と機会を提供する「フォーラム型スタディツアー」を提唱するガイドブック。

《内容構成》

本書刊行に寄せて[藤原孝章]
　現代観光の多様化とスタディツアー／フォーラム型スタディツアーの提唱

はじめに
　スタディツアーとの出会い／現地からの要望／スタディツアーのお膳立て／調査する側とされる側／コーディネーターとしての立場／本書の概要

序章　スタディツアーとは何か
　スタディツアーのあけぼの／スタディツアーの定義と求める人材／スタディツアー研究の枠組み／「ホスト／ゲスト」論の再検討

第2章　政令指定都市でのスタディツアー
　政令指定都市のスタディツアー概況／インターユース堺のスタディツア／インターユース堺のオーストラリア・スタディツアー／小括／付記

第3章　大学でのスタディツアー
　大学でのスタディツアー概況／龍谷大学の実践プログラム概要／「実践プログラムⅡ」の概要／龍谷大学「実践プログラムⅡ」のオーストラリア・スタディツアー／小括／付記

第4章　自治体と大学におけるスタディツアー
　自治体と大学におけるスタディツアーの類似点と相違点／インターユース堺と龍谷大学のスタディツアーにおけるそれぞれの立場／「ホスト」「ゲスト」「コーディネーター」という立場の欺瞞／小括

第5章　フォーラム型スタディツアーを目指して
　「フォーラム型スタディツアー」／「ホスト」「ゲスト」「コーディネーター」を超えて

終章　おわりに

〈価格は本体価格です〉

多文化国家オーストラリアの都市先住民

アイデンティティの支配に対する交渉と抵抗

栗田梨津子 [著]

◎四六判／上製／352頁　◎4,200円

多文化主義の下で、「文化」や「アイデンティティ」をもつことを当然視させられてきた被抑圧者である先住民。要請されるアボリジニ像を踏まえながら、状況や目的に応じて複数的で多層的なアイデンティティを使い分け、活用するという先住民の交渉と抵抗のあり方を実証的に検証・考察する。

【内容構成】

第一章　序　論

第二章　南オーストラリア州における
　　　　対アボリジニ政策の歴史的変遷

第三章　アデレードのアボリジニの概況

第四章　アデレードのアボリジニ・コミュニティと
　　　　曖昧化するアイデンティティ

第五章　アボリジナリティの再構築

第六章　生活適応戦略としてのヌンガ・ウェイ

第七章　結　論──都市の先住民による西洋近代への抵抗のあり方

〈価格は本体価格です〉

学習社会への展望 　地域社会における学習支援の再構築
日本学習社会学会創立10周年記念出版編集委員会編　◎2600円

多文化社会の社会教育 　公民館・図書館・博物館がつくる「安心の居場所」
渡辺幸倫編著　◎2500円

経験資本と学習 　首都圏大学生949人の大規模調査結果
岩崎久美子、下村英雄、柳澤文敬、伊藤素江、村田維沙、堀一輝著　◎3700円

社会的困難を生きる若者と学習支援 　リテラシーを育む基礎教育の保障に向けて
岩槻知也編著　◎2800円

発展途上国の困難な状況にある子どもの教育 　難民・障害・貧困をめぐるフィールド研究
澤村信英編著　◎4800円

イランカラプテ アイヌ民族を知っていますか？
先住権・文化継承・差別の問題　秋辺日出男・阿部ユポほか著　アイヌ民族に関する人権教育の会監修　◎2000円

アイヌの歴史 　日本の先住民族を理解するための160話
平山裕人著　◎3000円

地図でみるアイヌの歴史 　縄文から現代までの1万年史
平山裕人著　◎3800円

世界の先住民環境問題事典
ブルース・E・ジョハンセン著　平松紘監訳　◎9500円

希望 オーストラリアに来た難民と支援者の語り 　多文化国家の難民受け入れと定住の歴史
アン＝マリー・ジョーデンス著　加藤めぐみ訳　◎3200円

オーストラリア建国物語
リチャード・エバンズ、アレックス・ウエスト著　内藤嘉昭訳　◎2800円

オーストラリアを創った文人政治家 アルフレッド・ディーキン
近藤正臣著　◎3400円

オーストラリアの学校外保育と親のケア 　保育園・学童保育・中高生の放課後施設
臼田明子著　◎3500円

オーストラリア先住民の土地権と環境管理
世界人権問題叢書84　友永雄吾著　◎3800円

オーストラリアを知るための58章【第3版】
エリア・スタディーズ7　越智道雄著　◎2000円

タスマニアを旅する60章
エリア・スタディーズ143　宮本忠著　◎2000円

〈価格は本体価格です〉